2024年度版

これで完成！

村中一英の

第1種 **衛生管理者**

過去7回

本試験問題集

社会保険労務士・第1種衛生管理者
村中一英 著

KADOKAWA

トップ講師が
最短合格をナビゲート!

本書では、衛生管理者対策で著者累計13万部を刊行、指導実績10年超を誇る村中講師が7年分の過去問題を徹底解説します。
多くの受講者を資格取得に導いた学習メソッドで、初学者や独学者でも合格ラインを着実に突破できます。

合格力が身につきます!

衛生管理者試験講師
社会保険労務士
村中 一英
(むらなか・かずひで)

本書のポイント

1 指導実績10年超の合格メソッド満載

人気講義で多くの受講者を合格に導いた村中講師のノウハウを凝縮。必修ポイントをていねいに解説しています。

2 学習効率を考えた別冊・2色の解説

問題と解説が分かれた別冊式で学習のしやすさにこだわりました。解説は2色刷で見やすさ抜群です。

3 必修のまとめポイントを収録

本試験の8割以上が過去問題の類似問題です。頻出テーマは表形式で総まとめしており、効率的に学習できます。

4 法改正に対応で万全の1冊

法改正により正解が未成立となった問題は、論点は変えずにアップデートしています。安心して学習に取り組めます。

最強の合格メソッドで万全

STEP 1 問題を解いて 実力をチェック

まずは一通り収録問題を解いて、出題傾向や自分の苦手分野を把握しましょう。
学習すべきテーマを明確にすることで、後の学習効率が大きくアップします。

STEP 2 解説を読んで 知識を定着

理解や学習量が足りないテーマは、本書の解説やテキストの該当部分を読み込んで、知識を定着させましょう。
本番で慌てない「解く力」が身につきます。

STEP 3 繰り返し&まとめ 学習で総仕上げ!

問題を繰り返し解くことで、合格に必要なポイントが確実に身につきます。
試験前には解説の赤字部分や表形式のまとめを中心に見直しを図ることで、対策は万全です。

効率的に1回で合格!

目次

問題

解答・解説（別冊）

- 本書は、令和6年1月現在施行の法令等に基づいて解説を行っています。

- 法令・指針等の改正により成立しなくなった問題は 法改正 のアイコンで示しており、現行法令に則して一部改変のうえ、掲載・解説を行っています。

- 本書は、試験実施団体である公益財団法人安全衛生技術試験協会より4月と10月に公表された過去問題を収録しています。

本文デザイン　川野有佐

本文イラスト　寺崎愛／福々ちえ

すぐわかる！ 試験の概要

衛生管理者試験とは

　常時50人以上が勤務している事業場では、労働者数に応じて衛生管理者免許の保有者の中から一定数以上の衛生管理者を選任することが義務付けられています。

　衛生管理者の主な職務には、労働者の健康障害を防止するための作業環境管理、作業管理及び健康管理、労働衛生教育の実施、健康の保持増進措置があげられます。

　免許には、第1種衛生管理者免許と第2種衛生管理者免許があります。試験範囲上、「労働生理」分野は共通ですが、「関係法令」「労働衛生」分野について、第1種には有害業務に関係するテーマが含まれます。

◎第1種衛生管理者免許

　所持することで、全ての業種の事業場で衛生管理者となることができます。なお、第2種免許の取得者は、第1種の有害業務に関する試験科目に合格することで、特例第1種衛生管理者免許を取得することができます。

◎第2種衛生管理者免許

　有害業務と関連の少ない情報通信業、金融・保険業、卸売・小売業など一定の業種の事業場においてのみ、衛生管理者となることができます。

第1種衛生管理者の試験概要

> 合計6割以上（各科目4割以上）の得点で合格の試験です。合格率は40％半ばで推移しており、難関資格ではありませんが、地道な学習が求められます。

◎第1種衛生管理者の対象者

対象業種	農林水産業、鉱業、建設業、製造業、電気・ガス・水道業、運送業、自動車整備業、機械修理業、医療業、清掃業など

受験資格	・大学（短期大学を含む）又は高等専門学校を卒業し、1年以上労働衛生の実務※に従事した者
	・高等学校又は中等教育学校を卒業し、3年以上労働衛生の実務※に従事した者
	・10年以上労働衛生の実務※に従事した者 ※労働衛生の実務とは、下記のものなどをいいます。
	・健康診断実施に必要な事項又は結果の処理の業務
	・作業環境の測定等作業環境の衛生上の調査の業務
	・作業条件、施設等の衛生上の改善の業務・研究の業務
	・労働衛生保護具、救急用具等の点検及び整備の業務
	・衛生教育の企画、実施等に関する業務
	・労働衛生統計の作成に関する業務

◎第1種衛生管理者の試験概要

試験科目	範囲	問題番号	問題数	配点	合計
関係法令	有害業務に係るもの	問1～問10	10問	8点	80点
	有害業務に係るもの以外のもの	問21～問27	7問	10点	70点
労働衛生	有害業務に係るもの	問11～問20	10問	8点	80点
	有害業務に係るもの以外のもの	問28～問34	7問	10点	70点
労働生理		問35～問44	10問	10点	100点
合　計			44問		400点
合格基準	各科目4割以上、かつ合計6割以上				
試験時間	3時間（特例第1種試験は2時間）				
試験形式	マークシートによる五肢択一式				
受験者数	2022年度：68,066人、2021年度：68,210人、2020年度：43,157人				
合格率	2022年度：45.8％、2021年度：42.7％、2020年度：43.8％				
受験手数料	8,800円（非課税）				

試験は毎月、地域の安全衛生技術センターで1回以上開催されており、2か月前から申し込むことができます。
合格の場合は「免許試験合格通知書」が、それ以外は「免許試験結果通知書」が届きます。

受験申請書の請求について

　第1種衛生管理者試験の申込みに必要な「受験申請書」は、安全衛生技術試験協会の本部や各地のセンター、各受験申請書取扱機関にて無料配布しており、郵送でも請求することが可能です。

　窓口での配布時間は8:30〜17:00〔土曜日、日曜日、国民の祝日・休日、年始年末（12月29日〜1月3日）及び設立記念日（5月1日）を除く〕となっています。詳細については、公益財団法人安全衛生技術試験協会のウェブサイト（https://www.exam.or.jp/）をご確認ください。

◎本部・各センターの問合せ先一覧

公益財団法人安全衛生技術試験協会	中部安全衛生技術センター
〒101-0065 東京都千代田区西神田3-8-1 千代田ファーストビル東館9階 ☎ 03-5275-1088	〒477-0032 愛知県東海市加木屋町丑寅海戸51-5 ☎ 0562-33-1161
北海道安全衛生技術センター	近畿安全衛生技術センター
〒061-1407 北海道恵庭市黄金北3-13 ☎ 0123-34-1171	〒675-0007 兵庫県加古川市神野町西之山字迎野 ☎ 079-438-8481
東北安全衛生技術センター	中国四国安全衛生技術センター
〒989-2427 宮城県岩沼市里の杜1-1-15 ☎ 0223-23-3181	〒721-0955 広島県福山市新涯町2-29-36 ☎ 084-954-4661
関東安全衛生技術センター	九州安全衛生技術センター
〒290-0011 千葉県市原市能満2089 ☎ 0436-75-1141	〒839-0809 福岡県久留米市東合川5-9-3 ☎ 0942-43-3381

第1種衛生管理者の出題テーマ

第1種衛生管理者試験は、6割以上正答すれば合格できる試験です。言い換えれば、約4割間違えてもクリアできるため、基本事項が確実に得点できれば心配はいりません。

また、これまで出題されたことのない問題はほとんど出ないため、8割以上が過去問題からわずかに論点を変えた形で出題されます。

社会人であれば、学習に十分な時間を確保できない方も多いと思いますので、本書で出題ポイントを押さえて学習しましょう。ここでは、第1種衛生管理者試験の科目別の出題テーマを確認します。

関係法令分野（有害業務に係るもの）

労働安全衛生法からは、安全衛生管理体制、作業主任者の選任、製造許可物質、機械の譲渡制限等、特別教育、作業環境測定が出題されます。また、特別規則では、酸素欠乏症等防止規則、有機溶剤中毒予防規則、粉じん障害防止規則の出題が多いです。労働基準法では、年少者の保護（就業制限）や女性の就業制限を押さえておきましょう。

このうち安全衛生管理体制は、ほとんどの場合、1問目に出題されます。出題形式も決まっていますので、ここではずみをつけたいものです。難易度の高い科目ですが、暗記で対応できる問題が多いのが特徴です。

関係法令分野（有害業務に係るもの以外のもの）

労働安全衛生法上の衛生管理者の選任、産業医の役割、衛生委員会、（雇入れ時・定期）健康診断、面接指導、ストレスチェックについて問われます。また、事務室の空気環境の調整、事務室設備の定期的な点検も重要ポイントです。労働基準法では、労働時間や年次有給休暇、妊産婦、変形労働時間制等から出題されます。

法令科目なので暗記事項は多いですが、出題傾向が大幅に変更されることがないため、得点源にしやすい分野ともいえます。出題頻度の高い箇所で出てくる数字を正確に暗記して、試験に臨みましょう。

労働衛生分野（有害業務に係るもの）

　職業性疾病に関連した問題が頻出します。有害物質の空気中での状態や各種健康障害（有機溶剤、金属等、ガス、高温・低温、振動、騒音、電離放射線に関するもの）、職業性がんは必修ポイントです。

　作業環境測定・評価、局所排気装置、労働衛生保護具もしっかり押さえましょう。物質名や専門用語が多く出てくるため、苦手意識を持つ人もいますが、ここでも出題される問題は決まっています。

労働衛生分野（有害業務に係るもの以外のもの）

　作業環境管理に関しては必要換気量、健康管理に関しては健康測定、メンタルヘルスケア、腰痛について出題されます。作業管理では、情報機器作業における労働衛生管理のためのガイドラインが重要ポイントです。また、一次救命処置、脳血管障害及び虚血性心疾患、出血及び止血法、骨折、食中毒も必ず押さえておきましょう。

　ガイドラインや指針の改正に伴って新傾向の問題が出題される場合がありますが、全体の比率は多くないことから、あまり気にせずに取り組みましょう。

労働生理分野

　心臓の働きと血液の循環、血液や免疫、呼吸、消化器系（特に肝臓、腎臓）、脳・神経・感覚器、筋肉、ストレス、ホルモンや代謝など人体のしくみや医学的な内容が問われます。他の科目と比較して身近な内容のため、取り組みやすいのが特徴です。学習をスムーズに進めるには、この分野から取り組むのがよいでしょう。この科目で点数を稼ぎたいところです。

> 毎回ほとんど同じテーマが出題されていますので、対策はしやすい試験です。
> 問題を解く前に何が出るかを確認しておきましょう！

直前に効く！ よく出るポイントまとめ

試験で特に繰り返し問われるポイントを表形式で整理しました。スキマ時間の学習や直前対策に活用してください。

関係法令（有害業務に係るもの）

作業主任者の選任が必要・不要な作業

一定の作業について作業主任者の選任が義務付けられています。試験の頻出ポイントとして、太字部分がよく問われます。

選任が必要な作業	選任が不要な作業
① **高圧室内作業**	① 特定粉じん作業
② エックス線装置を使用する放射線業務（医療用を除く）	② **強烈な騒音を発する場所における作業**
③ ガンマ線照射装置を用いて行う透過写真撮影作業	③ **レーザー光線による金属加工作業**
④ **特定化学物質を製造し、又は取り扱う作業（金属アーク溶接等作業）**	④ 廃棄物焼却作業
⑤ **鉛業務に係る作業**（換気が不十分な場所におけるはんだ付け作業、溶解した鉛を用いて行う金属の焼入れの業務に係る作業等を除く）	⑤ 立木の伐採（チェーンソーを用いる）作業
⑥ 四アルキル鉛等業務	⑥ **潜水作業**
⑦ **酸素欠乏危険場所**（ドライアイスを使用している冷蔵庫の内部の作業等）における作業	⑦ 試験研究の目的で特定化学物質・有機溶剤等を取り扱う作業
⑧ **有機溶剤等を製造し又は取り扱う業務**	⑧ 自然換気が不十分な、はんだ付け作業等
⑨ 石綿等を取り扱う作業（試験研究のため取り扱う作業を除く）又は試験研究のため石綿等を製造する作業	⑨ セメント製造工程においてセメントを袋詰めする作業

製造許可物質

　労働者に重度の健康障害をもたらす可能性があるため、事前に厚生労働大臣の許可を受ける必要があるものが製造許可物質です。「許可を必要としないものはどれか」といった形でよく問われます。

製造許可物質（特定化学物質第一類）
① **ジクロロベンジジン**及びその塩
② **アルファ‐ナフチルアミン**及びその塩
③ **塩素化ビフェニル**（PCB）
④ **オルト‐トリジン**及びその塩
⑤ **ジアニシジン**及びその塩
⑥ **ベリリウム**及びその化合物
⑦ **ベンゾトリクロリド**
⑧ ①～⑥までに掲げる物質をその重量の**1%**を超えて含有し、又は⑦に掲げる物質をその重量の**0.5%**を超えて含有する製剤その他の物

特別教育が必要・不要な業務

　有害業務において、特別教育が義務付けられている業務と不要な業務があります。有機溶剤や特定化学物質を用いて行う製造等の業務は、その種別や類別とは関係なく、特別教育が義務付けられていないことがよく問われます。

特別教育が必要な業務	特別教育が不要な業務
① **高圧室内業務**	① 水深**10m以上**の場所の**潜水業務**
② 廃棄物焼却炉を有する**廃棄物の焼却施設**において焼却灰等を取り扱う業務	② ボンベから給気を受けて行う**潜水業務** ※潜水作業者への送気の調節を行うためのバルブ又はコックを操作する業務は、特別教育を行う必要がある
③ 特定粉じん作業に係る業務 ※屋内で**セメントを袋詰めする箇所**における作業、屋内において、研磨材を用いて動力（手持式又は可搬式動力工具によるものを除く）により金属を研磨する作業、陶磁器を製造する工程で原料を混合する作業等に係る業務等	③ **特定化学物質**を用いて行う**製造等業務**
④ 酸素欠乏危険作業（しょう油やもろみその他発酵する物の醸造槽の内部における作業等）	④ **有機溶剤等**を用いて行う**接着等の業務** ※有機溶剤等（及び特定化学物質）を用いて行う業務は、第一種、第二種、第三種（特定化学物質の場合は、第一類、第二類、第三類物質）のいずれであっても特別教育の対象とならない
⑤ 石綿等が使用されている**建築物の解体等作業**	⑤ **紫外線又は赤外線**にさらされる業務

⑥ エックス線・ガンマ線照射装置を用いた透過写真撮影業務	⑥ 超音波にさらされる業務
⑦ チェーンソーを用いて行う造材の業務	⑦ 削岩機、チッピングハンマー等のチェーンソー以外の振動工具を取り扱う業務
⑧ 東日本大震災により生じた放射性物質により汚染された土壌等を除染するための業務	⑧ 強烈な騒音を発する場所における業務

第一種・第二種酸素欠乏危険作業

　第一種酸素欠乏危険作業とは、酸素濃度が18％未満になるおそれのある酸素欠乏危険場所での作業をいいます。第二種酸素欠乏危険作業とは、硫化水素濃度が10ppm を超えるおそれのある酸素欠乏危険場所での作業をいいます。

　具体的には次の作業等になります。

第一種酸素欠乏危険作業	第二種酸素欠乏危険作業
① 果菜の熟成のために使用している倉庫の内部における作業 ② 酒類を入れたことのある醸造槽の内部における作業 ③ ドライアイスを使用している冷蔵庫内部における作業 ④ 第一鉄塩類を含有している地層に接するたて坑の内部における作業 ⑤ 相当期間密閉されていた鋼製のタンクの内部における作業 ⑥ ヘリウム、アルゴン等の不活性の気体を入れたことのあるタンク内部における作業	① 海水が滞留している（又は滞留したことのある）ピット（くぼみ）の内部における作業 ※雨水が滞留している（又は滞留したことのある）ピットの内部における作業は第一種酸素欠乏危険作業であることに注意すること ② 汚水その他腐敗しやすい物質を入れてある暗きょの内部における作業

労働基準法における 24 業務の女性の就業制限

　労働基準法上、女性労働者に対しては、次の24業務が危険有害業務として就業制限が義務付けられています。妊婦は全ての業務で不可、一般女性は重量物を取り扱う業務、有害物のガス等を発散する場所における業務が不可となります。産婦については、高さ・深さ5m以上の場所で就業可能、その他19業務は申出により不可と整理しておくとよいでしょう。

業務内容	妊婦	産婦	一般女性
・重量物を取り扱う業務 ・有害物（鉛、水銀、クロム等）のガス等を発散する場所における業務	不可	不可	不可
・著しい振動を与える業務（削岩機、鋲打機等を用いる業務）	不可	不可	
・高さ5m以上の場所 ・深さ5m以上の場所	不可	○	○
・その他19業務（ボイラーの取扱いや溶接の業務等）	不可	申出により不可	

女性の重量物取扱い業務における制限基準

　先ほどみたように、重量物を取り扱う業務は、全ての女性労働者について就業が制限されています。具体的に何kg以上が重量物に該当するかは、次の表の通り年齢別に制限が設けられています。

年齢	重量（単位：kg）	
	断続作業の場合	継続作業の場合
満16歳未満	12	8
満16歳以上 満18歳未満	25	15
満18歳以上	30	20

衛生管理者の選任数

　常時使用する労働者数に応じた衛生管理者の選任数は必ず押さえておきましょう。特に、201人〜500人は2人以上、501人〜1,000人は3人以上であることは確認しておくことが必要です。

事業場の規模（常時使用労働者数）	衛生管理者数
50人以上　　200人以下	1人以上
200人を超え　500人以下	2人以上
500人を超え1,000人以下	3人以上
1,000人を超え2,000人以下	4人以上
2,000人を超え3,000人以下	5人以上
3,000人を超える場合	6人以上

総括安全衛生管理者の選任が必要な事業場

　総括安全衛生管理者の選任が必要な事業場ですが、通信業、各種商品小売業、旅館業、ゴルフ場業は屋内産業的業種の工業的業種に分類され、300人以上が勤務する場合に必要であること、医療業は非工業的業種に該当し、1,000人以上が勤務する場合に選任が必要とされることを押さえておきましょう。

		業種の区分	労働者数
屋外産業的業種		林業、鉱業、建設業、運送業、清掃業	常時100人以上
屋内産業的業種	工業的業種	製造業（物の加工業を含む）、電気業、ガス業、熱供給業、水道業、**通信業**、各種商品卸売業、家具・建具・じゅう器等卸売業、**各種商品小売業**（百貨店）、家具・建具・じゅう器小売業、燃料小売業、**旅館業**、**ゴルフ場業**、自動車整備業、機械修理業	常時300人以上
	非工業的業種	その他の業種（金融業、保険業、**医療業**等）	常時1,000人以上

定期健康診断における省略可能な検査項目

　定期健康診断においては、医師が必要でないと認める場合、下記における一定の検査項目を省略することができます。特に、40歳未満（35歳を除く）の者が免除される肝機能検査や心電図検査は押さえておきましょう。尿検査や血圧の測定は省略ができませんので注意が必要です。

検査項目	対象者
身長の検査	20歳以上の者
腹囲の検査	・40歳未満（35歳を除く）の者 ・妊娠中の女性その他の者であって、その腹囲が内臓脂肪の蓄積を反映していないと診断された者 ・BMIが20未満である者、22未満で自己申告した者
胸部エックス線検査	40歳未満の者（20歳、25歳、30歳及び35歳の者を**除く**）で、次のいずれにも該当しない者 ・感染症法で結核に係る定期健康診断の対象とされている施設等の労働者 ・じん肺法で3年に1回のじん肺健康診断の対象とされている労働者
かくたん検査	・胸部エックス線検査を省略された者 ・胸部エックス線検査で病変の発見されない者又は結核発病のおそれがないと診断された者
貧血検査、**肝機能検査**、血中脂質検査、血糖検査、**心電図検査**	40歳未満（35歳を除く）の者

有害化学物質の存在様式

「次の化学物質のうち、常温・常圧（25℃、1気圧）の空気中で蒸気として存在するものはどれか」という形式でよく問われます。その物質が常温・常圧で蒸気なのか、ガスなのかは区別して覚えることが必要です。

状態	分類	生成原因	物質例
固体	粉じん	研磨や摩擦により粒子となったものであり、大きな粒の場合有害性は低いが、粒子が小さいほど有害性が高い。また、米杉やラワン等の植物性粉じんも喘息やじん肺の原因となる	石綿、無水クロム酸、**ジクロロベンジジン**、オルト‐トリジン、二酸化マンガン等
固体	ヒューム	固体が加熱により溶解し、気化し冷やされて微粒子となったものであり、一般に粉じんより小さく、有害性が高い	酸化亜鉛、銅、酸化ベリリウム等
液体	ミスト	液体の微粒子が空気中に浮遊しているもの	硫酸、硝酸、クロム塩酸等
気体	蒸気	常温・常圧で液体又は固体の物質が蒸気圧に応じて気体となったもの	水銀、アセトン、ニッケルカルボニル、ベンゾトリクロリド、トリクロロエチレン、**二硫化炭素**、硫酸ジメチル等
気体	ガス	常温・常圧で気体のもの	塩素、一酸化炭素、**ホルムアルデヒド**、**二酸化硫黄**、**塩化ビニル**、**アンモニア**、硫化水素、エチレンオキシド等

有害化学物質と尿中の代謝物等との主な組合せ

物質名と検査内容の組合せについて、正しい組合せ、誤っている組合せはどれかが問われます。どの物質も出題されやすいので、覚えておきましょう。

物質名	検査内容項目
トルエン	尿中の馬尿酸
キシレン	尿中のメチル馬尿酸
スチレン	尿中のマンデル酸
ノルマルヘキサン	尿中の2,5 - ヘキサンジオン
鉛	尿中のデルタ - アミノレブリン酸
N,N - ジメチルホルムアミド	尿中の *N* - メチルホルムアミド
トリクロロエチレン	尿中のトリクロロ酢酸又は総三塩化物
1,1,1- トリクロロエタン	尿中のトリクロロ酢酸又は総三塩化物

作業環境測定の結果評価

　作業環境測定における結果評価の問題は、頻出テーマです。下記の表における用語の定義と測定結果に応じて、どの管理区分に該当するかを押さえておきましょう。A測定とは、単位作業場所における気中有害物質濃度の平均的な分布をみるものであり、B測定とは、間欠的に有害物質の発散を伴う作業による気中有害物質の最高濃度をみるものです。

①A測定のみを実施した場合

第一評価値 ＜管理濃度	第二評価値≦管理濃度 ≦第一評価値	管理濃度 ＜第二評価値
第一管理区分	第二管理区分	第三管理区分

②A測定及びB測定を実施した場合

		A測定		
		第一評価値 ＜管理濃度	第二評価値 ≦管理濃度 ≦第一評価値	管理濃度 ＜第二評価値
B 測 定	B測定値 ＜管理濃度	第一管理区分	第二管理区分	第三管理区分
	管理濃度 ≦B測定値 ≦管理濃度×1.5	第二管理区分		
	管理濃度×1.5 ＜B測定値	第三管理区分		

特殊健康診断の種類と主な検査項目

特殊健康診断について、生物学的モニタリングとの関係で各健康診断に係る物質と検査項目の組合せが問われます。特に有機溶剤等健康診断と鉛健康診断の内容を押さえておきましょう。

種類	検査項目
① **有機溶剤等健康診断**	有機溶剤の種類別に定められた項目 例）**トルエン**→尿中の**馬尿酸**の量
② **鉛健康診断** ③ 四アルキル鉛健康診断	・尿中の**デルタ - アミノレブリン酸**の量の検査 ・血液中の鉛量の検査
④ 高気圧業務健康診断	耳鳴り等の自覚症状又は他覚症状の有無の検査、聴力の検査、肺活量の検査
⑤ 電離放射線健康診断	白血球数検査、赤血球数検査、血色素量又はヘマトクリット値検査等
⑥ 石綿健康診断	胸部エックス線直接撮影による検査

職業性がんの種類と主な発がん物質

どの発がん物質によって、どのがんが発症するかを学んでおきましょう。どれも問われやすいので、注意が必要です。

がんの種類	発がん物質
肺がん	クロム酸、タール、石綿、砒素、 ベンゾトリクロリド、ビス（クロロメチル）エーテル
皮膚がん、肺がん、膀胱がん	コールタール
膀胱がん	ベンジジン、ベータナフチルアミン
白血病	ベンゼン、電離放射線
肝臓がん（肝血管肉腫）	塩化ビニル

防毒マスクの吸収缶の色別標記

呼吸用保護具に関する問題において、防毒マスクの吸収缶の区分に対応する色はよく問われるので確認しておきましょう。

区分	吸収缶の色	区分	吸収缶の色
有機ガス用	黒	アンモニア用	緑
硫化水素用	黄	シアン化水素用	青
一酸化炭素用	赤	ハロゲンガス用	灰/黒

労働衛生（有害業務に係るもの以外のもの）

細菌性食中毒の感染型と毒素型の分類

細菌性食中毒に関する問題で問われます。特に原因菌が感染型か毒素型か、熱に強いか弱いのかといった特徴がよく問われます。頻出テーマです。

タイプ	原因菌と特徴	主な食材
感染型 （**細菌が** 原因）	**サルモネラ菌** （熱に弱い、急性胃腸炎型の症状）	排泄物で汚染された食肉や卵
	腸炎ビブリオ菌（熱に弱い、好塩性、腹痛、水様性下痢、潜伏期はおおむね10〜24時間）	近海の海産魚介類 （**病原性好塩菌**）
	カンピロバクター（ニワトリ、ウシ等の腸に住む。下痢、腹痛、発熱等他の感染型細菌性食中毒と酷似。潜伏期間は2〜7日）	食品や飲料水
	ベロ毒素産生性大腸菌（腸管出血性大腸菌）（ベロ毒素により腹痛や出血を伴う水様性の下痢などを起こす。潜伏期間は、3〜5日で、代表的なものにО-26、О-111、О-157がある）	汚染された食肉や野菜などから摂取されることがある
毒素型	**ボツリヌス菌**（熱に強い、**神経症状**を呈し、致死率が高い）	缶詰等
	黄色ブドウ球菌（熱に強い、嘔吐、腹痛、比較的症状は軽い）	弁当、あんこ等

運動機能検査項目と測定種目

運動機能の検査項目に対する測定種目の組合せが正しいか否かを問う問題が出ます。上体起こしは柔軟性ではなく、筋力をみるものであることに注意が必要です。

検査項目	測定種目
筋力	握力、上体起こし
柔軟性	立位体前屈、座位体前屈
平衡性	閉眼（又は開眼）片足立ち
敏しょう性	全身反応時間
全身持久力	最大酸素摂取量

日本人のメタボリックシンドローム診断基準 （日本内科学会等）

最近出題されるテーマであり、メタボリックシンドロームの基準に関して問われます。特に、男性と女性のウエスト周囲径の基準は必ず押さえておきましょう。

①腹部肥満（内臓脂肪量）
　ウエスト周囲径
　男性 ≧ 85cm、女性 ≧ 90cm（内臓脂肪面積 ≧ 100cm²に相当）
②上記に加え以下のうち2項目以上
　　1）トリグリセライド ≧150mg/dl　かつ / 又は
　　　　HDL コレステロール < 40mg/dl
　　2）収縮期血圧 ≧130mmHg　かつ / 又は　拡張期血圧 ≧ 85mmHg
　　3）空腹時血糖 ≧110mg/dl

腹部肥満（内臓脂肪量）とされるのは、ウエスト周囲径が男性≧85cm、女性≧90cm の場合で、よく出る問題です。

血液中の有形成分の特徴

血液中の各有形成分について、その割合や作用を確認しておきましょう。また、赤血球は性差がありますが、白血球と血小板では性差がないのもポイントです。

成分	割合	寿命	作用	男女差
赤血球	40%	120日	骨髄中で産生される ヘモグロビンが酸素や炭酸ガスを運搬	男性の方が多い
白血球	0.1%	3～4日以内	体内への異物の侵入等を防御する	なし
血小板	4.9%	約10日	動脈血中に多く含まれ、止血作用を持つ	なし

体循環と肺循環

血液の循環については、「肺循環により左心房に戻ってきた血液は、左心室を経て大動脈に入る。」「大動脈を流れる血液は動脈血であるが、肺動脈を流れる血液は静脈血である。」(令和3年10月公表問題)のように出題されます。体循環、肺循環、動脈血、静脈血などの内容を確認しておきましょう。

循環名	循環順路
体循環(大循環)	左心室 → 大動脈(酸素多) …全身… 大静脈(酸素少) → 右心房 → 右心室 ⇒ 肺循環へ
肺循環(小循環)	右心室 → 肺動脈(酸素少) …肺… 肺静脈(酸素多) → 左心房 → 左心室 ⇒ 体循環へ

耳の構造

　耳は、まず外耳、中耳、内耳の三つで構成されていること、内耳における前庭、半規管、蝸牛の役割を覚えておきましょう。前庭と半規管、蝸牛の説明を入れ替えて問われます。

外耳		音を集める
中耳		鼓室の耳小骨によって鼓膜の振動を内耳に伝える
内耳	前庭	体の傾きの方向や大きさを感じる
	半規管	体の回転方向や速度を感じる
	蝸牛	聴覚を担当している

主なホルモンの種類

　主要なホルモンについて、その分泌物質と内分泌器官、働きの組合せがよく問われます。次のホルモンは比較的どれも出題されやすいため、確認しておくことが必要です。

分泌物質	内分泌器官		働き
メラトニン	松果体		睡眠の促進
ノルアドレナリン	副腎	副腎髄質	血圧上昇、血管収縮
アドレナリン			血糖量、心拍数の増加
コルチゾール		副腎皮質	グリコーゲン合成促進（**血糖量の増加**）
アルドステロン			**血中の塩類バランスの調節**
インスリン	膵臓		**血糖量の減少**
グルカゴン			血糖量の増加
甲状腺ホルモン	甲状腺		酸素消費促進、体温上昇
パラソルモン	副甲状腺		**血中カルシウムバランスの調節**
ガストリン	胃		胃酸分泌刺激
セクレチン	十二指腸		消化液分泌促進

令和5年10月
公表試験問題

問題数	44問（五肢択一式）
試験時間	3時間
合格基準	各科目4割以上かつ合計6割以上の得点

解答にあたっての注意事項

・次の各問について答えを1つ選び、その番号を解答用紙にマークしてください。
・特例による受験者の試験時間は2時間で、試験問題は問1～問20です。
・「労働生理」の免除者の試験時間は2時間15分で、試験問題は問1～問34です。

解答・解説は、別冊2～23ページを参照してください。

問1

常時400人の労働者を使用する製造業の事業場における衛生管理体制に関する(1)～(5)の記述のうち、法令上、誤っているものはどれか。

ただし、400人中には、屋内作業場において次の業務に常時従事する者が含まれているが、その他の有害業務はないものとし、衛生管理者及び産業医の選任の特例はないものとする。

深夜業を含む業務	200人
多量の高熱物体を取り扱う業務	50人
塩素を試験研究のため取り扱う作業を行う業務	30人

(1) 総括安全衛生管理者を選任しなければならない。
(2) 衛生管理者のうち少なくとも1人を専任の衛生管理者としなければならない。
(3) 衛生管理者は、全て第一種衛生管理者免許を有する者のうちから選任することができる。
(4) 産業医は、この事業場に専属でない者を選任することができる。
(5) 特定化学物質作業主任者を選任しなくてよい。

問2

次の業務に労働者を就かせるとき、法令に基づく安全又は衛生のための特別の教育を行わなければならないものはどれか。

(1) 赤外線又は紫外線にさらされる業務
(2) 有機溶剤等を用いて行う接着の業務
(3) 塩酸を用いて行う分析の業務
(4) エックス線回折装置を用いて行う分析の業務
(5) 廃棄物の焼却施設において焼却灰を取り扱う業務

問3

次の免許のうち、労働安全衛生法令に定められていないものはどれか。

(1) 潜水士免許
(2) 高圧室内作業主任者免許
(3) エックス線作業主任者免許
(4) 石綿作業主任者免許
(5) ガンマ線透過写真撮影作業主任者免許

問4

次の特定化学物質を製造しようとするとき、労働安全衛生法に基づく厚生労働大臣の許可を必要としないものはどれか。

(1) アルファ - ナフチルアミン
(2) 塩素化ビフェニル（別名ＰＣＢ）
(3) オルト - トリジン
(4) オルト - トルイジン
(5) ベンゾトリクロリド

問5

次のAからEの粉じん発生源について、法令上、特定粉じん発生源に該当するものの組合せは（1）～（5）のうちどれか。

A　屋内において、耐火物を用いた炉を解体する箇所

B　屋内の、ガラスを製造する工程において、原料を溶解炉に投げ入れる箇所

C　屋内において、研磨材を用いて手持式動力工具により金属を研磨する箇所

D　屋内において、粉状の炭素製品を袋詰めする箇所

E　屋内において、固定の溶射機により金属を溶射する箇所

（1）A，B

（2）A，E

（3）B，C

（4）C，D

（5）D，E

問6

　有機溶剤等を取り扱う場合の措置について、有機溶剤中毒予防規則に違反しているものは次のうちどれか。

　ただし、同規則に定める適用除外及び設備の特例はないものとする。

(1) 地下室の内部で第一種有機溶剤等を用いて作業を行わせるとき、その作業場所に局所排気装置を設け、有効に稼働させているが、作業者に送気マスクも有機ガス用防毒マスクも使用させていない。

(2) 屋内作業場で、第二種有機溶剤等が付着している物の乾燥の業務に労働者を従事させるとき、その作業場所に最大0.4m/sの制御風速を出し得る能力を有する側方吸引型外付け式フードの局所排気装置を設け、かつ、作業に従事する労働者に有機ガス用防毒マスクを使用させている。

(3) 屋内作業場に設けた空気清浄装置のない局所排気装置の排気口で、厚生労働大臣が定める濃度以上の有機溶剤を排出するものの高さを、屋根から1.5mとしている。

(4) 屋外作業場において有機溶剤含有物を用いて行う塗装の業務に常時従事する労働者に対し、1年以内ごとに1回、定期に、有機溶剤等健康診断を行っている。

(5) 有機溶剤等を入れてあった空容器で有機溶剤の蒸気が発散するおそれのあるものを、密閉して屋内の一定の場所に集積している。

問7

管理区域内において放射線業務に従事する労働者の被ばく限度に関する次の文中の＿＿＿＿内に入れるAからDの語句又は数値の組合せとして、法令上、正しいものは(1)～(5)のうちどれか。

「男性又は妊娠する可能性がないと診断された女性が受ける実効線量の限度は、緊急作業に従事する場合を除き、＿A＿間につき＿B＿、かつ、＿C＿間につき＿D＿である。」

	A	B	C	D
(1)	1年	50mSv	1か月	5 mSv
(2)	3年	100mSv	3か月	10mSv
(3)	3年	100mSv	1年	50mSv
(4)	5年	100mSv	1年	50mSv
(5)	5年	250mSv	1年	100mSv

問8

労働安全衛生規則の衛生基準について、誤っているものは次のうちどれか。

(1) 炭酸ガス（二酸化炭素）濃度が0.15％を超える場所には、関係者以外の者が立ち入ることを禁止し、かつ、その旨を見やすい箇所に表示しなければならない。

(2) 強烈な騒音を発する屋内作業場においては、その伝ぱを防ぐため、隔壁を設ける等必要な措置を講じなければならない。

(3) 多筒抄紙機により紙を抄く業務を行う屋内作業場については、6か月以内ごとに1回、定期に、等価騒音レベルを測定しなければならない。

(4) 著しく暑熱又は多湿の作業場においては、坑内等特殊な作業場でやむを得ない事由がある場合を除き、休憩の設備を作業場外に設けなければならない。

(5) 屋内作業場に多量の熱を放散する溶融炉があるときは、加熱された空気を直接屋外に排出し、又はその放射するふく射熱から労働者を保護する措置を講じなければならない。

問9

法令に基づき定期に行う作業環境測定とその測定頻度との組合せとして、誤っているものは次のうちどれか。

(1) 溶融ガラスからガラス製品を成型する業務を行う屋内作業場の気温、湿度及びふく射熱の測定 ……………………………………… 半月以内ごとに1回

(2) 通気設備が設けられている坑内の作業場における通気量の測定
……………………………………… 半月以内ごとに1回

(3) 非密封の放射性物質を取り扱う作業室における空気中の放射性物質の濃度の測定…………………………………………… 1か月以内ごとに1回

(4) 鉛ライニングの業務を行う屋内作業場における空気中の鉛濃度の測定
……………………………………… 6か月以内ごとに1回

(5) 常時特定粉じん作業を行う屋内作業場における空気中の粉じん濃度の測定
……………………………………… 6か月以内ごとに1回

問10

労働基準法に基づき、満18歳に満たない者を就かせてはならない業務に該当しないものは次のうちどれか。

(1) さく岩機、鋲打機等身体に著しい振動を与える機械器具を用いて行う業務
(2) 著しく寒冷な場所における業務
(3) 20kgの重量物を継続的に取り扱う業務
(4) 超音波にさらされる業務
(5) 強烈な騒音を発する場所における業務

労働衛生（有害業務に係るもの）

問11

　化学物質とその常温・常圧（25℃、1気圧）での空気中における状態との組合せとして、誤っているものは次のうちどれか。

　ただし、ガスとは、常温・常圧で気体のものをいい、蒸気とは、常温・常圧で液体又は固体の物質が蒸気圧に応じて揮発又は昇華して気体となっているものをいうものとする。

(1) アクリロニトリル ……………………… ガス
(2) アセトン ………………………………… 蒸気
(3) アンモニア ……………………………… ガス
(4) ホルムアルデヒド ……………………… ガス
(5) 硫酸ジメチル …………………………… 蒸気

問12

労働衛生対策を進めていくに当たっては、作業環境管理、作業管理及び健康管理が必要であるが、次のAからEの対策例について、作業管理に該当するものの組合せは(1)～(5)のうちどれか。

A　座位での情報機器作業における作業姿勢は、椅子に深く腰をかけて背もたれに背を十分あて、履き物の足裏全体が床に接した姿勢を基本とする。

B　有機溶剤業務を行う作業場所に設置した局所排気装置のフード付近の気流の風速を測定する。

C　放射線業務を行う作業場所において、外部放射線による実効線量を算定し、管理区域を設定する。

D　ずい道建設工事の掘削作業において、土石又は岩石を湿潤な状態に保つための設備を稼働する。

E　介護作業等腰部に著しい負担のかかる作業に従事する労働者に対し、腰痛予防体操を実施する。

(1)　A，B
(2)　A，C
(3)　B，C
(4)　C，D
(5)　D，E

問13　法改正

リスクアセスメント対象物による疾病のリスクの低減措置について、法令に定められた措置以外の措置を検討する場合、優先度の最も高いものは次のうちどれか。

(1)　リスクアセスメント対象物に係る機械設備等の密閉化
(2)　リスクアセスメント対象物に係る機械設備等への局所排気装置の設置
(3)　化学反応のプロセス等の運転条件の変更
(4)　リスクアセスメント対象物の有害性に応じた有効な保護具の選択及び使用
(5)　作業手順の改善

問14

　化学物質による健康障害に関する次の記述のうち、正しいものはどれか。

(1) 一酸化炭素による中毒では、ヘモグロビン合成の障害による貧血、溶血などがみられる。
(2) 弗化水素による中毒では、脳神経細胞が侵され、幻覚、錯乱などの精神障害がみられる。
(3) シアン化水素による中毒では、細胞内の酸素の利用の障害による呼吸困難、けいれんなどがみられる。
(4) 塩化ビニルによる慢性中毒では、慢性気管支炎、歯牙酸蝕症などがみられる。
(5) 塩素による中毒では、再生不良性貧血、溶血などの造血機能の障害がみられる。

問15

　作業環境における騒音及びそれによる健康障害に関する次の記述のうち、誤っているものはどれか。

(1) 騒音レベルの測定は、通常、騒音計の周波数重み付け特性Aで行い、その大きさはdBで表す。
(2) 騒音性難聴は、初期には気付かないことが多く、また、不可逆的な難聴であるという特徴がある。
(3) 騒音は、自律神経系や内分泌系へも影響を与えるため、騒音ばく露により、交感神経の活動の亢進や副腎皮質ホルモンの分泌の増加が認められることがある。
(4) 騒音性難聴では、通常、会話音域より高い音域から聴力低下が始まる。
(5) 等価騒音レベルは、中心周波数500Hz、1,000Hz、2,000Hz及び4,000Hzの各オクターブバンドの騒音レベルの平均値で、変動する騒音に対する人間の生理・心理的反応とよく対応する。

問16

金属などによる健康障害に関する次の記述のうち、誤っているものはどれか。

(1) ベリリウム中毒では、接触皮膚炎、肺炎などの症状がみられる。

(2) マンガン中毒では、歩行障害、発語障害、筋緊張亢進などの症状がみられる。

(3) クロム中毒では、低分子蛋白尿、歯への黄色の色素沈着、視野狭窄などの症状がみられる。

(4) カドミウム中毒では、上気道炎、肺炎、腎機能障害などがみられる。

(5) 金属水銀中毒では、感情不安定、幻覚などの精神障害、手指の震えなどの症状がみられる。

問17

レーザー光線に関する次の記述のうち、誤っているものはどれか。

(1) レーザー光線は、おおむね1nmから180nmまでの波長域にある。

(2) レーザー光線は、単一波長で位相のそろった人工光線である。

(3) レーザー光線の強い指向性や集束性を利用し、高密度のエネルギーを発生させることができる。

(4) 出力パワーが最も弱いクラス1又はクラス2のレーザー光線は、可視光のレーザーポインタとして使用されている。

(5) レーザー光線にさらされるおそれのある業務は、レーザー機器の出力パワーなどに基づくクラス分けに応じた労働衛生上の対策を講じる必要がある。

問18

作業環境における有害要因による健康障害に関する次の記述のうち、正しいものはどれか。

(1) 潜水業務における減圧症は、浮上による減圧に伴い、血液中に溶け込んでいた酸素が気泡となり、血管を閉塞したり組織を圧迫することにより発生する。

(2) 熱けいれんは、高温環境下での労働において、皮膚の血管に血液がたまり、脳への血液の流れが少なくなることにより発生し、めまい、失神などの症状がみられる。

(3) 全身振動障害では、レイノー現象などの末梢循環障害や手指のしびれ感などの末梢神経障害がみられ、局所振動障害では、関節痛などの筋骨格系障害がみられる。

(4) 低体温症は、低温下の作業で全身が冷やされ、体の中心部の温度が35℃程度以下に低下した状態をいう。

(5) マイクロ波は、赤外線より波長が短い電磁波で、照射部位の組織を加熱する作用がある。

問19

有害物質を発散する屋内作業場の作業環境改善に関する次の記述のうち、正しいものはどれか。

(1) 有害物質を取り扱う装置を構造上又は作業上の理由で完全に密閉できない場合は、装置内の圧力を外気圧より高くする。

(2) 局所排気装置を設置する場合は、給気量が不足すると排気効果が低下するので、排気量に見合った給気経路を確保する。

(3) 有害物質を発散する作業工程では、局所排気装置の設置を密閉化や自動化より優先して検討する。

(4) 局所排気装置を設ける場合、ダクトが細すぎると搬送速度が不足し、太すぎると圧力損失が増大することを考慮して、ダクト径を決める。

(5) 局所排気装置に設ける空気清浄装置は、一般に、ダクトに接続された排風機を通過した後の空気が通る位置に設置する。

問20

　有害化学物質とその生物学的モニタリング指標として用いられる尿中の代謝物との組合せとして、正しいものは次のうちどれか。

(1) トルエン ……………………………… トリクロロ酢酸

(2) キシレン ……………………………… メチル馬尿酸

(3) スチレン ……………………………… 馬尿酸

(4) N, N - ジメチルホルムアミド ……… デルタ - アミノレブリン酸

(5) 鉛 ……………………………………… マンデル酸

問21

産業医に関する次の記述のうち、法令上、誤っているものはどれか。

ただし、産業医の選任の特例はないものとする。

(1) 産業医を選任しなければならない事業場は、常時50人以上の労働者を使用する事業場である。

(2) 常時使用する労働者数が2,000人を超える事業場では、産業医を2人以上選任しなければならない。

(3) 重量物の取扱い等重激な業務に常時500人以上の労働者を従事させる事業場では、その事業場に専属の産業医を選任しなければならない。

(4) 産業医が、事業者から、毎月1回以上、所定の情報の提供を受けている場合であって、事業者の同意を得ているときは、産業医の作業場等の巡視の頻度を、毎月1回以上から2か月に1回以上にすることができる。

(5) 産業医は、労働者に対する衛生教育に関することであって、医学に関する専門的知識を必要とする事項について、総括安全衛生管理者に対して勧告することができる。

問22

衛生委員会に関する次の記述のうち、法令上、誤っているものはどれか。

(1) 衛生委員会の議長を除く委員の半数については、事業場に労働者の過半数で組織する労働組合がないときは、労働者の過半数を代表する者の推薦に基づき指名しなければならない。

(2) 衛生委員会の議長は、原則として、総括安全衛生管理者又は総括安全衛生管理者以外の者で事業場においてその事業の実施を統括管理するもの若しくはこれに準ずる者のうちから事業者が指名した委員がなるものとする。

(3) 事業場に専属ではないが、衛生管理者として選任している労働衛生コンサルタントを、衛生委員会の委員として指名することができる。

(4) 作業環境測定を外部の作業環境測定機関に委託して実施している場合、当該作業環境測定を実施している作業環境測定士を、衛生委員会の委員として指名することができる。

(5) 衛生委員会の付議事項には、長時間にわたる労働による労働者の健康障害の防止を図るための対策の樹立に関することが含まれる。

問23

労働安全衛生規則に基づく医師による健康診断に関する次の記述のうち、誤っているものはどれか。

(1) 雇入時の健康診断において、医師による健康診断を受けた後3か月を経過しない者が、その健康診断結果を証明する書面を提出したときは、その健康診断の項目に相当する項目を省略することができる。

(2) 雇入時の健康診断の項目のうち、聴力の検査は、1,000Hz 及び4,000Hz の音について行わなければならない。

(3) 深夜業を含む業務に常時従事する労働者に対し、6か月以内ごとに1回、定期に、健康診断を行わなければならないが、胸部エックス線検査については、1年以内ごとに1回、定期に、行うことができる。

(4) 定期健康診断を受けた労働者に対し、健康診断を実施した日から3か月以内に、当該健康診断の結果を通知しなければならない。

(5) 定期健康診断の結果に基づき健康診断個人票を作成して、これを5年間保存しなければならない。

問24

　事業場の建築物、施設等に関する措置について、労働安全衛生規則の衛生基準に違反していないものは次のうちどれか。

(1) 常時男性35人、女性10人の労働者を使用している事業場で、労働者が臥床^がすることのできる男女別々の休養室又は休養所を設けていない。

(2) 常時50人の労働者を就業させている屋内作業場の気積が、設備の占める容積及び床面から4mを超える高さにある空間を除き450m³となっている。

(3) 日常行う清掃のほか、毎年1回、12月下旬の平日を大掃除の日と決めて大掃除を行っている。

(4) 事業場に附属する食堂の床面積を、食事の際の1人について、0.5m²としている。

(5) 労働衛生上の有害業務を有しない事業場において、窓その他の開口部の直接外気に向かって開放することができる部分の面積が、常時床面積の25分の1である屋内作業場に、換気設備を設けていない。

問25

　労働安全衛生法に基づく労働者の心理的な負担の程度を把握するための検査（以下「ストレスチェック」という。）及びその結果等に応じて実施される医師による面接指導に関する次の記述のうち、法令上、正しいものはどれか。

(1) ストレスチェックを受ける労働者について解雇、昇進又は異動に関して直接の権限を持つ監督的地位にある者は、ストレスチェックの実施の事務に従事してはならない。

(2) 事業者は、ストレスチェックの結果が、衛生管理者及びストレスチェックを受けた労働者に通知されるようにしなければならない。

(3) 面接指導を行う医師として事業者が指名できる医師は、当該事業場の産業医に限られる。

(4) 面接指導の結果は、健康診断個人票に記載しなければならない。

(5) 事業者は、面接指導の結果に基づき、当該労働者の健康を保持するため必要な措置について、面接指導が行われた日から3か月以内に、医師の意見を聴かなければならない。

問 26

労働基準法に定める妊産婦等に関する次の記述のうち、法令上、誤っているものはどれか。

ただし、常時使用する労働者数が 10 人以上の規模の事業場の場合とし、管理監督者等とは、「監督又は管理の地位にある者等、労働時間、休憩及び休日に関する規定の適用除外者」をいうものとする。

(1) 時間外・休日労働に関する協定を締結し、これを所轄労働基準監督署長に届け出ている場合であっても、妊産婦が請求した場合には、管理監督者等の場合を除き、時間外・休日労働をさせてはならない。

(2) フレックスタイム制を採用している場合であっても、妊産婦が請求した場合には、管理監督者等の場合を除き、1 週 40 時間、1 日 8 時間を超えて労働させてはならない。

(3) 妊産婦が請求した場合には、深夜業をさせてはならない。

(4) 妊娠中の女性が請求した場合においては、他の軽易な業務に転換させなければならない。

(5) 原則として、産後 8 週間を経過しない女性を就業させてはならない。

問 27

週所定労働時間が 25 時間、週所定労働日数が 4 日である労働者であって、雇入れの日から起算して 5 年 6 か月継続勤務したものに対して、その後 1 年間に新たに与えなければならない年次有給休暇日数として、法令上、正しいものは次のうちどれか。

ただし、その労働者はその直前の 1 年間に全労働日の 8 割以上出勤したものとする。

(1) 12 日
(2) 13 日
(3) 14 日
(4) 15 日
(5) 16 日

労働衛生（有害業務に係るもの以外のもの）

問28

　健康診断における検査項目に関する次の記述のうち、誤っているものはどれか。

(1) HDLコレステロールは、善玉コレステロールとも呼ばれ、低値であることは動脈硬化の危険因子となる。

(2) γ-GTPは、正常な肝細胞に含まれている酵素で、肝細胞が障害を受けると血液中に流れ出し、特にアルコールの摂取で高値を示す特徴がある。

(3) ヘモグロビンA1cは、血液1μL中に含まれるヘモグロビンの数を表す値であり、貧血の有無を調べるために利用される。

(4) 尿素窒素（BUN）は、腎臓から排泄される老廃物の一種で、腎臓の働きが低下すると尿中に排泄されず、血液中の値が高くなる。

(5) 血清トリグリセライド（中性脂肪）は、食後に値が上昇する脂質で、内臓脂肪が蓄積している者において、空腹時にも高値が持続することは動脈硬化の危険因子となる。

問29

厚生労働省の「職場における受動喫煙防止のためのガイドライン」に関する次のAからDの記述について、誤っているものの組合せは(1)～(5)のうちどれか。

A 第一種施設とは、多数の者が利用する施設のうち、学校、病院、国や地方公共団体の行政機関の庁舎等をいい、「原則敷地内禁煙」とされている。

B 一般の事務所や工場は、第二種施設に含まれ、「原則屋内禁煙」とされている。

C 第二種施設においては、特定の時間を禁煙とする時間分煙が認められている。

D たばこの煙の流出を防止するための技術的基準に適合した喫煙専用室においては、食事はしてはならないが、飲料を飲むことは認められている。

(1) A，B
(2) A，C
(3) B，C
(4) B，D
(5) C，D

問30

労働衛生管理に用いられる統計に関する次の記述のうち、誤っているものはどれか。

(1) 生体から得られたある指標が正規分布である場合、そのばらつきの程度は、平均値や最頻値によって表される。

(2) 集団を比較する場合、調査の対象とした項目のデータの平均値が等しくても分散が異なっていれば、異なった特徴をもつ集団であると評価される。

(3) 健康管理統計において、ある時点での検査における有所見者の割合を有所見率といい、このようなデータを静態データという。

(4) 健康診断において、対象人数、受診者数などのデータを計数データといい、身長、体重などのデータを計量データという。

(5) ある事象と健康事象との間に、統計上、一方が多いと他方も多いというような相関関係が認められたとしても、それらの間に因果関係があるとは限らない。

問31

厚生労働省の「職場における腰痛予防対策指針」に基づき、腰部に著しい負担のかかる作業に常時従事する労働者に対して当該作業に配置する際に行う健康診断の項目として、適切でないものは次のうちどれか。

(1) 既往歴及び業務歴の調査
(2) 自覚症状の有無の検査
(3) 負荷心電図検査
(4) 神経学的検査
(5) 脊柱の検査

問32

脳血管障害及び虚血性心疾患に関する次の記述のうち、誤っているものはどれか。

(1) 虚血性の脳血管障害である脳梗塞は、脳血管自体の動脈硬化性病変による脳血栓症と、心臓や動脈壁の血栓が剥がれて脳血管を閉塞する脳塞栓症に分類される。
(2) くも膜下出血は、通常、脳動脈瘤が破れて数日後、激しい頭痛で発症する。
(3) 虚血性心疾患は、冠動脈による心筋への血液の供給が不足したり途絶えることにより起こる心筋障害である。
(4) 心筋梗塞では、突然激しい胸痛が起こり、「締め付けられるように痛い」、「胸が苦しい」などの症状が、1時間以上続くこともある。
(5) 運動負荷心電図検査は、虚血性心疾患の発見に有用である。

問33

食中毒に関する次の記述のうち、正しいものはどれか。

(1) 感染型食中毒は、食物に付着した細菌そのものの感染によって起こる食中毒で、サルモネラ菌によるものがある。
(2) 赤身魚などに含まれるヒスチジンが細菌により分解されて生成されるヒスタミンは、加熱調理によって分解する。
(3) エンテロトキシンは、フグ毒の主成分で、手足のしびれや呼吸麻痺を起こす。
(4) カンピロバクターは、カビの産生する毒素で、腹痛や下痢を起こす。
(5) ボツリヌス菌は、缶詰や真空パックなど酸素のない密封食品中でも増殖するが、熱には弱く、60℃、10分間程度の加熱で殺菌することができる。

問34

身長175cm、体重80kg、腹囲88cm の人のＢＭＩに最も近い値は、次のうちどれか。

(1) 21
(2) 26
(3) 29
(4) 37
(5) 40

労働生理

問35

血液に関する次の記述のうち、誤っているものはどれか。

(1) 血液は、血漿成分と有形成分から成り、血漿成分は血液容積の約55％を占める。
(2) 血漿中の蛋白質のうち、アルブミンは血液の浸透圧の維持に関与している。
(3) 白血球のうち、好中球には、体内に侵入してきた細菌や異物を貪食する働きがある。
(4) 血小板のうち、リンパ球には、Bリンパ球、Tリンパ球などがあり、これらは免疫反応に関与している。
(5) 血液の凝固は、血漿中のフィブリノーゲンがフィブリンに変化し、赤血球などが絡みついて固まる現象である。

問36

心臓及び血液循環に関する次の記述のうち、誤っているものはどれか。

(1) 心拍数は、左心房に存在する洞結節からの電気刺激によってコントロールされている。
(2) 心臓の拍動による動脈圧の変動を末梢の動脈で触知したものを脈拍といい、一般に、手首の橈骨動脈で触知する。
(3) 心臓自体は、大動脈の起始部から出る冠動脈によって酸素や栄養分の供給を受けている。
(4) 肺循環により左心房に戻ってきた血液は、左心室を経て大動脈に入る。
(5) 大動脈を流れる血液は動脈血であるが、肺動脈を流れる血液は静脈血である。

問37

呼吸に関する次の記述のうち、誤っているものはどれか。

(1) 呼吸運動は、横隔膜、肋間筋などの呼吸筋が収縮と弛緩をすることにより行われる。

(2) 胸郭内容積が増し、その内圧が低くなるにつれ、鼻腔、気管などの気道を経て肺内へ流れ込む空気が吸気である。

(3) 肺胞内の空気と肺胞を取り巻く毛細血管中の血液との間で行われるガス交換は、外呼吸である。

(4) 血液中の二酸化炭素濃度が増加すると、呼吸中枢が刺激され、呼吸が速く深くなる。

(5) 呼吸のリズムをコントロールしているのは、間脳の視床下部である。

問38

摂取した食物中の炭水化物（糖質）、脂質及び蛋白質を分解する消化酵素の組合せとして、正しいものは次のうちどれか。

	炭水化物(糖質)	脂質	蛋白質
(1)	マルターゼ	リパーゼ	トリプシン
(2)	トリプシン	アミラーゼ	ペプシン
(3)	ペプシン	マルターゼ	トリプシン
(4)	ペプシン	リパーゼ	マルターゼ
(5)	アミラーゼ	トリプシン	リパーゼ

問39

肝臓の機能として、誤っているものは次のうちどれか。

(1) コレステロールを合成する。
(2) 尿素を合成する。
(3) ヘモグロビンを合成する。
(4) 胆汁を生成する。
(5) グリコーゲンを合成し、及び分解する。

問40

代謝に関する次の記述のうち、正しいものはどれか。

(1) 代謝において、細胞に取り入れられた体脂肪、グリコーゲンなどが分解されてエネルギーを発生し、ＡＴＰが合成されることを同化という。
(2) 代謝において、体内に摂取された栄養素が、種々の化学反応によって、細胞を構成する蛋白質などの生体に必要な物質に合成されることを異化という。
(3) 基礎代謝量は、安静時における心臓の拍動、呼吸、体温保持などに必要な代謝量で、睡眠中の測定値で表される。
(4) エネルギー代謝率は、一定時間中に体内で消費された酸素と排出された二酸化炭素の容積比である。
(5) エネルギー代謝率は、動的筋作業の強度を表すことができるが、精神的作業や静的筋作業には適用できない。

問41

筋肉に関する次の記述のうち、正しいものはどれか。

(1) 横紋筋は、骨に付着して身体の運動の原動力となる筋肉で意志によって動かすことができるが、平滑筋は、心筋などの内臓に存在する筋肉で意志によって動かすことができない。

(2) 筋肉は神経からの刺激によって収縮するが、神経より疲労しにくい。

(3) 荷物を持ち上げたり、屈伸運動を行うときは、筋肉が長さを変えずに外力に抵抗して筋力を発生させる等尺性収縮が生じている。

(4) 強い力を必要とする運動を続けていると、筋肉を構成する個々の筋線維の太さは変わらないが、その数が増えることによって筋肉が太くなり筋力が増強する。

(5) 刺激に対して意識とは無関係に起こる定型的な反応を反射といい、四肢の皮膚に熱いものが触れたときなどに、その肢を体幹に近づけるような反射は屈曲反射と呼ばれる。

問42

耳とその機能に関する次の記述のうち、誤っているものはどれか。

(1) 騒音性難聴は、音を神経に伝達する内耳の聴覚器官の有毛細胞の変性によって起こる。

(2) 耳介で集められた音は、鼓膜を振動させ、その振動は耳小骨によって増幅され、内耳に伝えられる。

(3) 内耳は、前庭、半規管及び蝸牛（うずまき管）の三つの部位からなり、前庭と半規管が平衡感覚、蝸牛が聴覚をそれぞれ分担している。

(4) 前庭は、体の回転の方向や速度を感じ、半規管は、体の傾きの方向や大きさを感じる。

(5) 鼓室は、耳管によって咽頭に通じており、その内圧は外気圧と等しく保たれている。

問43

ストレスに関する次の記述のうち、誤っているものはどれか。

(1) 外部からの刺激であるストレッサーは、その形態や程度にかかわらず、自律神経系と内分泌系を介して、心身の活動を抑圧する。
(2) ストレスに伴う心身の反応には、ノルアドレナリン、アドレナリンなどのカテコールアミンや副腎皮質ホルモンが深く関与している。
(3) 昇進、転勤、配置替えなどがストレスの原因となることがある。
(4) 職場環境における騒音、気温、湿度、悪臭などがストレスの原因となることがある。
(5) ストレスにより、高血圧症、狭心症、十二指腸潰瘍などの疾患が生じることがある。

問44

ヒトのホルモン、その内分泌器官及びそのはたらきの組合せとして、誤っているものは次のうちどれか。

	ホルモン	内分泌器官	はたらき
(1)	ガストリン	胃	胃酸分泌刺激
(2)	アルドステロン	副腎皮質	体液中の塩類バランスの調節
(3)	パラソルモン	副甲状腺	血中のカルシウム量の調節
(4)	コルチゾール	膵臓	血糖量の増加
(5)	副腎皮質刺激ホルモン	下垂体	副腎皮質の活性化

令和5年4月 公表試験問題

問題数	44問（五肢択一式）
試験時間	3時間
合格基準	各科目4割以上かつ合計6割以上の得点

解答にあたっての注意事項

・次の各問について答えを1つ選び、その番号を解答用紙にマークしてください。
・特例による受験者の試験時間は2時間で、試験問題は問1〜問20です。
・「労働生理」の免除者の試験時間は2時間15分で、試験問題は問1〜問34です。

解答・解説は、別冊24〜47ページを参照してください。

問1

　ある製造業の事業場の労働者数及び有害業務等従事状況並びに産業医及び衛生管理者の選任の状況は、次の①～③のとおりである。この事業場の産業医及び衛生管理者の選任についての法令違反の状況に関する(1)～(5)の記述のうち、正しいものはどれか。

　ただし、産業医及び衛生管理者の選任の特例はないものとする。

①　労働者数及び有害業務等従事状況

　常時使用する労働者数は800人であり、このうち、深夜業を含む業務に400人が、強烈な騒音を発する場所における業務に30人が常時従事しているが、他に有害業務に従事している者はいない。

②　産業医の選任の状況

　選任している産業医数は1人である。

　この産業医は、この事業場に専属の者ではないが、産業医としての法令の要件を満たしている医師である。

③　衛生管理者の選任の状況

　選任している衛生管理者数は3人である。

　このうち1人は、この事業場に専属でない労働衛生コンサルタントで、衛生工学衛生管理者免許を有していない。

　他の2人は、この事業場に専属で、共に衛生管理者としての業務以外の業務を兼任しており、また、第一種衛生管理者免許を有しているが、衛生工学衛生管理者免許を有していない。

(1) 選任している産業医がこの事業場に専属でないことが違反である。

(2) 選任している衛生管理者数が少ないことが違反である。

(3) 衛生管理者として選任している労働衛生コンサルタントがこの事業場に専属でないことが違反である。

(4) 衛生工学衛生管理者免許を受けた者のうちから選任した衛生管理者が1人もいないことが違反である。

(5) 専任の衛生管理者が1人もいないことが違反である。

問2

　次のAからDの作業について、法令上、作業主任者の選任が義務付けられているものの組合せは(1)～(5)のうちどれか。

　　A　水深10m以上の場所における潜水の作業
　　B　セメント製造工程においてセメントを袋詰めする作業
　　C　製造工程において硫酸を用いて行う洗浄の作業
　　D　石炭を入れてあるホッパーの内部における作業

(1)　A，B
(2)　A，C
(3)　A，D
(4)　B，C
(5)　C，D

令和5年4月
公表試験問題

問3

　次の業務に労働者を就かせるとき、法令に基づく安全又は衛生のための特別の教育を行わなければならないものに該当しないものはどれか。

(1)　石綿等が使用されている建築物の解体等の作業に係る業務
(2)　高圧室内作業に係る業務
(3)　有機溶剤等を用いて行う接着の業務
(4)　廃棄物の焼却施設において焼却灰を取り扱う業務
(5)　エックス線装置を用いて行う透過写真の撮影の業務

問4

次の装置のうち、法令上、定期自主検査の実施義務が規定されているものはどれか。

(1) 塩化水素を重量の20％含有する塩酸を使用する屋内の作業場所に設けた局所排気装置
(2) アーク溶接を行う屋内の作業場所に設けた全体換気装置
(3) エタノールを使用する作業場所に設けた局所排気装置
(4) アンモニアを使用する屋内の作業場所に設けたプッシュプル型換気装置
(5) トルエンを重量の10％含有する塗料を用いて塗装する屋内の作業場所に設けた局所排気装置

問5

屋内作業場において、第二種有機溶剤等を使用して常時洗浄作業を行う場合の措置として、法令上、誤っているものは次のうちどれか。

ただし、有機溶剤中毒予防規則に定める適用除外及び設備の特例はないものとする。

(1) 作業場所に設けた局所排気装置について、囲い式フードの場合は0.4m/sの制御風速を出し得る能力を有するものにする。
(2) 有機溶剤等の区分の色分けによる表示を黄色で行う。
(3) 作業中の労働者が見やすい場所に、有機溶剤の人体に及ぼす作用、有機溶剤等の取扱い上の注意事項及び有機溶剤による中毒が発生したときの応急処置を掲示する。
(4) 作業に常時従事する労働者に対し、6か月以内ごとに1回、定期に、特別の項目について医師による健康診断を行い、その結果に基づき作成した有機溶剤等健康診断個人票を3年間保存する。
(5) 労働者が有機溶剤を多量に吸入したときは、速やかに、当該労働者に医師による診察又は処置を受けさせる。

問6

酸素欠乏症等防止規則に関する次の記述のうち、誤っているものはどれか。

(1) 酸素欠乏とは、空気中の酸素の濃度が18％未満である状態をいう。

(2) 海水が滞留したことのあるピットの内部における作業については、酸素欠乏危険作業主任者技能講習を修了した者のうちから、酸素欠乏危険作業主任者を選任しなければならない。

(3) 第一種酸素欠乏危険作業を行う作業場については、その日の作業を開始する前に、当該作業場における空気中の酸素の濃度を測定しなければならない。

(4) 酸素又は硫化水素の濃度が法定の基準を満たすようにするために酸素欠乏危険作業を行う場所を換気するときは、純酸素を使用してはならない。

(5) し尿を入れたことのあるポンプを修理する場合で、これを分解する作業に労働者を従事させるときは、指揮者を選任し、作業を指揮させなければならない。

問7

じん肺法に関する次の記述のうち、法令上、誤っているものはどれか。

(1) じん肺管理区分の管理一は、じん肺健康診断の結果、じん肺の所見がないと認められるものをいう。

(2) じん肺管理区分の管理二は、じん肺健康診断の結果、エックス線写真の像が第一型でじん肺による著しい肺機能の障害がないと認められるものをいう。

(3) 常時粉じん作業に従事する労働者でじん肺管理区分が管理二であるものに対しては、1年以内ごとに1回、定期的に、じん肺健康診断を行わなければならない。

(4) 都道府県労働局長は、事業者から、法令に基づいて、じん肺の所見があると診断された労働者についてのエックス線写真等が提出されたときは、これらを基礎として、地方じん肺診査医の診断又は審査により、当該労働者についてじん肺管理区分の決定をするものとする。

(5) じん肺管理区分が管理三と決定された者及び合併症にかかっていると認められる者は、療養を要するものとする。

問8

労働安全衛生規則の衛生基準について、誤っているものは次のうちどれか。

(1) 硫化水素濃度が5ppmを超える場所には、関係者以外の者が立ち入ることを禁止し、かつ、その旨を見やすい箇所に表示しなければならない。

(2) 強烈な騒音を発する屋内作業場においては、その伝ぱを防ぐため、隔壁を設ける等必要な措置を講じなければならない。

(3) 屋内作業場に多量の熱を放散する溶融炉があるときは、加熱された空気を直接屋外に排出し、又はその放射するふく射熱から労働者を保護する措置を講じなければならない。

(4) 病原体により汚染された排気、排液又は廃棄物については、消毒、殺菌等適切な処理をした後に、排出し、又は廃棄しなければならない。

(5) 著しく暑熱又は多湿の作業場においては、坑内等特殊な作業場でやむを得ない事由がある場合を除き、休憩の設備を作業場外に設けなければならない。

問9

法令に基づき定期に行う作業環境測定とその測定頻度との組合せとして、誤っているものは次のうちどれか。

(1) 鉛ライニングの業務を行う屋内作業場における空気中の鉛濃度の測定
   ……………………………………………………6か月以内ごとに1回

(2) 動力により駆動されるハンマーを用いる金属の成型の業務を行う屋内作業場における等価騒音レベルの測定……………………6か月以内ごとに1回

(3) 第二種有機溶剤等を用いて塗装の業務を行う屋内作業場における空気中の有機溶剤の濃度の測定………………………………6か月以内ごとに1回

(4) 通気設備が設けられている坑内の作業場における通気量の測定
   ………………………………………………………半月以内ごとに1回

(5) 溶融ガラスからガラス製品を成型する業務を行う屋内作業場の気温、湿度及びふく射熱の測定………………………………半月以内ごとに1回

問10

労働基準法に基づく有害業務への就業制限に関する次の記述のうち、誤っているものはどれか。

(1) 満18歳未満の者は、多量の低温物体を取り扱う業務に就かせてはならない。

(2) 妊娠中の女性は、異常気圧下における業務に就かせてはならない。

(3) 満18歳以上で産後8週間を経過したが1年を経過しない女性から、著しく暑熱な場所における業務に従事しない旨の申出があった場合には、当該業務に就かせてはならない。

(4) 満18歳以上で産後8週間を経過したが1年を経過しない女性から、さく岩機、鋲打機等身体に著しい振動を与える機械器具を用いて行う業務に従事したい旨の申出があった場合には、当該業務に就かせることができる。

(5) 満18歳以上で産後1年を経過した女性は、多量の低温物体を取り扱う業務に就かせることができる。

問11

法改正

リスクアセスメント対象物による疾病のリスクの低減措置について、法令に定められた措置以外の措置を検討する場合、優先度の最も高いものは次のうちどれか。

(1) リスクアセスメント対象物に係る機械設備等の密閉化
(2) リスクアセスメント対象物に係る機械設備等への局所排気装置の設置
(3) 作業手順の改善
(4) リスクアセスメント対象物の有害性に応じた有効な保護具の選択及び使用
(5) 化学反応のプロセス等の運転条件の変更

問12

次の化学物質のうち、常温・常圧（25℃、1気圧）の空気中で蒸気として存在するものはどれか。

ただし、蒸気とは、常温・常圧で液体又は固体の物質が蒸気圧に応じて揮発又は昇華して気体となっているものをいうものとする。

(1) 塩化ビニル
(2) ジクロロベンジジン
(3) アクリロニトリル
(4) エチレンオキシド
(5) 二酸化マンガン

問13

潜水作業、高圧室内作業などの作業における高圧の影響又は高圧環境下から常圧に戻る際の減圧の影響により、直接には発症しない健康障害は次のうちどれか。

(1) 酸素中毒
(2) 一酸化炭素中毒
(3) 炭酸ガス（二酸化炭素）中毒
(4) 窒素酔い
(5) 減圧症

問14

有機溶剤に関する次の記述のうち、正しいものはどれか。

(1) 有機溶剤の多くは、揮発性が高く、その蒸気は空気より軽い。
(2) 有機溶剤は、脂溶性が低いため、脂肪の多い脳などには入りにくい。
(3) ノルマルヘキサンによる障害として顕著なものには、白血病や皮膚がんがある。
(4) 二硫化炭素は、動脈硬化を進行させたり、精神障害を生じさせることがある。
(5) N, N - ジメチルホルムアミドによる障害として顕著なものには、視力低下を伴う視神経障害がある。

問15

作業環境における騒音及びそれによる健康障害に関する次の記述のうち、誤っているものはどれか。

(1) 人が聴くことができる音の周波数は、およそ20～20,000Hzである。
(2) 音圧レベルは、通常、その音圧と人間が聴くことができる最も小さな音圧（20μPa）との比の常用対数を20倍して求められ、その単位はデシベル（dB）で表される。
(3) 等価騒音レベルは、単位時間（1時間）について10分間ごとのピーク値の騒音レベルを平均化した評価値で、変動する騒音に対して適用される。
(4) 騒音性難聴では、通常、会話音域より高い音域から聴力低下が始まる。
(5) 騒音性難聴は、音を神経に伝達する内耳の聴覚器官の有毛細胞の変性によって起こる。

問16

作業環境における有害要因による健康障害に関する次の記述のうち、正しいものはどれか。

(1) レイノー現象は、振動工具などによる末梢循環障害で、冬期に発生しやすい。
(2) けい肺は、鉄、アルミニウムなどの金属粉じんによる肺の線維増殖性変化で、けい肺結節という線維性の結節が形成される。
(3) 金属熱は、鉄、アルミニウムなどの金属を溶融する作業などに長時間従事した際に、高温環境により体温調節機能が障害を受けることにより発生する。
(4) 電離放射線による造血器障害は、確率的影響に分類され、被ばく線量がしきい値を超えると発生率及び重症度が線量に対応して増加する。
(5) 熱けいれんは、高温環境下での労働において、皮膚の血管に血液がたまり、脳への血液の流れが少なくなることにより発生し、めまい、失神などの症状がみられる。

問17

化学物質による健康障害に関する次の記述のうち、正しいものはどれか。

(1) 塩素による中毒では、再生不良性貧血、溶血などの造血機能の障害がみられる。

(2) シアン化水素による中毒では、細胞内の酸素の利用の障害による呼吸困難、けいれんなどがみられる。

(3) 弗化水素による中毒では、脳神経細胞が侵され、幻覚、錯乱などの精神障害がみられる。

(4) 酢酸メチルによる慢性中毒では、微細動脈瘤を伴う脳卒中などがみられる。

(5) 二酸化窒素による慢性中毒では、骨の硬化、斑状歯などがみられる。

問18

労働衛生保護具に関する次の記述のうち、誤っているものはどれか。

(1) ガス又は蒸気状の有害物質が粉じんと混在している作業環境中で防毒マスクを使用するときは、防じん機能を有する防毒マスクを選択する。

(2) 防毒マスクの吸収缶の色は、一酸化炭素用は赤色で、有機ガス用は黒色である。

(3) 送気マスクは、清浄な空気をボンベに詰めたものを空気源として作業者に供給する自給式呼吸器である。

(4) 遮光保護具には、遮光度番号が定められており、溶接作業などの作業の種類に応じて適切な遮光度番号のものを使用する。

(5) 騒音作業における聴覚保護具（防音保護具）として、耳覆い（イヤーマフ）又は耳栓のどちらを選ぶかは、作業の性質や騒音の特性で決まるが、非常に強烈な騒音に対しては両者の併用も有効である。

問19

特殊健康診断に関する次の文中の　　　　内に入れるＡからＣの語句の組合せとして、正しいものは（1）〜（5）のうちどれか。

　「特殊健康診断において有害物の体内摂取量を把握する検査として、生物学的モニタリングがあり、スチレンについては、尿中の　Ａ　及びフェニルグリオキシル酸の総量を測定し、　Ｂ　については、　Ｃ　中のデルタアミノレブリン酸の量を測定する。」

	A	B	C
(1)	馬尿酸	鉛	尿
(2)	馬尿酸	水銀	血液
(3)	メチル馬尿酸	鉛	血液
(4)	マンデル酸	水銀	血液
(5)	マンデル酸	鉛	尿

問20

局所排気装置に関する次の記述のうち、正しいものはどれか。

(1) ダクトの形状には円形、角形などがあり、その断面積を大きくするほど、ダクトの圧力損失が増大する。

(2) フード開口部の周囲にフランジがあると、フランジがないときに比べ、気流の整流作用が増すため、大きな排風量が必要となる。

(3) キャノピ型フードは、発生源からの熱による上昇気流を利用して捕捉するもので、レシーバ式フードに分類される。

(4) スロット型フードは、作業面を除き周りが覆われているもので、囲い式フードに分類される。

(5) 空気清浄装置を付設する局所排気装置を設置する場合、排風機は、一般に、フードに接続した吸引ダクトと空気清浄装置の間に設ける。

関係法令（有害業務に係るもの以外のもの）

問21

　常時使用する労働者数が100人で、次の業種に属する事業場のうち、法令上、総括安全衛生管理者の選任が義務付けられていないものの業種はどれか。

(1) 林業
(2) 清掃業
(3) 燃料小売業
(4) 建設業
(5) 運送業

問22

　衛生委員会に関する次の記述のうち、法令上、正しいものはどれか。

(1) 衛生委員会の議長は、衛生管理者である委員のうちから、事業者が指名しなければならない。
(2) 産業医のうち衛生委員会の委員として指名することができるのは、当該事業場に専属の産業医に限られる。
(3) 衛生管理者として選任しているが事業場に専属でない労働衛生コンサルタントを、衛生委員会の委員として指名することはできない。
(4) 当該事業場の労働者で、作業環境測定を実施している作業環境測定上を衛生委員会の委員として指名することができる。
(5) 衛生委員会は、毎月1回以上開催するようにし、議事で重要なものに係る記録を作成して、これを5年間保存しなければならない。

労働安全衛生規則に基づく医師による健康診断に関する次の記述のうち、誤っているものはどれか。

(1) 深夜業を含む業務に常時従事する労働者に対し、6か月以内ごとに1回、定期に、健康診断を行わなければならないが、胸部エックス線検査については、1年以内ごとに1回、定期に、行うことができる。

(2) 雇入時の健康診断の項目のうち、聴力の検査は、1,000Hz 及び 4,000Hz の音について行わなければならない。

(3) 雇入時の健康診断において、医師による健康診断を受けた後3か月を経過しない者が、その健康診断結果を証明する書面を提出したときは、その健康診断の項目に相当する項目を省略することができる。

(4) 定期健康診断を受けた労働者に対し、健康診断を実施した日から3か月以内に、当該健康診断の結果を通知しなければならない。

(5) 定期健康診断の結果に基づき健康診断個人票を作成して、これを5年間保存しなければならない。

問24

　労働時間の状況等が一定の要件に該当する労働者に対して、法令により実施することが義務付けられている医師による面接指導に関する次の記述のうち、正しいものはどれか。

　ただし、新たな技術、商品又は役務の研究開発に係る業務に従事する者及び高度プロフェッショナル制度の対象者はいないものとする。

(1) 面接指導の対象となる労働者の要件は、原則として、休憩時間を除き1週間当たり40時間を超えて労働させた場合におけるその超えた時間が1か月当たり80時間を超え、かつ、疲労の蓄積が認められる者であることとする。

(2) 事業者は、面接指導を実施するため、タイムカードによる記録等の客観的な方法その他の適切な方法により、監督又は管理の地位にある者を除き、労働者の労働時間の状況を把握しなければならない。

(3) 面接指導を行う医師として事業者が指定することのできる医師は、当該事業場の産業医に限られる。

(4) 事業者は、面接指導の対象となる労働者の要件に該当する労働者から面接指導を受ける旨の申出があったときは、申出の日から3か月以内に、面接指導を行わなければならない。

(5) 事業者は、面接指導の結果に基づき、当該面接指導の結果の記録を作成して、これを3年間保存しなければならない。

問25

労働安全衛生法に基づく心理的な負担の程度を把握するための検査について、医師及び保健師以外の検査の実施者として、次のAからDの者のうち正しいものの組合せは(1)～(5)のうちどれか。

ただし、実施者は、法定の研修を修了した者とする。

A 公認心理師
B 歯科医師
C 衛生管理者
D 産業カウンセラー

(1) A，B
(2) A，D
(3) B，C
(4) B，D
(5) C，D

問26

労働基準法における労働時間等に関する次の記述のうち、正しいものはどれか。

(1) 1日8時間を超えて労働させることができるのは、時間外労働の協定を締結し、これを所轄労働基準監督署長に届け出た場合に限られている。
(2) 労働時間が8時間を超える場合においては、少なくとも45分の休憩時間を労働時間の途中に与えなければならない。
(3) 機密の事務を取り扱う労働者に対する労働時間に関する規定の適用の除外については、所轄労働基準監督署長の許可を受けなければならない。
(4) フレックスタイム制の清算期間は、3か月以内の期間に限られる。
(5) 満20歳未満の者については、時間外・休日労働をさせることはできない。

問27

週所定労働時間が25時間、週所定労働日数が4日である労働者であって、雇入れの日から起算して4年6か月継続勤務したものに対して、その後1年間に新たに与えなければならない年次有給休暇日数として、法令上、正しいものは次のうちどれか。

ただし、その労働者はその直前の1年間に全労働日の8割以上出勤したものとする。

(1)　9日
(2)　10日
(3)　11日
(4)　12日
(5)　13日

労働衛生（有害業務に係るもの以外のもの）

問28

厚生労働省の「労働者の心の健康の保持増進のための指針」に基づくメンタルヘルス対策に関する次のAからDの記述について、誤っているものの組合せは(1)〜(5)のうちどれか。

A　メンタルヘルスケアを中長期的視点に立って継続的かつ計画的に行うため策定する「心の健康づくり計画」は、各事業場における労働安全衛生に関する計画の中に位置付けることが望ましい。

B　「心の健康づくり計画」の策定に当たっては、プライバシー保護の観点から、衛生委員会や安全衛生委員会での調査審議は避ける。

C　「セルフケア」、「家族によるケア」、「ラインによるケア」及び「事業場外資源によるケア」の四つのケアを効果的に推進する。

D　「セルフケア」とは、労働者自身がストレスや心の健康について理解し、自らのストレスを予防、軽減する、又はこれに対処することである。

(1)　A，B

(2)　A，C

(3)　A，D

(4)　B，C

(5)　C，D

厚生労働省の「職場における受動喫煙防止のためのガイドライン」において、「喫煙専用室」を設置する場合に満たすべき事項として定められていないものは、次のうちどれか。

(1) 喫煙専用室の出入口において、室外から室内に流入する空気の気流が、0.2m/s 以上であること。

(2) 喫煙専用室の出入口における室外から室内に流入する空気の気流について、6か月以内ごとに1回、定期に測定すること。

(3) 喫煙専用室のたばこの煙が室内から室外に流出しないよう、喫煙専用室は、壁、天井等によって区画されていること。

(4) 喫煙専用室のたばこの煙が屋外又は外部の場所に排気されていること。

(5) 喫煙専用室の出入口の見やすい箇所に必要事項を記載した標識を掲示すること。

問30

労働衛生管理に用いられる統計に関する次の記述のうち、誤っているものはどれか。

(1) 生体から得られたある指標が正規分布である場合、そのばらつきの程度は、平均値及び中央値によって表される。

(2) 集団を比較する場合、調査の対象とした項目のデータの平均値が等しくても分散が異なっていれば、異なった特徴をもつ集団であると評価される。

(3) 健康管理統計において、ある時点での集団に関するデータを静態データといい、「有所見率」は静態データの一つである。

(4) ある事象と健康事象との間に、統計上、一方が多いと他方も多いというような相関関係が認められたとしても、それらの間に因果関係があるとは限らない。

(5) 健康診断において、対象人数、受診者数などのデータを計数データといい、身長、体重などのデータを計量データという。

問31

脳血管障害及び虚血性心疾患に関する次の記述のうち、誤っているものはどれか。

(1) 出血性の脳血管障害は、脳表面のくも膜下腔に出血するくも膜下出血、脳実質内に出血する脳出血などに分類される。

(2) 虚血性の脳血管障害である脳梗塞は、脳血管自体の動脈硬化性病変による脳塞栓症と、心臓や動脈壁の血栓が剥がれて脳血管を閉塞する脳血栓症に分類される。

(3) 高血圧性脳症は、急激な血圧上昇が誘因となって、脳が腫脹する病気で、頭痛、悪心、嘔吐、意識障害、視力障害、けいれんなどの症状がみられる。

(4) 虚血性心疾患は、心筋の一部分に可逆的な虚血が起こる狭心症と、不可逆的な心筋壊死が起こる心筋梗塞とに大別される。

(5) 運動負荷心電図検査は、虚血性心疾患の発見に有用である。

問32

食中毒に関する次の記述のうち、誤っているものはどれか。

(1) 黄色ブドウ球菌による食中毒は、食品に付着した菌が食品中で増殖した際に生じる毒素により発症する。

(2) サルモネラ菌による食中毒は、鶏卵が原因となることがある。

(3) 腸炎ビブリオ菌は、熱に強い。

(4) ボツリヌス菌は、缶詰、真空パック食品など酸素のない食品中で増殖して毒性の強い神経毒を産生し、筋肉の麻痺症状を起こす。

(5) ノロウイルスの失活化には、煮沸消毒又は塩素系の消毒剤が効果的である。

問33

感染症に関する次の記述のうち、誤っているものはどれか。

(1) 人間の抵抗力が低下した場合は、通常、多くの人には影響を及ぼさない病原体が病気を発症させることがあり、これを日和見感染という。

(2) 感染が成立しているが、症状が現れない状態が継続することを不顕性感染という。

(3) 感染が成立し、症状が現れるまでの人をキャリアといい、感染したことに気付かずに病原体をばらまく感染源になることがある。

(4) 感染源の人が咳（せき）やくしゃみをして、唾液などに混じった病原体が飛散することにより感染することを空気感染といい、インフルエンザや普通感冒の代表的な感染経路である。

(5) インフルエンザウイルスにはA型、B型及びC型の三つの型があるが、流行の原因となるのは、主として、A型及びB型である。

問34

厚生労働省の「事業場における労働者の健康保持増進のための指針」に基づく健康保持増進対策に関する次の記述のうち、適切でないものはどれか。

(1) 健康保持増進対策の推進に当たっては、事業者が労働者等の意見を聴きつつ事業場の実態に即した取組を行うため、労使、産業医、衛生管理者等で構成される衛生委員会等を活用する。

(2) 健康測定の結果に基づき行う健康指導には、運動指導、メンタルヘルスケア、栄養指導、口腔（くう）保健指導、保健指導が含まれる。

(3) 健康保持増進措置は、主に生活習慣上の課題を有する労働者の健康状態の改善を目指すために個々の労働者に対して実施するものと、事業場全体の健康状態の改善や健康増進に係る取組の活性化等、生活習慣上の課題の有無に関わらず労働者を集団として捉えて実施するものがある。

(4) 健康保持増進に関する課題の把握や目標の設定等においては、労働者の健康状態等を客観的に把握できる数値を活用することが望ましい。

(5) 健康測定とは、健康指導を行うために実施される調査、測定等のことをいい、疾病の早期発見に重点をおいた健康診断の各項目の結果を健康測定に活用することはできない。

労働生理

問35

呼吸に関する次の記述のうち、正しいものはどれか。

(1) 呼吸は、胸膜が運動することで胸腔内の圧力を変化させ、肺を受動的に伸縮させることにより行われる。

(2) 肺胞内の空気と肺胞を取り巻く毛細血管中の血液との間で行われるガス交換は、内呼吸である。

(3) 成人の呼吸数は、通常、1分間に16～20回であるが、食事、入浴、発熱などによって増加する。

(4) チェーンストークス呼吸とは、肺機能の低下により呼吸数が増加した状態をいい、喫煙が原因となることが多い。

(5) 身体活動時には、血液中の窒素分圧の上昇により呼吸中枢が刺激され、1回換気量及び呼吸数が増加する。

問36

心臓及び血液循環に関する次の記述のうち、誤っているものはどれか。

(1) 心臓は、自律神経の中枢で発生した刺激が刺激伝導系を介して心筋に伝わることにより、規則正しく収縮と拡張を繰り返す。

(2) 肺循環により左心房に戻ってきた血液は、左心室を経て大動脈に入る。

(3) 大動脈を流れる血液は動脈血であるが、肺動脈を流れる血液は静脈血である。

(4) 心臓の拍動による動脈圧の変動を末梢の動脈で触知したものを脈拍といい、一般に、手首の橈骨動脈で触知する。

(5) 心臓自体は、大動脈の起始部から出る冠動脈によって酸素や栄養分の供給を受けている。

問37

下の図は、脳などの正中縦断面であるが、図中に　　　で示すAからEの部位に関する次の記述のうち、誤っているものはどれか。

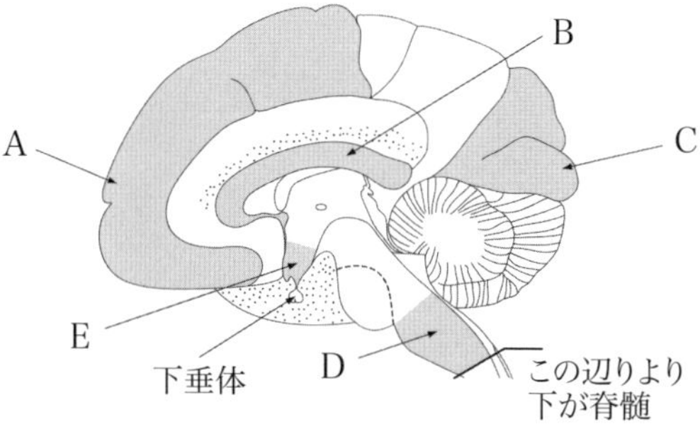

(1) Aは、大脳皮質の前頭葉で、運動機能中枢、運動性言語中枢及び精神機能中枢がある。
(2) Bは、小脳で、体の平衡を保つ中枢がある。
(3) Cは、大脳皮質の後頭葉で、視覚中枢がある。
(4) Dは、延髄で、呼吸運動、循環器官・消化器官の働きなど、生命維持に重要な機能の中枢がある。
(5) Eは、間脳の視床下部で、自律神経系の中枢がある。

問38

摂取した食物中の炭水化物（糖質）、脂質及び蛋白質を分解する消化酵素の組合せとして、正しいものは次のうちどれか。

	炭水化物(糖質)	脂質	蛋白質
(1)	マルターゼ	リパーゼ	トリプシン
(2)	トリプシン	アミラーゼ	ペプシン
(3)	ペプシン	マルターゼ	トリプシン
(4)	ペプシン	リパーゼ	マルターゼ
(5)	アミラーゼ	トリプシン	リパーゼ

問39

腎臓・泌尿器系に関する次の記述のうち、誤っているものはどれか。

(1) 糸球体では、血液中の蛋白質以外の血漿成分がボウマン嚢に濾し出され、原尿が生成される。

(2) 尿細管では、原尿に含まれる大部分の水分、電解質、栄養分などが血液中に再吸収される。

(3) 尿の生成・排出により、体内の水分の量やナトリウムなどの電解質の濃度を調節するとともに、生命活動によって生じた不要な物質を排出する。

(4) 尿の約95％は水分で、約5％が固形物であるが、その成分は全身の健康状態をよく反映するので、尿検査は健康診断などで広く行われている。

(5) 血液中の尿素窒素（ＢＵＮ）の値が低くなる場合は、腎臓の機能の低下が考えられる。

問40

血液に関する次の記述のうち、誤っているものはどれか。

(1) 血液は、血漿と有形成分から成り、有形成分は赤血球、白血球及び血小板から成る。

(2) 血漿中の蛋白質のうち、グロブリンは血液浸透圧の維持に関与し、アルブミンは免疫物質の抗体を含む。

(3) 血液中に占める血球（主に赤血球）の容積の割合をヘマトクリットといい、男性で約45％、女性で約40％である。

(4) 血液の凝固は、血漿中のフィブリノーゲンがフィブリンに変化し、赤血球などが絡みついて固まる現象である。

(5) ＡＢＯ式血液型は、赤血球の血液型分類の一つで、Ａ型の血清は抗Ｂ抗体を持つ。

問41

感覚又は感覚器に関する次の記述のうち、誤っているものはどれか。

(1) 眼軸が短過ぎるために、平行光線が網膜の後方で像を結ぶものを遠視という。

(2) 嗅覚と味覚は化学感覚ともいわれ、物質の化学的性質を認知する感覚である。

(3) 温度感覚は、皮膚のほか口腔などの粘膜にも存在し、一般に温覚の方が冷覚よりも鋭敏である。

(4) 深部感覚は、筋肉や腱にある受容器から得られる身体各部の位置、運動などを認識する感覚である。

(5) 中耳にある鼓室は、耳管によって咽頭に通じており、その内圧は外気圧と等しく保たれている。

問42

免疫に関する次の記述のうち、誤っているものはどれか。

(1) 抗原とは、免疫に関係する細胞によって異物として認識される物質のことである。

(2) 抗原となる物質には、蛋白質、糖質などがある。

(3) 抗原に対する免疫が、逆に、人体の組織や細胞に傷害を与えてしまうことをアレルギーといい、主なアレルギー性疾患としては、気管支ぜんそく、アトピー性皮膚炎などがある。

(4) 免疫の機能が失われたり低下したりすることを免疫不全といい、免疫不全になると、感染症にかかりやすくなったり、がんに罹患しやすくなったりする。

(5) 免疫には、リンパ球が産生する抗体によって病原体を攻撃する細胞性免疫と、リンパ球などが直接に病原体などを取り込んで排除する体液性免疫の二つがある。

問43

筋肉に関する次の記述のうち、正しいものはどれか。

(1) 横紋筋は、骨に付着して身体の運動の原動力となる筋肉で意志によって動かすことができるが、平滑筋は、心筋などの内臓に存在する筋肉で意志によって動かすことができない。

(2) 筋肉は神経からの刺激によって収縮するが、神経より疲労しにくい。

(3) 荷物を持ち上げたり、屈伸運動を行うときは、筋肉が長さを変えずに外力に抵抗して筋力を発生させる等尺性収縮が生じている。

(4) 強い力を必要とする運動を続けていると、筋肉を構成する個々の筋線維の太さは変わらないが、その数が増えることによって筋肉が太くなり筋力が増強する。

(5) 筋肉自体が収縮して出す最大筋力は、筋肉の断面積 $1\,cm^2$ 当たりの平均値をとると、性差、年齢差がほとんどない。

問44

睡眠に関する次の記述のうち、誤っているものはどれか。

(1) 入眠の直後にはノンレム睡眠が生じ、これが不十分な時には、日中に眠気を催しやすい。

(2) 副交感神経系は、身体の機能を回復に向けて働く神経系で、休息や睡眠状態で活動が高まり、心拍数を減少し、消化管の運動を亢進する。

(3) 睡眠と覚醒のリズムは、体内時計により約1日の周期に調節されており、体内時計の周期を外界の24時間周期に適切に同調させることができないために生じる睡眠の障害を、概日リズム睡眠障害という。

(4) 睡眠と食事は深く関係しているため、就寝直前の過食は、肥満のほか不眠を招くことになる。

(5) 脳下垂体から分泌されるセクレチンは、夜間に分泌が上昇するホルモンで、睡眠と覚醒のリズムの調節に関与している。

令和4年10月
公表試験問題

問題数	44問（五肢択一式）
試験時間	3時間
合格基準	各科目4割以上かつ合計6割以上の得点

解答にあたっての注意事項

・次の各問について答えを1つ選び、その番号を解答用紙にマークしてください。

・特例による受験者の試験時間は2時間で、試験問題は問1〜問20です。

・「労働生理」の免除者の試験時間は2時間15分で、試験問題は問1〜問34です。

解答・解説は、別冊48〜69ページを参照してください。

問1

常時600人の労働者を使用する製造業の事業場における衛生管理体制に関する(1)～(5)の記述のうち、法令上、誤っているものはどれか。

ただし、600人中には、製造工程において次の業務に常時従事する者がそれぞれに示す人数含まれているが、試験研究の業務はなく、他の有害業務はないものとし、衛生管理者及び産業医の選任の特例はないものとする。

深夜業を含む業務 ……………………………………… 300人
多量の低温物体を取り扱う業務 ………………………… 100人
特定化学物質のうち第三類物質を製造する業務 ……… 20人

(1) 衛生管理者は、3人以上選任しなければならない。
(2) 衛生管理者のうち1人を、衛生工学衛生管理者免許を受けた者のうちから選任しなければならない。
(3) 衛生管理者のうち少なくとも1人を、専任の衛生管理者としなければならない。
(4) 産業医としての法定の要件を満たしている医師で、この事業場に専属でないものを産業医として選任することができる。
(5) 特定化学物質作業主任者を選任しなければならない。

問2

次の特定化学物質を製造しようとするとき、労働安全衛生法に基づく厚生労働大臣の許可を必要としないものはどれか。

(1) オルト‐トリジン
(2) エチレンオキシド
(3) ジアニシジン
(4) ベリリウム
(5) アルファ‐ナフチルアミン

問3

　法令に基づき定期に行う作業環境測定とその測定頻度との組合せとして、誤っているものは次のうちどれか。

(1) 非密封の放射性物質を取り扱う作業室における空気中の放射性物質の濃度の測定 ……………………………………………… 1か月以内ごとに1回
(2) チッパーによりチップする業務を行う屋内作業場における等価騒音レベルの測定 ………………………………………………… 6か月以内ごとに1回
(3) 通気設備が設けられている坑内の作業場における通気量の測定
　　………………………………………………………… 1か月以内ごとに1回
(4) 鉛蓄電池を製造する工程において鉛等を加工する業務を行う屋内作業場における空気中の鉛の濃度の測定 ………………… 1年以内ごとに1回
(5) 第二種有機溶剤等を用いて洗浄の作業を行う屋内作業場における空気中の有機溶剤濃度の測定 ………………………… 6か月以内ごとに1回

問4

　次の業務に労働者を就かせるとき、法令に基づく安全又は衛生のための特別の教育を行わなければならないものに該当しないものはどれか。

(1) 石綿等が使用されている建築物の解体等の作業に係る業務
(2) 潜水作業者への送気の調節を行うためのバルブ又はコックを操作する業務
(3) 廃棄物の焼却施設において焼却灰を取り扱う業務
(4) 特定化学物質のうち第二類物質を取り扱う作業に係る業務
(5) エックス線装置を用いて行う透過写真の撮影の業務

問5

　厚生労働大臣が定める規格を具備しなければ、譲渡し、貸与し、又は設置してはならない機械等に該当するものは、次のうちどれか。

(1) 聴覚保護具
(2) 防振手袋
(3) 化学防護服
(4) 放射線装置室
(5) 排気量40cm³以上の内燃機関を内蔵するチェーンソー

問6

　石綿障害予防規則に基づく措置に関する次の記述のうち、誤っているものはどれか。

(1) 石綿等を取り扱う屋内作業場については、6か月以内ごとに1回、定期に、作業環境測定を行うとともに、測定結果等を記録し、これを40年間保存しなければならない。
(2) 石綿等の粉じんが発散する屋内作業場に設けられた局所排気装置については、原則として、1年以内ごとに1回、定期に、自主検査を行うとともに、検査の結果等を記録し、これを3年間保存しなければならない。
(3) 石綿等の取扱いに伴い石綿の粉じんを発散する場所における業務に常時従事する労働者に対し、雇入れ又は当該業務への配置替えの際及びその後6か月以内ごとに1回、定期に、特別の項目について医師による健康診断を行い、その結果に基づき、石綿健康診断個人票を作成し、これを当該労働者が当該事業場において常時当該業務に従事しないこととなった日から40年間保存しなければならない。
(4) 石綿等の取扱いに伴い石綿の粉じんを発散する場所において、常時石綿等を取り扱う作業に従事する労働者については、1か月を超えない期間ごとに、作業の概要、従事した期間等を記録し、これを当該労働者が当該事業場において常時当該作業に従事しないこととなった日から40年間保存するものとする。
(5) 石綿等を取り扱う事業者が事業を廃止しようとするときは、石綿関係記録等報告書に、石綿等に係る作業の記録及び局所排気装置、除じん装置等の定期自主検査の記録を添えて所轄労働基準監督署長に提出しなければならない。

問7

じん肺法に関する次の記述のうち、法令上、誤っているものはどれか。

(1) 都道府県労働局長は、事業者等からじん肺健康診断の結果を証明する書面等が提出された労働者について、地方じん肺診査医の診断又は審査によりじん肺管理区分を決定する。

(2) 事業者は、常時粉じん作業に従事する労働者で、じん肺管理区分が管理一であるものについては、3年以内ごとに1回、定期的に、じん肺健康診断を行わなければならない。

(3) 事業者は、常時粉じん作業に従事する労働者で、じん肺管理区分が管理二又は管理三であるものについては、1年以内ごとに1回、定期的に、じん肺健康診断を行わなければならない。

(4) じん肺管理区分が管理四と決定された者は、療養を要する。

(5) 事業者は、じん肺健康診断に関する記録及びエックス線写真を5年間保存しなければならない。

問8

　酸素欠乏症等防止規則等に基づく措置に関する次の記述のうち、誤っているものはどれか。

(1) 汚水を入れたことのあるポンプを修理する場合で、これを分解する作業に労働者を従事させるときは、硫化水素中毒の防止について必要な知識を有する者のうちから指揮者を選任し、作業を指揮させなければならない。

(2) 酒類を入れたことのある醸造槽の内部における清掃作業の業務に労働者を就かせるときは、酸素欠乏危険作業に係る特別の教育を行わなければならない。

(3) 酸素欠乏危険作業を行う場所において、爆発、酸化等を防止するため換気を行うことができない場合には、送気マスク又は防毒マスクを備え、労働者に使用させなければならない。

(4) 酸素欠乏危険作業に労働者を従事させるときは、常時作業の状況を監視し、異常があったときに直ちに酸素欠乏危険作業主任者及びその他の関係者に通報する者を置く等異常を早期に把握するために必要な措置を講じなければならない。

(5) 第一鉄塩類を含有している地層に接する地下室の内部における作業に労働者を従事させるときは、酸素欠乏の空気が漏出するおそれのある箇所を閉そくし、酸素欠乏の空気を直接外部へ放出することができる設備を設ける等酸素欠乏の空気の流入を防止するための措置を講じなければならない。

問9

有機溶剤等を取り扱う場合の措置について、有機溶剤中毒予防規則に違反しているものは次のうちどれか。

ただし、同規則に定める適用除外及び設備の特例はないものとする。

(1) 屋内作業場で、第二種有機溶剤等が付着している物の乾燥の業務に労働者を従事させるとき、その作業場所の空気清浄装置を設けていない局所排気装置の排気口で、厚生労働大臣が定める濃度以上の有機溶剤を排出するものの高さを、屋根から2mとしている。
(2) 第三種有機溶剤等を用いて払しょくの業務を行う屋内作業場について、定期に、当該有機溶剤の濃度を測定していない。
(3) 屋内作業場で、第二種有機溶剤等が付着している物の乾燥の業務に労働者を従事させるとき、その作業場所に最大0.4m/sの制御風速を出し得る能力を有する側方吸引型外付け式フードの局所排気装置を設け、かつ、作業に従事する労働者に有機ガス用防毒マスクを使用させている。
(4) 屋内作業場で、第二種有機溶剤等を用いる試験の業務に労働者を従事させるとき、有機溶剤作業主任者を選任していない。
(5) 有機溶剤等を入れてあった空容器で有機溶剤の蒸気が発散するおそれのあるものを、屋外の一定の場所に集積している。

問10

労働基準法に基づき、満17歳の女性を就かせてはならない業務に該当しないものは次のうちどれか。

(1) 異常気圧下における業務
(2) 20kgの重量物を断続的に取り扱う業務
(3) 多量の高熱物体を取り扱う業務
(4) 著しく寒冷な場所における業務
(5) 土石、獣毛等のじんあい又は粉末を著しく飛散する場所における業務

労働衛生 (有害業務に係るもの)

問11

　次の化学物質のうち、常温・常圧（25℃、1気圧）の空気中で蒸気として存在するものはどれか。

　ただし、蒸気とは、常温・常圧で液体又は固体の物質が蒸気圧に応じて揮発又は昇華して気体となっているものをいうものとする。

(1) 塩化ビニル
(2) ジクロロベンジジン
(3) アクリロニトリル
(4) 硫化水素
(5) アンモニア

問12　法改正

　厚生労働省の「化学物質等による危険性又は有害性等の調査等に関する指針」において示されているリスクアセスメント対象物による健康障害に係るリスクを見積もる方法として、適切でないものは次のうちどれか。

(1) 発生可能性及び重篤度を相対的に尺度化し、それらを縦軸と横軸として、あらかじめ発生可能性及び重篤度に応じてリスクが割り付けられた表を使用する方法
(2) 取り扱うリスクアセスメント対象物の年間の取扱量及び作業時間を一定の尺度によりそれぞれ数値化し、それらを加算又は乗算等する方法
(3) 発生可能性及び重篤度を段階的に分岐していく方法
(4) ILOの化学物質リスク簡易評価法（コントロール・バンディング）を用いる方法
(5) 対象のリスクアセスメント対象物への労働者のばく露の程度及び当該物質による有害性を相対的に尺度化し、それらを縦軸と横軸とし、あらかじめばく露の程度及び有害性の程度に応じてリスクが割り付けられた表を使用する方法

問13

　粉じん（ヒュームを含む。）による健康障害に関する次の記述のうち、誤っているものはどれか。

(1) じん肺は、粉じんを吸入することによって肺に生じた炎症性病変を主体とする疾病で、その種類には、けい肺、間質性肺炎、慢性閉塞性肺疾患（COPD）などがある。
(2) じん肺は、肺結核のほか、続発性気管支炎、続発性気胸、原発性肺がんなどを合併することがある。
(3) アルミニウムやその化合物によってじん肺を起こすことがある。
(4) 溶接工肺は、溶接の際に発生する酸化鉄ヒュームのばく露によって発症するじん肺である。
(5) 炭素を含む粉じんは、じん肺を起こすことがある。

問14

　電離放射線などに関する次の記述のうち、誤っているものはどれか。

(1) 電離放射線には、電磁波と粒子線がある。
(2) エックス線は、通常、エックス線装置を用いて発生させる人工の電離放射線であるが、放射性物質から放出されるガンマ線と同様に電磁波である。
(3) エックス線は、紫外線より波長の長い電磁波である。
(4) 電離放射線の被ばくによる白内障は、晩発障害に分類され、被ばく後、半年〜30年後に現れることが多い。
(5) 電離放射線を放出してほかの元素に変わる元素を放射性同位元素（ラジオアイソトープ）という。

問15

作業環境における有害要因による健康障害に関する次の記述のうち、正しいものはどれか。

(1) 低温の環境下では、手や足の指などの末梢部において組織の凍結を伴わない凍瘡を起こすことがある。
(2) 電離放射線による造血器障害は、確率的影響に分類され、被ばく線量がしきい値を超えると発生率及び重症度が線量に対応して増加する。
(3) 金属熱は、金属の溶融作業において、高温環境により体温調節中枢が麻痺することにより発生し、数時間にわたり発熱、関節痛などの症状がみられる。
(4) 窒素ガスで置換したタンク内の空気など、ほとんど無酸素状態の空気を吸入すると徐々に窒息の状態になり、この状態が5分程度継続すると呼吸停止する。
(5) 減圧症は、潜函作業者や潜水作業者が高圧下作業からの減圧に伴い、血液中や組織中に溶け込んでいた炭酸ガスの気泡化が関与して発生し、皮膚のかゆみ、関節痛、神経の麻痺などの症状がみられる。

問16

化学物質による健康障害に関する次の記述のうち、誤っているものはどれか。

(1) 一酸化炭素は、赤血球中のヘモグロビンと強く結合し、体内組織の酸素欠乏状態を起こす。
(2) シアン化水素による中毒では、細胞内での酸素利用の障害による呼吸困難、けいれんなどがみられる。
(3) 硫化水素による中毒では、意識消失、呼吸麻痺などがみられる。
(4) 塩化ビニルによる慢性中毒では、慢性気管支炎、歯牙酸蝕症などがみられる。
(5) 弗化水素による慢性中毒では、骨の硬化、斑状歯などがみられる。

問17

労働衛生保護具に関する次の記述のうち、正しいものはどれか。

(1) 保護めがねは、紫外線などの有害光線による眼の障害を防ぐ目的で使用するもので、飛散粒子、薬品の飛沫などによる障害を防ぐ目的で使用するものではない。

(2) 保護クリームは、皮膚の露出部に塗布して、作業中に有害な物質が直接皮膚に付着しないようにする目的で使用するものであるので、有害性の強い化学物質を直接素手で取り扱うときには、必ず使用する。

(3) 防じんマスクは作業に適したものを選択し、高濃度の粉じんのばく露のおそれがあるときは、できるだけ粉じんの捕集効率が高く、かつ、排気弁の動的漏れ率が低いものを選ぶ。

(4) 複数の種類の有毒ガスが混在している場合には、そのうち最も毒性の強いガス用の防毒マスクを使用する。

(5) エアラインマスクは、清浄な空気をボンベに詰めたものを空気源として供給する呼吸用保護具で、自給式呼吸器の一種である。

問18

金属などによる健康障害に関する次の記述のうち、誤っているものはどれか。

(1) 金属水銀中毒では、感情不安定、幻覚などの精神障害、手指の震えなどの症状がみられる。

(2) 鉛中毒では、貧血、末梢神経障害、腹部の疝痛などの症状がみられる。

(3) マンガン中毒では、指の骨の溶解、肝臓の血管肉腫などがみられる。

(4) カドミウム中毒では、上気道炎、肺炎、腎機能障害などがみられる。

(5) 砒素中毒では、角化症、黒皮症などの皮膚障害、鼻中隔穿孔などの症状がみられる。

問19

局所排気装置に関する次の記述のうち、正しいものはどれか。

(1) ダクトの形状には円形、角形などがあり、その断面積を大きくするほど、ダクトの圧力損失が増大する。

(2) フード開口部の周囲にフランジがあると、フランジがないときに比べ、効率良く吸引することができる。

(3) ドラフトチェンバ型フードは、発生源からの飛散速度を利用して捕捉するもので、外付け式フードに分類される。

(4) スロット型フードは、作業面を除き周りが覆われているもので、囲い式フードに分類される。

(5) 空気清浄装置を付設する局所排気装置を設置する場合、排風機は、一般に、フードに接続した吸引ダクトと空気清浄装置の間に設ける。

問20

特殊健康診断に関する次の文中の　　　内に入れるAからCの語句の組合せとして、正しいものは(1)～(5)のうちどれか。

「特殊健康診断において有害物の体内摂取量を把握する検査として、生物学的モニタリングがあり、ノルマルヘキサンについては、尿中の　A　の量を測定し、　B　については、　C　中のデルタアミノレブリン酸の量を測定する。」

	A	B	C
(1)	2,5 - ヘキサンジオン	鉛	尿
(2)	2,5 - ヘキサンジオン	鉛	血液
(3)	シクロヘキサノン	鉛	尿
(4)	シクロヘキサノン	水銀	尿
(5)	シクロヘキサノン	水銀	血液

関係法令（有害業務に係るもの以外のもの）

問 21

総括安全衛生管理者に関する次の記述のうち、法令上、誤っているものはどれか。

(1) 総括安全衛生管理者は、事業場においてその事業の実施を統括管理する者又はこれに準ずる者を充てなければならない。

(2) 都道府県労働局長は、労働災害を防止するため必要があると認めるときは、総括安全衛生管理者の業務の執行について事業者に勧告することができる。

(3) 総括安全衛生管理者は、選任すべき事由が発生した日から14日以内に選任しなければならない。

(4) 総括安全衛生管理者を選任したときは、遅滞なく、選任報告書を、所轄労働基準監督署長に提出しなければならない。

(5) 危険性又は有害性等の調査及びその結果に基づき講ずる措置に関することは、総括安全衛生管理者が統括管理する業務のうちの一つである。

問22

産業医に関する次の記述のうち、法令上、誤っているものはどれか。
ただし、産業医の選任の特例はないものとする。

(1) 常時使用する労働者数が50人以上の事業場において、厚生労働大臣の指定する者が行う産業医研修の修了者等の所定の要件を備えた医師であっても、当該事業場においてその事業の実施を統括管理する者は、産業医として選任することはできない。

(2) 産業医が、事業者から、毎月1回以上、所定の情報の提供を受けている場合であって、事業者の同意を得ているときは、産業医の作業場等の巡視の頻度を、毎月1回以上から2か月に1回以上にすることができる。

(3) 事業者は、産業医が辞任したとき又は産業医を解任したときは、遅滞なく、その旨及びその理由を衛生委員会又は安全衛生委員会に報告しなければならない。

(4) 事業者は、専属の産業医が旅行、疾病、事故その他やむを得ない事由によって職務を行うことができないときは、代理者を選任しなければならない。

(5) 事業者が産業医に付与すべき権限には、労働者の健康管理等を実施するために必要な情報を労働者から収集することが含まれる。

問23

労働安全衛生規則に基づく次の定期健康診断項目のうち、厚生労働大臣が定める基準に基づき、医師が必要でないと認めるときは、省略することができる項目に該当しないものはどれか。

(1) 自覚症状の有無の検査
(2) 腹囲の検査
(3) 胸部エックス線検査
(4) 心電図検査
(5) 血中脂質検査

問24

　労働時間の状況等が一定の要件に該当する労働者に対して、法令により実施することが義務付けられている医師による面接指導に関する次の記述のうち、正しいものはどれか。

　ただし、新たな技術、商品又は役務の研究開発に係る業務に従事する者及び高度プロフェッショナル制度の対象者はいないものとする。

(1) 面接指導の対象となる労働者の要件は、原則として、休憩時間を除き1週間当たり40時間を超えて労働させた場合におけるその超えた時間が1か月当たり100時間を超え、かつ、疲労の蓄積が認められる者であることとする。

(2) 事業者は、面接指導を実施するため、タイムカードによる記録等の客観的な方法その他の適切な方法により、労働者の労働時間の状況を把握しなければならない。

(3) 面接指導の結果は、健康診断個人票に記載しなければならない。

(4) 事業者は、面接指導の結果に基づき、労働者の健康を保持するために必要な措置について、原則として、面接指導が行われた日から3か月以内に、医師の意見を聴かなければならない。

(5) 事業者は、面接指導の結果に基づき、当該面接指導の結果の記録を作成して、これを3年間保存しなければならない。

問25

事務室の空気環境の測定、設備の点検等に関する次の記述のうち、法令上、誤っているものはどれか。

(1) 中央管理方式の空気調和設備を設けた建築物内の事務室については、空気中の一酸化炭素及び二酸化炭素の含有率を、6か月以内ごとに1回、定期に、測定しなければならない。

(2) 事務室の建築、大規模の修繕又は大規模の模様替を行ったときは、その事務室における空気中のホルムアルデヒドの濃度を、その事務室の使用を開始した日以後所定の時期に1回、測定しなければならない。

(3) 燃焼器具を使用するときは、発熱量が著しく少ないものを除き、毎日、異常の有無を点検しなければならない。

(4) 事務室において使用する機械による換気のための設備については、2か月以内ごとに1回、定期に、異常の有無を点検しなければならない。

(5) 空気調和設備内に設けられた排水受けについては、原則として、1か月以内ごとに1回、定期に、その汚れ及び閉塞の状況を点検しなければならない。

問26

　労働基準法に定める妊産婦等に関する次の記述のうち、法令上、誤っているものはどれか。

　ただし、常時使用する労働者数が10人以上の規模の事業場の場合とし、管理監督者等とは、「監督又は管理の地位にある者等、労働時間、休憩及び休日に関する規定の適用除外者」をいうものとする。

(1) 時間外・休日労働に関する協定を締結し、これを所轄労働基準監督署長に届け出ている場合であっても、妊産婦が請求した場合には、管理監督者等の場合を除き、時間外・休日労働をさせてはならない。
(2) 1か月単位の変形労働時間制を採用している場合であっても、妊産婦が請求した場合には、管理監督者等の場合を除き、1週40時間、1日8時間を超えて労働させてはならない。
(3) 1年単位の変形労働時間制を採用している場合であっても、妊産婦が請求した場合には、管理監督者等の場合を除き、1週40時間、1日8時間を超えて労働させてはならない。
(4) 妊娠中の女性が請求した場合には、管理監督者等の場合を除き、他の軽易な業務に転換させなければならない。
(5) 生理日の就業が著しく困難な女性が休暇を請求したときは、その者を生理日に就業させてはならない。

問27

　週所定労働時間が25時間、週所定労働日数が4日である労働者であって、雇入れの日から起算して3年6か月継続勤務したものに対して、その後1年間に新たに与えなければならない年次有給休暇日数として、法令上、正しいものは次のうちどれか。

　ただし、その労働者はその直前の1年間に全労働日の8割以上出勤したものとする。

(1) 8日　　　　　　(2) 10日　　　　　　(3) 12日
(4) 14日　　　　　　(5) 16日

問28

厚生労働省の「職場における受動喫煙防止のためのガイドライン」において、「喫煙専用室」を設置する場合に満たすべき事項として定められていないものは、次のうちどれか。

(1) 喫煙専用室の出入口において、室外から室内に流入する空気の気流が、0.2m/s 以上であること。
(2) 喫煙専用室のたばこの煙が室内から室外に流出しないよう、喫煙専用室は、壁、天井等によって区画されていること。
(3) 喫煙専用室の出入口における室外から室内に流入する空気の気流について、6か月以内ごとに1回、定期に測定すること。
(4) 喫煙専用室のたばこの煙が屋外又は外部の場所に排気されていること。
(5) 喫煙専用室の出入口の見やすい箇所に必要事項を記載した標識を掲示すること。

問29

厚生労働省の「事業者が講ずべき快適な職場環境の形成のための措置に関する指針」において、快適な職場環境の形成のための措置の実施に関し、考慮すべき事項とされていないものは次のうちどれか。

(1) 継続的かつ計画的な取組
(2) 快適な職場環境の基準値の達成
(3) 労働者の意見の反映
(4) 個人差への配慮
(5) 潤いへの配慮

問30

厚生労働省の「職場における腰痛予防対策指針」に基づく腰痛予防対策に関する次の記述のうち、正しいものはどれか。

(1) 腰部保護ベルトは、重量物取扱い作業に従事する労働者全員に使用させるようにする。
(2) 重量物取扱い作業の場合、満18歳以上の男性労働者が人力のみにより取り扱う物の重量は、体重のおおむね50％以下となるようにする。
(3) 重量物取扱い作業の場合、満18歳以上の女性労働者が人力のみにより取り扱う物の重量は、男性が取り扱うことのできる重量の60％位までとする。
(4) 重量物取扱い作業に常時従事する労働者に対しては、当該作業に配置する際及びその後1年以内ごとに1回、定期に、医師による腰痛の健康診断を行う。
(5) 立ち作業の場合は、身体を安定に保持するため、床面は弾力性のない硬い素材とし、クッション性のない作業靴を使用する。

問31

虚血性心疾患に関する次の記述のうち、誤っているものはどれか。

(1) 虚血性心疾患は、門脈による心筋への血液の供給が不足したり途絶えることにより起こる心筋障害である。
(2) 虚血性心疾患発症の危険因子には、高血圧、喫煙、脂質異常症などがある。
(3) 虚血性心疾患は、心筋の一部分に可逆的な虚血が起こる狭心症と、不可逆的な心筋壊死が起こる心筋梗塞とに大別される。
(4) 心筋梗塞では、突然激しい胸痛が起こり、「締め付けられるように痛い」、「胸が苦しい」などの症状が長時間続き、1時間以上になることもある。
(5) 狭心症の痛みの場所は、心筋梗塞とほぼ同じであるが、その発作が続く時間は、通常数分程度で、長くても15分以内におさまることが多い。

問32

メタボリックシンドロームの診断基準に関する次の文中の　　　内に入れるAからCの語句の組合せとして、正しいものは(1)～(5)のうちどれか。

「日本では、内臓脂肪の蓄積があり、かつ、血中脂質（中性脂肪、ＨＤＬコレステロール）、　A　、　B　の三つのうち　C　が基準値から外れている場合にメタボリックシンドロームと診断される。」

	A	B	C
(1)	血圧	空腹時血糖	いずれか一つ
(2)	血圧	空腹時血糖	二つ以上
(3)	γ‐ＧＴＰ	空腹時血糖	二つ以上
(4)	γ‐ＧＴＰ	尿蛋白	いずれか一つ
(5)	γ‐ＧＴＰ	尿蛋白	二つ以上

問33

労働衛生管理に用いられる統計に関する次の記述のうち、誤っているものはどれか。

(1) ある事象と健康事象との間に、統計上、一方が多いと他方も多いというような相関関係が認められたとしても、それらの間に因果関係があるとは限らない。

(2) 集団を比較する場合、調査の対象とした項目のデータの平均値が等しくても分散が異なっていれば、異なった特徴をもつ集団であると評価される。

(3) 健康管理統計において、ある時点での検査における有所見者の割合を有所見率といい、一定期間において有所見とされた人の割合を発生率という。

(4) 生体から得られたある指標が正規分布である場合、そのばらつきの程度は、平均値や最頻値によって表される。

(5) 静態データとは、ある時点の集団に関するデータであり、動態データとは、ある期間の集団に関するデータである。

問34

食中毒に関する次の記述のうち、誤っているものはどれか。

(1) 毒素型食中毒は、食物に付着した細菌により産生された毒素によって起こる食中毒で、ボツリヌス菌によるものがある。

(2) 感染型食中毒は、食物に付着した細菌そのものの感染によって起こる食中毒で、サルモネラ菌によるものがある。

(3) O-157は、ベロ毒素を産生する大腸菌で、腹痛や出血を伴う水様性の下痢などを起こす。

(4) ノロウイルスによる食中毒は、冬季に集団食中毒として発生することが多く、潜伏期間は、1〜2日間である。

(5) 腸炎ビブリオ菌は、熱に強い。

労働生理

問35

呼吸に関する次の記述のうち、正しいものはどれか。

(1) 呼吸は、胸膜が運動することで胸腔内の圧力を変化させ、肺を受動的に伸縮させることにより行われる。
(2) 肺胞内の空気と肺胞を取り巻く毛細血管中の血液との間で行われるガス交換は、内呼吸である。
(3) 成人の呼吸数は、通常、1分間に16〜20回であるが、食事、入浴、発熱などによって増加する。
(4) チェーンストークス呼吸とは、肺機能の低下により呼吸数が増加した状態をいい、喫煙が原因となることが多い。
(5) 身体活動時には、血液中の窒素分圧の上昇により呼吸中枢が刺激され、1回換気量及び呼吸数が増加する。

問36

心臓及び血液循環に関する次の記述のうち、誤っているものはどれか。

(1) 心臓は、自律神経の中枢で発生した刺激が刺激伝導系を介して心筋に伝わることにより、規則正しく収縮と拡張を繰り返す。
(2) 肺循環により左心房に戻ってきた血液は、左心室を経て大動脈に入る。
(3) 大動脈を流れる血液は動脈血であるが、肺動脈を流れる血液は静脈血である。
(4) 心臓の拍動による動脈圧の変動を末梢の動脈で触知したものを脈拍といい、一般に、手首の橈骨動脈で触知する。
(5) 心筋は不随意筋であるが、骨格筋と同様に横紋筋に分類される。

問37

体温調節に関する次の記述のうち、正しいものはどれか。

(1) 体温調節中枢は、脳幹の延髄にある。
(2) 暑熱な環境においては、内臓の血流量が増加し体内の代謝活動が亢進することにより、人体からの熱の放散が促進される。
(3) 体温調節のように、外部環境が変化しても身体内部の状態を一定に保つ生体の仕組みを同調性といい、筋肉と神経系により調整されている。
(4) 計算上、体重70kgの人の体表面から10gの汗が蒸発すると、体温が約1℃下がる。
(5) 発汗のほかに、皮膚及び呼気から水分を蒸発させている現象を不感蒸泄という。

令和4年10月
公表試験問題

問38

ヒトのホルモン、その内分泌器官及びそのはたらきの組合せとして、誤っているものは次のうちどれか。

	ホルモン	内分泌器官	はたらき
(1)	ガストリン	胃	胃酸分泌刺激
(2)	アルドステロン	副腎皮質	体液中の塩類バランスの調節
(3)	パラソルモン	副甲状腺	血中のカルシウム量の調節
(4)	コルチゾール	膵臓	血糖量の増加
(5)	副腎皮質刺激ホルモン	下垂体	副腎皮質の活性化

問39

腎臓又は尿に関する次の記述のうち、正しいものはどれか。

(1) 血中の老廃物は、尿細管からボウマン嚢に濾し出される。
(2) 血中の蛋白質は、糸球体からボウマン嚢に濾し出される。
(3) 血中のグルコースは、糸球体からボウマン嚢に濾し出される。
(4) 原尿中に濾し出された電解質の多くは、ボウマン嚢から血中に再吸収される。
(5) 原尿中に濾し出された水分の大部分は、そのまま尿として排出される。

問40

耳とその機能に関する次の記述のうち、誤っているものはどれか。

(1) 耳は、聴覚と平衡感覚をつかさどる器官で、外耳、中耳及び内耳の三つの部位に分けられる。
(2) 耳介で集められた音は、鼓膜を振動させ、その振動は耳小骨によって増幅され、内耳に伝えられる。
(3) 内耳は、前庭、半規管及び蝸牛（うずまき管）の三つの部位からなり、前庭と半規管が平衡感覚、蝸牛が聴覚をそれぞれ分担している。
(4) 半規管は、体の傾きの方向や大きさを感じ、前庭は、体の回転の方向や速度を感じる。
(5) 鼓室は、耳管によって咽頭に通じており、その内圧は外気圧と等しく保たれている。

問41

神経系に関する次の記述のうち、誤っているものはどれか。

(1) 神経細胞（ニューロン）は、神経系を構成する基本的な単位で、通常、1個の細胞体、1本の軸索及び複数の樹状突起から成る。
(2) 脊髄では、中心部が灰白質であり、その外側が白質である。
(3) 大脳では、内側の髄質が白質であり、外側の皮質が灰白質である。
(4) 体性神経には感覚器官からの情報を中枢に伝える感覚神経と、中枢からの命令を運動器官に伝える運動神経がある。
(5) 交感神経系は、心拍数を増加し、消化管の運動を亢進する。

問42

血液に関する次の記述のうち、誤っているものはどれか。

(1) 血液は、血漿成分と有形成分から成り、血漿成分は血液容積の約55％を占める。
(2) 血漿中の蛋白質のうち、アルブミンは血液の浸透圧の維持に関与している。
(3) 白血球のうち、好中球には、体内に侵入してきた細菌や異物を貪食する働きがある。
(4) 血小板のうち、リンパ球には、Bリンパ球、Tリンパ球などがあり、これらは免疫反応に関与している。
(5) 血液の凝固は、血漿中のフィブリノーゲンがフィブリンに変化し、赤血球などが絡みついて固まる現象である。

問43

肝臓の機能として、誤っているものは次のうちどれか。

(1) コレステロールを合成する。
(2) 尿素を合成する。
(3) ビリルビンを分解する。
(4) 胆汁を生成する。
(5) 血液凝固物質や血液凝固阻止物質を合成する。

問44

法改正

脂肪の分解・吸収及び脂質の代謝に関する次の記述のうち、誤っているものはどれか。

(1) 胆汁は、アルカリ性で、消化酵素は含まないが、食物中の脂肪を乳化させ、脂肪分解の働きを助ける。
(2) 脂肪は、膵臓から分泌される消化酵素である膵アミラーゼにより脂肪酸とモノグリセリドに分解され、小腸の絨毛から吸収される。
(3) 肝臓は、過剰な蛋白質及び糖質を中性脂肪に変換する。
(4) コレステロールやリン脂質は、神経組織の構成成分となる。
(5) 脂質は、糖質や蛋白質に比べて多くのＡＴＰを産生することができるので、エネルギー源として優れている。

令和4年4月 公表試験問題

問題数	44問（五肢択一式）
試験時間	3時間
合格基準	各科目4割以上かつ合計6割以上の得点

解答にあたっての注意事項

・次の各問について答えを1つ選び、その番号を解答用紙にマークしてください。
・特例による受験者の試験時間は2時間で、試験問題は問1～問20です。
・「労働生理」の免除者の試験時間は2時間15分で、試験問題は問1～問34です。

解答・解説は、別冊70～91ページを参照してください。

問1

衛生管理者及び産業医の選任に関する次の記述のうち、法令上、誤っているものはどれか。

ただし、衛生管理者及び産業医の選任の特例はないものとする。

(1) 常時60人の労働者を使用する医療業の事業場では、第一種衛生管理者免許若しくは衛生工学衛生管理者免許を有する者、医師、歯科医師又は労働衛生コンサルタントのうちから衛生管理者を選任することができる。

(2) 2人以上の衛生管理者を選任すべき事業場では、そのうち1人については、その事業場に専属でない労働衛生コンサルタントのうちから選任することができる。

(3) 深夜業を含む業務に常時550人の労働者を従事させる事業場では、その事業場に専属の産業医を選任しなければならない。

(4) 常時600人の労働者を使用し、そのうち多量の低温物体を取り扱う業務に常時35人の労働者を従事させる事業場では、選任する衛生管理者のうち少なくとも1人を衛生工学衛生管理者免許を受けた者のうちから選任しなければならない。

(5) 常時3,300人の労働者を使用する事業場では、2人以上の産業医を選任しなければならない。

問2

　次のAからDの作業について、法令上、作業主任者の選任が義務付けられているものの組合せは(1)〜(5)のうちどれか。

　　A　乾性油を入れてあるタンクの内部における作業

　　B　セメント製造工程においてセメントを袋詰めする作業

　　C　溶融した鉛を用いて行う金属の焼入れの業務に係る作業

　　D　圧気工法により、大気圧を超える気圧下の作業室の内部において行う作業

(1)　A，B

(2)　A，C

(3)　A，D

(4)　B，C

(5)　C，D

問3

　厚生労働大臣が定める規格を具備しなければ、譲渡し、貸与し、又は設置してはならない機械等に該当するものは、次のうちどれか。

(1)　酸性ガス用防毒マスク

(2)　防振手袋

(3)　化学防護服

(4)　放射線装置室

(5)　排気量40cm^{3}以上の内燃機関を内蔵するチェーンソー

問4

次の特定化学物質を製造しようとするとき、労働安全衛生法に基づく厚生労働大臣の許可を必要としないものはどれか。

(1) インジウム化合物
(2) ベンゾトリクロリド
(3) ジアニシジン及びその塩
(4) ベリリウム及びその化合物
(5) アルファ - ナフチルアミン及びその塩

問5

石綿障害予防規則に基づく措置に関する次の記述のうち、誤っているものはどれか。

(1) 石綿等を取り扱う屋内作業場については、6か月以内ごとに1回、定期に、空気中の石綿の濃度を測定するとともに、測定結果等を記録し、これを40年間保存しなければならない。
(2) 石綿等の粉じんが発散する屋内作業場に設けられた局所排気装置については、原則として、1年以内ごとに1回、定期に、自主検査を行うとともに、検査の結果等を記録し、これを3年間保存しなければならない。
(3) 石綿等の取扱いに伴い石綿の粉じんを発散する場所における業務に常時従事する労働者に対し、雇入れ又は当該業務への配置替えの際及びその後6か月以内ごとに1回、定期に、特別の項目について医師による健康診断を行い、その結果に基づき、石綿健康診断個人票を作成し、これを当該労働者が当該事業場において常時当該業務に従事しないこととなった日から40年間保存しなければならない。
(4) 石綿等の取扱いに伴い石綿の粉じんを発散する場所において、常時石綿等を取り扱う作業に従事する労働者については、1か月を超えない期間ごとに、作業の概要、従事した期間等を記録し、これを当該労働者が当該事業場において常時当該作業に従事しないこととなった日から40年間保存するものとする。
(5) 石綿等を取り扱う事業者が事業を廃止しようとするときは、石綿関係記録等報告書に、石綿等に係る作業の記録及び局所排気装置、除じん装置等の定期自主検査の記録を添えて所轄労働基準監督署長に提出しなければならない。

問6

　有機溶剤等を取り扱う場合の措置について、有機溶剤中毒予防規則に違反しているものは次のうちどれか。

　ただし、同規則に定める適用除外及び設備の特例はないものとする。

(1) 屋内作業場で、第二種有機溶剤等が付着している物の乾燥の業務に労働者を従事させるとき、その作業場所の空気清浄装置を設けていない局所排気装置の排気口で、厚生労働大臣が定める濃度以上の有機溶剤を排出するものの高さを、屋根から2mとしている。

(2) 第三種有機溶剤等を用いて払しょくの業務を行う屋内作業場について、定期に、当該有機溶剤の濃度を測定していない。

(3) 屋内作業場で、第二種有機溶剤等が付着している物の乾燥の業務に労働者を従事させるとき、その作業場所に最大0.4m/sの制御風速を出し得る能力を有する側方吸引型外付け式フードの局所排気装置を設け、かつ、作業に従事する労働者に有機ガス用防毒マスクを使用させている。

(4) 屋内作業場で、第二種有機溶剤等を用いる試験の業務に労働者を従事させるとき、有機溶剤作業主任者を選任していない。

(5) 有機溶剤等を入れてあった空容器で有機溶剤の蒸気が発散するおそれのあるものを、屋外の一定の場所に集積している。

問7

労働安全衛生規則の衛生基準について、誤っているものは次のうちどれか。

(1) 坑内における気温は、原則として、37℃以下にしなければならない。

(2) 屋内作業場に多量の熱を放散する溶融炉があるときは、加熱された空気を直接屋外に排出し、又はその放射するふく射熱から労働者を保護する措置を講じなければならない。

(3) 炭酸ガス（二酸化炭素）濃度が0.15％を超える場所には、関係者以外の者が立ち入ることを禁止し、かつ、その旨を見やすい箇所に表示しなければならない。

(4) 著しく暑熱又は多湿の作業場においては、坑内等特殊な作業場でやむを得ない事由がある場合を除き、休憩の設備を作業場外に設けなければならない。

(5) 廃棄物の焼却施設において焼却灰を取り扱う業務（設備の解体等に伴うものを除く。）を行う作業場については、6か月以内ごとに1回、定期に、当該作業場における空気中のダイオキシン類の濃度を測定しなければならない。

問8

電離放射線障害防止規則に基づく管理区域に関する次の文中の　　　内に入れるAからCの語句又は数値の組合せとして、正しいものは(1)～(5)のうちどれか。

① 管理区域とは、外部放射線による実効線量と空気中の放射性物質による実効線量との合計が　A　間につき　B　を超えるおそれのある区域又は放射性物質の表面密度が法令に定める表面汚染に関する限度の10分の1を超えるおそれのある区域をいう。

② ①の外部放射線による実効線量の算定は、　C　線量当量によって行う。

	A	B	C
(1)	1か月	1.3mSv	70µm
(2)	1か月	5 mSv	1 cm
(3)	3か月	1.3mSv	70µm
(4)	3か月	1.3mSv	1 cm
(5)	3か月	5 mSv	70µm

問9

有害業務とそれに常時従事する労働者に対して特別の項目について行う健康診断の項目の一部との組合せとして、法令上、正しいものは次のうちどれか。

(1) 有機溶剤業務 ………………… 尿中のデルタアミノレブリン酸の量の検査
(2) 放射線業務 …………………… 尿中の潜血の有無の検査
(3) 鉛業務 ………………………… 尿中のマンデル酸の量の検査
(4) 石綿等を取り扱う業務 ……… 尿中又は血液中の石綿の量の検査
(5) 潜水業務 ……………………… 四肢の運動機能の検査

問10

労働基準法に基づき、満18歳に満たない者を就かせてはならない業務に該当しないものは次のうちどれか。

(1) 病原体によって著しく汚染のおそれのある業務
(2) 超音波にさらされる業務
(3) 多量の高熱物体を取り扱う業務
(4) 著しく寒冷な場所における業務
(5) 強烈な騒音を発する場所における業務

労働衛生（有害業務に係るもの）

問11

法改正

リスクアセスメント対象物による疾病のリスクの低減措置を検討する場合、次のアからエの対策について、優先度の高い順に並べたものは(1)～(5)のうちどれか。

　ア　化学反応のプロセス等の運転条件の変更
　イ　作業手順の改善
　ウ　リスクアセスメント対象物に係る機械設備等の密閉化
　エ　リスクアセスメント対象物の有害性に応じた有効な保護具の選択及び使用

(1)　ア － ウ － イ － エ
(2)　ア － エ － ウ － イ
(3)　イ － ア － ウ － エ
(4)　ウ － ア － イ － エ
(5)　ウ － ア － エ － イ

問12

厚生労働省の「作業環境測定基準」及び「作業環境評価基準」に基づく作業環境測定及びその結果の評価に関する次の記述のうち、正しいものはどれか。

(1)　A測定における測定点の高さの範囲は、床上100cm以上150cm以下である。
(2)　許容濃度は、有害物質に関する作業環境の状態を単位作業場所の作業環境測定結果から評価するための指標として設定されたものである。
(3)　A測定の第二評価値とは、単位作業場所における気中有害物質の算術平均濃度の推定値である。
(4)　A測定の第二評価値及びB測定の測定値がいずれも管理濃度に満たない単位作業場所は、第一管理区分になる。
(5)　A測定においては、得られた測定値の算術平均値及び算術標準偏差を、また、B測定においてはその測定値そのものを評価に用いる。

問13

一酸化炭素に関する次の記述のうち、誤っているものはどれか。

(1) 一酸化炭素は、無色・無臭の気体であるため、吸入しても気が付かないことが多い。
(2) 一酸化炭素は、エンジンの排気ガス、たばこの煙などに含まれる。
(3) 一酸化炭素中毒は、血液中のグロブリンと一酸化炭素が強く結合し、体内の各組織が酸素欠乏状態を起こすことにより発生する。
(4) 一酸化炭素は、炭素を含有する物が不完全燃焼した際に発生する。
(5) 一酸化炭素中毒の後遺症として、健忘やパーキンソン症状がみられることがある。

問14

有機溶剤に関する次の記述のうち、正しいものはどれか。

(1) 有機溶剤の多くは、揮発性が高く、その蒸気は空気より軽い。
(2) 有機溶剤は、全て脂溶性を有するが、脳などの神経系には入りにくい。
(3) メタノールによる障害として顕著なものには、網膜の微細動脈瘤を伴う脳血管障害がある。
(4) テトラクロロエチレンのばく露の生物学的モニタリングの指標としての尿中代謝物には、トリクロロ酢酸がある。
(5) 二硫化炭素による中毒では、メトヘモグロビン形成によるチアノーゼがみられる。

問15

粉じん（ヒュームを含む。）による健康障害に関する次の記述のうち、誤っているものはどれか。

(1) じん肺は、粉じんを吸入することによって肺に生じた線維増殖性変化を主体とする疾病である。

(2) 鉱物性粉じんに含まれる遊離けい酸（SiO_2）は、石灰化を伴う胸膜肥厚や胸膜中皮腫を生じさせるという特徴がある。

(3) じん肺は、肺結核のほか、続発性気管支炎、続発性気胸、原発性肺がんなどを合併することがある。

(4) 溶接工肺は、溶接の際に発生する酸化鉄ヒュームのばく露によって発症するじん肺である。

(5) アルミニウムやその化合物によるじん肺は、アルミニウム肺と呼ばれている。

問16

作業環境における有害要因による健康障害に関する次の記述のうち、正しいものはどれか。

(1) 全身振動障害では、レイノー現象などの末梢循環障害や手指のしびれ感などの末梢神経障害がみられ、局所振動障害では、関節痛などの筋骨格系障害がみられる。

(2) 減圧症は、潜函作業者、潜水作業者などに発症するもので、高圧下作業からの減圧に伴い、血液中や組織中に溶け込んでいた窒素の気泡化が関与して発生し、皮膚のかゆみ、関節痛、神経の麻痺などの症状がみられる。

(3) 凍瘡は、皮膚組織の凍結壊死を伴うしもやけのことで、0℃以下の寒冷にばく露することによって発生する。

(4) 電離放射線による中枢神経系障害は、確率的影響に分類され、被ばく線量がしきい値を超えると発生率及び重症度が線量の増加に応じて増加する。

(5) 金属熱は、金属の溶融作業において、高温環境により体温調節中枢が麻痺することにより発生し、長期間にわたる発熱、関節痛などの症状がみられる。

問17

労働衛生対策を進めていくに当たっては、作業環境管理、作業管理及び健康管理が必要であるが、次のAからEの対策例について、作業環境管理に該当するものの組合せは(1)〜(5)のうちどれか。

A　粉じん作業を行う場所に設置した局所排気装置のフード付近の気流の風速を測定する。

B　アーク溶接作業を行う労働者に防じんマスクなどの保護具を使用させることによって、有害物質に対するばく露量を低減する。

C　鉛健康診断の結果、鉛業務に従事することが健康の保持のために適当でないと医師が認めた者を配置転換する。

D　放射線業務において、管理区域を設定し、必要のある者以外の者を立入禁止とする。

E　有機溶剤を使用する塗装方法を、有害性の低い水性塗料の塗装に変更する。

(1)　A，D
(2)　A，E
(3)　B，C
(4)　B，D
(5)　C，E

問18

局所排気装置に関する次の記述のうち、正しいものはどれか。

(1) ダクトの形状には円形、角形などがあり、その断面積を大きくするほど、ダクトの圧力損失が増大する。

(2) フード開口部の周囲にフランジがあると、フランジがないときに比べ、気流の整流作用が増すため、大きな排風量が必要となる。

(3) スロット型フードは、発生源からの飛散速度を利用して捕捉するもので、レシーバ式フードに分類される。

(4) キャノピ型フードは、発生源からの熱による上昇気流を利用して捕捉するもので、レシーバ式フードに分類される。

(5) 空気清浄装置を付設する局所排気装置を設置する場合、排風機は、一般に、フードに接続した吸引ダクトと空気清浄装置の間に設ける。

問19

呼吸用保護具に関する次の記述のうち、正しいものはどれか。

(1) 防毒マスクの吸収缶の色は、一酸化炭素用は黒色で、硫化水素用は黄色である。

(2) 防じん機能を有する防毒マスクには、吸収缶のろ過材がある部分に白線が入れてある。

(3) 型式検定合格標章のある防じんマスクでも、ヒュームのような微細な粒子に対しては効果がない。

(4) 防じんマスクの手入れの際、ろ過材に付着した粉じんは圧搾空気などで吹き飛ばして除去する。

(5) 直結式防毒マスクは、隔離式防毒マスクよりも有害ガスの濃度が高い大気中で使用することができる。

問20

特殊健康診断に関する次の記述のうち、正しいものはどれか。

(1) 有害物質による健康障害は、多くの場合、諸検査の異常などの他覚的所見より、自覚症状が先に出現するため、特殊健康診断では問診の重要性が高い。

(2) 特殊健康診断における生物学的モニタリングによる検査は、有害物の体内摂取量や有害物による健康影響の程度を把握するための検査である。

(3) 体内に取り込まれた鉛の生物学的半減期は、数時間と短いので、鉛健康診断における採尿及び採血の時期は、厳重にチェックする必要がある。

(4) 振動工具の取扱い業務に係る健康診断において、振動障害の有無を評価するためには、夏季における実施が適している。

(5) 情報機器作業に係る健康診断では、眼科学的検査などとともに、上肢及び下肢の運動機能の検査を行う。

令和4年4月公表試験問題

問21

衛生委員会に関する次の記述のうち、法令上、正しいものはどれか。

(1) 衛生委員会の議長は、衛生管理者である委員のうちから、事業者が指名しなければならない。

(2) 衛生委員会の議長を除く委員の半数は、事業場に労働者の過半数で組織する労働組合があるときにおいてはその労働組合、労働者の過半数で組織する労働組合がないときにおいては労働者の過半数を代表する者が指名しなければならない。

(3) 衛生管理者として選任しているが事業場に専属でない労働衛生コンサルタントを、衛生委員会の委員として指名することはできない。

(4) 衛生委員会の付議事項には、労働者の精神的健康の保持増進を図るための対策の樹立に関することが含まれる。

(5) 衛生委員会は、毎月1回以上開催するようにし、議事で重要なものに係る記録を作成して、これを5年間保存しなければならない。

問22

　総括安全衛生管理者又は産業医に関する次の記述のうち、法令上、誤っているものはどれか。

　ただし、産業医の選任の特例はないものとする。

(1) 総括安全衛生管理者は、事業場においてその事業の実施を統括管理する者をもって充てなければならない。

(2) 都道府県労働局長は、労働災害を防止するため必要があると認めるときは、総括安全衛生管理者の業務の執行について事業者に勧告することができる。

(3) 総括安全衛生管理者が旅行、疾病、事故その他やむを得ない事由によって職務を行うことができないときは、代理者を選任しなければならない。

(4) 産業医は、衛生委員会を開催した都度作成する議事概要を、毎月1回以上、事業者から提供されている場合には、作業場等の巡視の頻度を、毎月1回以上から2か月に1回以上にすることができる。

(5) 事業者は、産業医から労働者の健康管理等について勧告を受けたときは、当該勧告の内容及び当該勧告を踏まえて講じた措置の内容（措置を講じない場合にあっては、その旨及びその理由）を記録し、これを3年間保存しなければならない。

問23

労働安全衛生規則に基づく医師による雇入時の健康診断に関する次の記述のうち、誤っているものはどれか。

(1) 医師による健康診断を受けた後3か月を経過しない者を雇い入れる場合、その健康診断の結果を証明する書面の提出があったときは、その健康診断の項目に相当する雇入時の健康診断の項目は省略することができる。

(2) 雇入時の健康診断では、40歳未満の者について医師が必要でないと認めるときは、貧血検査、肝機能検査等一定の検査項目を省略することができる。

(3) 事業場において実施した雇入時の健康診断の項目に異常の所見があると診断された労働者については、その結果に基づき、健康を保持するために必要な措置について、健康診断が行われた日から3か月以内に、医師の意見を聴かなければならない。

(4) 雇入時の健康診断の結果に基づき、健康診断個人票を作成して、これを5年間保存しなければならない。

(5) 常時50人以上の労働者を使用する事業場であっても、雇入時の健康診断の結果については、所轄労働基準監督署長に報告する必要はない。

問24

事業場の建築物、施設等に関する措置について、労働安全衛生規則の衛生基準に違反していないものは次のうちどれか。

(1) 日常行う清掃のほか、1年以内ごとに1回、定期に、統一的に大掃除を行っている。

(2) 男性25人、女性25人の労働者を常時使用している事業場で、労働者が臥床することのできる休養室又は休養所を男性用と女性用に区別して設けていない。

(3) 60人の労働者を常時就業させている屋内作業場の気積が、設備の占める容積及び床面から4mを超える高さにある空間を除き、500 m³となっている。

(4) 事業場に附属する食堂の床面積を、食事の際の1人について、0.8 m²としている。

(5) 労働衛生上の有害業務を有しない事業場において、窓その他の開口部の直接外気に向かって開放することができる部分の面積が、常時床面積の15分の1である屋内作業場に、換気設備を設けていない。

問25

　労働安全衛生法に基づく労働者の心理的な負担の程度を把握するための検査（以下「ストレスチェック」という。）及びその結果等に応じて実施される医師による面接指導に関する次の記述のうち、法令上、正しいものはどれか。

(1) 常時50人以上の労働者を使用する事業場においては、6か月以内ごとに1回、定期に、ストレスチェックを行わなければならない。
(2) 事業者は、ストレスチェックの結果が、衛生管理者及びストレスチェックを受けた労働者に通知されるようにしなければならない。
(3) 労働者に対して行うストレスチェックの事項は、「職場における当該労働者の心理的な負担の原因」、「当該労働者の心理的な負担による心身の自覚症状」及び「職場における他の労働者による当該労働者への支援」に関する項目である。
(4) 事業者は、ストレスチェックの結果、心理的な負担の程度が高い労働者全員に対し、医師による面接指導を行わなければならない。
(5) 事業者は、医師による面接指導の結果に基づき、当該面接指導の結果の記録を作成して、これを3年間保存しなければならない。

令和4年4月公表試験問題

問26

　週所定労働時間が25時間、週所定労働日数が4日である労働者であって、雇入れの日から起算して3年6か月継続勤務したものに対して、その後1年間に新たに与えなければならない年次有給休暇日数として、法令上、正しいものは次のうちどれか。

　ただし、その労働者はその直前の1年間に全労働日の8割以上出勤したものとする。

(1) 8日
(2) 10日
(3) 12日
(4) 14日
(5) 16日

労働基準法に定める妊産婦等に関する次の記述のうち、法令上、誤っているものはどれか。

ただし、常時使用する労働者数が10人以上の規模の事業場の場合とし、管理監督者等とは、「監督又は管理の地位にある者等、労働時間、休憩及び休日に関する規定の適用除外者」をいうものとする。

(1) 妊産婦とは、妊娠中の女性及び産後1年を経過しない女性をいう。

(2) 妊娠中の女性が請求した場合においては、他の軽易な業務に転換させなければならない。

(3) 1年単位の変形労働時間制を採用している場合であっても、妊産婦が請求した場合には、管理監督者等の場合を除き、1週40時間、1日8時間を超えて労働させてはならない。

(4) フレックスタイム制を採用している場合であっても、妊産婦が請求した場合には、管理監督者等の場合を除き、1週40時間、1日8時間を超えて労働させてはならない。

(5) 生理日の就業が著しく困難な女性が休暇を請求したときは、その者を生理日に就業させてはならない。

問28

厚生労働省の「職場における受動喫煙防止のためのガイドライン」において、「喫煙専用室」を設置する場合に満たすべき事項として定められていないものは、次のうちどれか。

(1) 喫煙専用室の出入口において、室外から室内に流入する空気の気流が、0.2m/s 以上であること。
(2) 喫煙専用室の出入口における室外から室内に流入する空気の気流について、6か月以内ごとに1回、定期に測定すること。
(3) 喫煙専用室のたばこの煙が室内から室外に流出しないよう、喫煙専用室は、壁、天井等によって区画されていること。
(4) 喫煙専用室のたばこの煙が屋外又は外部の場所に排気されていること。
(5) 喫煙専用室の出入口の見やすい箇所に必要事項を記載した標識を掲示すること。

問29

労働衛生管理に用いられる統計に関する次の記述のうち、誤っているものはどれか。

(1) 健康診断において、対象人数、受診者数などのデータを計数データといい、身長、体重などのデータを計量データという。
(2) 生体から得られたある指標が正規分布である場合、そのばらつきの程度は、平均値や最頻値によって表される。
(3) 集団を比較する場合、調査の対象とした項目のデータの平均値が等しくても分散が異なっていれば、異なった特徴をもつ集団であると評価される。
(4) ある事象と健康事象との間に、統計上、一方が多いと他方も多いというような相関関係が認められたとしても、それらの間に因果関係があるとは限らない。
(5) 静態データとは、ある時点の集団に関するデータであり、動態データとは、ある期間の集団に関するデータである。

　厚生労働省の「職場における腰痛予防対策指針」に基づく腰痛予防対策に関する次の記述のうち、正しいものはどれか。

(1) 作業動作、作業姿勢についての作業標準の策定は、その作業に従事する全ての労働者に一律な作業をさせることになり、個々の労働者の腰痛の発生要因の排除又は低減ができないため、腰痛の予防対策としては適切ではない。

(2) 重量物取扱い作業の場合、満18歳以上の男性労働者が人力のみにより取り扱う物の重量は、体重のおおむね50％以下となるようにする。

(3) 重量物取扱い作業の場合、満18歳以上の女性労働者が人力のみにより取り扱う物の重量は、男性が取り扱うことのできる重量の60％位までとする。

(4) 重量物取扱い作業に常時従事する労働者に対しては、当該作業に配置する際及びその後1年以内ごとに1回、定期に、医師による腰痛の健康診断を行う。

(5) 腰部保護ベルトは、重量物取扱い作業に従事する労働者全員に使用させるようにする。

問31

厚生労働省の「労働安全衛生マネジメントシステムに関する指針」に関する次の記述のうち、誤っているものはどれか。

(1) この指針は、労働安全衛生法の規定に基づき機械、設備、化学物質等による危険又は健康障害を防止するため事業者が講ずべき具体的な措置を定めるものではない。

(2) このシステムは、生産管理等事業実施に係る管理と一体となって運用されるものである。

(3) このシステムでは、事業者は、事業場における安全衛生水準の向上を図るための安全衛生に関する基本的考え方を示すものとして、安全衛生方針を表明し、労働者及び関係請負人その他の関係者に周知させる。

(4) このシステムでは、事業者は、安全衛生方針に基づき設定した安全衛生目標を達成するため、事業場における危険性又は有害性等の調査の結果等に基づき、一定の期間を限り、安全衛生計画を作成する。

(5) 事業者は、このシステムに従って行う措置が適切に実施されているかどうかについて調査及び評価を行うため、外部の機関による監査を受けなければならない。

問32

メタボリックシンドローム診断基準に関する次の文中の＿＿＿内に入れるAからDの語句又は数値の組合せとして、正しいものは(1)〜(5)のうちどれか。

「日本人のメタボリックシンドローム診断基準で、腹部肥満（ A 脂肪の蓄積）とされるのは、腹囲が男性では B cm 以上、女性では C cm以上の場合であり、この基準は、男女とも A 脂肪面積が D cm² 以上に相当する。」

	A	B	C	D
(1)	内臓	85	90	100
(2)	内臓	85	90	200
(3)	内臓	90	85	100
(4)	皮下	90	85	200
(5)	皮下	100	90	200

問33

食中毒に関する次の記述のうち、正しいものはどれか。

(1) 毒素型食中毒は、食物に付着した細菌により産生された毒素によって起こる食中毒で、サルモネラ菌によるものがある。

(2) 感染型食中毒は、食物に付着した細菌そのものの感染によって起こる食中毒で、黄色ブドウ球菌によるものがある。

(3) O-157は、腸管出血性大腸菌の一種で、加熱不足の食肉などから摂取され、潜伏期間は3〜5日である。

(4) ボツリヌス菌は、缶詰や真空パックなど酸素のない密封食品中でも増殖するが、熱には弱く、60℃、10分間程度の加熱で殺菌することができる。

(5) ノロウイルスによる食中毒は、ウイルスに汚染された食品を摂取することにより発症し、夏季に集団食中毒として発生することが多い。

問34

感染症に関する次の記述のうち、誤っているものはどれか。

(1) 人間の抵抗力が低下した場合は、通常、多くの人には影響を及ぼさない病原体が病気を発症させることがあり、これを不顕性感染という。

(2) 感染が成立し、症状が現れるまでの人をキャリアといい、感染したことに気付かずに病原体をばらまく感染源になることがある。

(3) 微生物を含む飛沫の水分が蒸発して、5μm以下の小粒子として長時間空気中に浮遊し、空調などを通じて感染することを空気感染という。

(4) 風しんは、発熱、発疹、リンパ節腫脹を特徴とするウイルス性発疹症で、免疫のない女性が妊娠初期に風しんにかかると、胎児に感染し出生児が先天性風しん症候群（CRS）となる危険性がある。

(5) インフルエンザウイルスにはA型、B型及びC型の三つの型があるが、流行の原因となるのは、主として、A型及びB型である。

問35

呼吸に関する次の記述のうち、誤っているものはどれか。

(1) 呼吸運動は、横隔膜、肋間筋などの呼吸筋が収縮と弛緩をすることにより行われる。
(2) 胸郭内容積が増し、その内圧が低くなるにつれ、鼻腔、気管などの気道を経て肺内へ流れ込む空気が吸気である。
(3) 肺胞内の空気と肺胞を取り巻く毛細血管中の血液との間で行われるガス交換を外呼吸という。
(4) 呼吸数は、通常、1分間に16〜20回で、成人の安静時の1回呼吸量は、約500mLである。
(5) 呼吸のリズムをコントロールしているのは、間脳の視床下部である。

令和4年4月公表試験問題

問36

心臓及び血液循環に関する次の記述のうち、誤っているものはどれか。

(1) 大動脈及び肺動脈を流れる血液は、酸素に富む動脈血である。
(2) 体循環では、血液は左心室から大動脈に入り、静脈血となって右心房に戻ってくる。
(3) 心筋は人間の意思によって動かすことができない不随意筋であるが、随意筋である骨格筋と同じ横紋筋に分類される。
(4) 心臓の中にある洞結節（洞房結節）で発生した刺激が、刺激伝導系を介して心筋に伝わることにより、心臓は規則正しく収縮と拡張を繰り返す。
(5) 動脈硬化とは、コレステロールの蓄積などにより、動脈壁が肥厚・硬化して弾力性を失った状態であり、進行すると血管の狭窄や閉塞を招き、臓器への酸素や栄養分の供給が妨げられる。

問37

体温調節に関する次の記述のうち、誤っているものはどれか。

(1) 寒冷な環境においては、皮膚の血管が収縮して血流量が減って、熱の放散が減少する。
(2) 暑熱な環境においては、内臓の血流量が増加し体内の代謝活動が亢進することにより、人体からの熱の放散が促進される。
(3) 体温調節にみられるように、外部環境などが変化しても身体内部の状態を一定に保とうとする性質を恒常性（ホメオスタシス）という。
(4) 計算上、100 g の水分が体重70 kgの人の体表面から蒸発すると、気化熱が奪われ、体温が約1℃下がる。
(5) 熱の放散は、ふく射（放射）、伝導、蒸発などの物理的な過程で行われ、蒸発には、発汗と不感蒸泄によるものがある。

問38

肝臓の機能として、誤っているものは次のうちどれか。

(1) 血液中の身体に有害な物質を分解する。
(2) ブドウ糖をグリコーゲンに変えて蓄える。
(3) ビリルビンを分解する。
(4) 血液凝固物質を合成する。
(5) 血液凝固阻止物質を合成する。

問39

次のうち、正常値に男女による差がないとされているものはどれか。

(1) 赤血球数
(2) ヘモグロビン濃度
(3) ヘマトクリット値
(4) 白血球数
(5) 基礎代謝量

問40

蛋白質並びにその分解、吸収及び代謝に関する次の記述のうち、誤っているものはどれか。

(1) 蛋白質は、約20種類のアミノ酸が結合してできており、内臓、筋肉、皮膚など人体の臓器等を構成する主成分である。
(2) 蛋白質は、膵臓から分泌される消化酵素である膵リパーゼなどによりアミノ酸に分解され、小腸から吸収される。
(3) 血液循環に入ったアミノ酸は、体内の各組織において蛋白質に再合成される。
(4) 肝臓では、アミノ酸から血漿蛋白質が合成される。
(5) 飢餓時には、肝臓などでアミノ酸などからブドウ糖を生成する糖新生が行われる。

問41

視覚に関する次の記述のうち、誤っているものはどれか。

(1) 眼は、周りの明るさによって瞳孔の大きさが変化して眼に入る光量が調節され、暗い場合には瞳孔が広がる。

(2) 眼軸が短すぎることなどにより、平行光線が網膜の後方で像を結ぶものを遠視という。

(3) 角膜が歪んでいたり、表面に凹凸があるために、眼軸などに異常がなくても、物体の像が網膜上に正しく結ばれないものを乱視という。

(4) 網膜には、明るい所で働き色を感じる錐状体と、暗い所で働き弱い光を感じる杆状体の2種類の視細胞がある。

(5) 明るいところから急に暗いところに入ると、初めは見えにくいが徐々に見えやすくなることを明順応という。

問42

ヒトのホルモン、その内分泌器官及びそのはたらきの組合せとして、誤っているものは次のうちどれか。

	ホルモン	内分泌器官	はたらき
(1)	コルチゾール	副腎皮質	血糖量の増加
(2)	アルドステロン	副腎皮質	体液中の塩類バランスの調節
(3)	メラトニン	副甲状腺	体液中のカルシウムバランスの調節
(4)	インスリン	膵臓	血糖量の減少
(5)	アドレナリン	副腎髄質	血糖量の増加

問43

代謝に関する次の記述のうち、正しいものはどれか。

(1) 代謝において、細胞に取り入れられた体脂肪、グリコーゲンなどが分解されてエネルギーを発生する過程を同化という。

(2) 代謝において、体内に摂取された栄養素が、種々の化学反応によって、細胞を構成する蛋白質などの生体に必要な物質に合成されることを異化という。

(3) 基礎代謝量は、安静時における心臓の拍動、呼吸、体温保持などに必要な代謝量で、睡眠中の測定値で表される。

(4) エネルギー代謝率は、一定時間中に体内で消費された酸素と排出された二酸化炭素の容積比である。

(5) エネルギー代謝率は、動的筋作業の強度を表すことができるが、静的筋作業には適用できない。

問44

腎臓・泌尿器系に関する次の記述のうち、誤っているものはどれか。

(1) 腎臓の皮質にある腎小体では、糸球体から蛋白質以外の血漿成分がボウマン囊に濾し出され、原尿が生成される。

(2) 腎臓の尿細管では、原尿に含まれる大部分の水分及び身体に必要な成分が血液中に再吸収され、残りが尿として生成される。

(3) 尿は淡黄色の液体で、固有の臭気を有し、通常、弱酸性である。

(4) 尿の生成・排出により、体内の水分の量やナトリウムなどの電解質の濃度を調節するとともに、生命活動によって生じた不要な物質を排出する。

(5) 血液中の尿素窒素（ＢＵＮ）の値が低くなる場合は、腎臓の機能の低下が考えられる。

令和3年10月 公表試験問題

問題数	44問（五肢択一式）
試験時間	3時間
合格基準	各科目4割以上かつ合計6割以上の得点

解答にあたっての注意事項

・次の各問について答えを1つ選び、その番号を解答用紙にマークしてください。
・特例による受験者の試験時間は2時間で、試験問題は問1〜問20です。
・「労働生理」の免除者の試験時間は2時間15分で、試験問題は問1〜問34です。

解答・解説は、別冊92〜115ページを参照してください。

問1

衛生管理者及び産業医の選任に関する次の記述のうち、法令上、定められていないものはどれか。

ただし、衛生管理者及び産業医の選任の特例はないものとする。

(1) 常時500人を超える労働者を使用し、そのうち多量の高熱物体を取り扱う業務に常時30人以上の労働者を従事させる事業場では、選任する衛生管理者のうち少なくとも1人を専任の衛生管理者としなければならない。

(2) 深夜業を含む業務に常時550人の労働者を従事させる事業場では、その事業場に専属の産業医を選任しなければならない。

(3) 常時3,300人の労働者を使用する事業場では、2人以上の産業医を選任しなければならない。

(4) 常時600人の労働者を使用し、そのうち多量の低温物体を取り扱う業務に常時35人の労働者を従事させる事業場では、選任する衛生管理者のうち少なくとも1人を衛生工学衛生管理者免許を受けた者のうちから選任しなければならない。

(5) 2人以上の衛生管理者を選任すべき事業場では、そのうち1人については、その事業場に専属でない労働衛生コンサルタントのうちから選任することができる。

問2

次の装置のうち、法令上、定期自主検査の実施義務が規定されているものはどれか。

(1) 木工用丸のこ盤を使用する屋内の作業場所に設けた局所排気装置

(2) 塩酸を使用する屋内の作業場所に設けた局所排気装置

(3) アーク溶接を行う屋内の作業場所に設けた全体換気装置

(4) フェノールを取り扱う特定化学設備

(5) アンモニアを使用する屋内の作業場所に設けたプッシュプル型換気装置

問3

次のAからDの作業について、法令上、作業主任者の選任が義務付けられているものの組合せは(1)～(5)のうちどれか。

A 水深10m以上の場所における潜水の作業

B セメント製造工程においてセメントを袋詰めする作業

C 製造工程において硫酸を用いて行う洗浄の作業

D 石炭を入れてあるホッパーの内部における作業

(1) A，B

(2) A，C

(3) A，D

(4) B，C

(5) C，D

問4

次の特定化学物質を製造しようとするとき、労働安全衛生法に基づく厚生労働大臣の許可を必要としないものはどれか。

(1) ベンゾトリクロリド

(2) ベリリウム

(3) オルト-フタロジニトリル

(4) ジアニシジン

(5) アルファ-ナフチルアミン

次のAからDの機械等について、法令上、厚生労働大臣が定める規格を具備しなければ、譲渡し、貸与し、又は設置してはならないものの組合せは(1)〜(5)のうちどれか。

A　放射線測定器

B　防音保護具

C　ハロゲンガス用防毒マスク

D　防じん機能を有する電動ファン付き呼吸用保護具

(1)　A，B

(2)　A，C

(3)　A，D

(4)　B，D

(5)　C，D

問6

事業者が、法令に基づく次の措置を行ったとき、その結果について所轄労働基準監督署長に報告することが義務付けられているものはどれか。

(1)　雇入時の有機溶剤等健康診断

(2)　定期に行う特定化学物質健康診断

(3)　特定化学設備についての定期自主検査

(4)　高圧室内作業主任者の選任

(5)　鉛業務を行う屋内作業場についての作業環境測定

問7 [法改正]

　屋内作業場において、第二種有機溶剤等を使用して常時洗浄作業を行う場合の措置として、有機溶剤中毒予防規則上、正しいものは次のうちどれか。

　ただし、同規則に定める適用除外及び設備の特例はないものとする。

(1) 作業場所に設ける局所排気装置について、外付け式フードの場合は最大で 0.4 m/s の制御風速を出し得る能力を有するものにする。
(2) 有機溶剤等の区分の色分けによる表示を青色で行う。
(3) 有機溶剤作業主任者に、有機溶剤業務を行う屋内作業場について、作業環境測定を実施させる。
(4) 作業場所に設けたプッシュプル型換気装置について、1 年を超える期間使用しない場合を除き、1 年以内ごとに 1 回、定期に、自主検査を行う。
(5) 作業に常時従事する労働者に対し、1 年以内ごとに 1 回、定期に、有機溶剤等健康診断を行う。

問8

　次の業務のうち、当該業務に労働者を就かせるとき、法令に基づく安全又は衛生のための特別の教育を行わなければならないものに該当しないものはどれか。

(1) 石綿等が使用されている建築物の解体等の作業に係る業務
(2) チェーンソーを用いて行う造材の業務
(3) 特定化学物質のうち第二類物質を取り扱う作業に係る業務
(4) 廃棄物の焼却施設において焼却灰を取り扱う業務
(5) エックス線装置を用いて行う透過写真の撮影の業務

　粉じん障害防止規則に基づく措置に関する次の記述のうち、誤っているものはどれか。

　ただし、同規則に定める適用除外及び特例はないものとする。

(1) 屋内の特定粉じん発生源については、その区分に応じて密閉する設備、局所排気装置、プッシュプル型換気装置若しくは湿潤な状態に保つための設備の設置又はこれらと同等以上の措置を講じなければならない。

(2) 常時特定粉じん作業を行う屋内作業場については、6か月以内ごとに1回、定期に、空気中の粉じんの濃度の測定を行い、その測定結果等を記録して、これを7年間保存しなければならない。

(3) 特定粉じん発生源に係る局所排気装置に、法令に基づき設ける除じん装置は、粉じんの種類がヒュームである場合には、サイクロンによる除じん方式のものでなければならない。

(4) 特定粉じん作業以外の粉じん作業を行う屋内作業場については、全体換気装置による換気の実施又はこれと同等以上の措置を講じなければならない。

(5) 粉じん作業を行う屋内の作業場所については、毎日1回以上、清掃を行わなければならない。

問10

　女性については、労働基準法に基づく危険有害業務の就業制限により次の表の左欄の年齢に応じ右欄の重量以上の重量物を取り扱う業務に就かせてはならないとされているが、同表に入れるAからCの数値の組合せとして、正しいものは(1)～(5)のうちどれか。

年齢	重量（単位kg）	
	断続作業の場合	継続作業の場合
満16歳未満	A	8
満16歳以上 満18歳未満	B	15
満18歳以上	30	C

	A	B	C
(1)	10	20	20
(2)	10	20	25
(3)	10	25	20
(4)	12	20	25
(5)	12	25	20

問11

　労働衛生対策を進めるに当たっては、作業管理、作業環境管理及び健康管理が必要であるが、次のAからEの対策例について、作業管理に該当するものの組合せは(1)～(5)のうちどれか。

　A　振動工具の取扱い業務において、その振動工具の周波数補正振動加速度実効値の3軸合成値に応じた振動ばく露時間の制限を行う。

　B　有機溶剤業務を行う作業場所に設置した局所排気装置のフード付近の吸い込み気流の風速を測定する。

　C　強烈な騒音を発する場所における作業において、その作業の性質や騒音の性状に応じた耳栓や耳覆いを使用させる。

　D　有害な化学物質を取り扱う設備を密閉化する。

　E　鉛健康診断の結果、鉛業務に従事することが健康の保持のために適当でないと医師が認めた者を配置転換する。

(1)　A，B
(2)　A，C
(3)　B，C
(4)　C，D
(5)　D，E

問12

　次の化学物質のうち、常温・常圧（25℃、1気圧）の空気中で蒸気として存在するものはどれか。

　ただし、蒸気とは、常温・常圧で液体又は固体の物質が蒸気圧に応じて揮発又は昇華して気体となっているものをいうものとする。

(1)　塩化ビニル
(2)　ホルムアルデヒド
(3)　二硫化炭素
(4)　二酸化硫黄
(5)　アンモニア

問13

作業環境における有害要因による健康障害に関する次の記述のうち、正しいものはどれか。

(1) 電離放射線による中枢神経系障害は、確率的影響に分類され、被ばく線量がしきい値を超えると発生率及び重症度が線量の増加に応じて増加する。
(2) 金属熱は、鉄、アルミニウムなどの金属を溶融する作業などに長時間従事した際に、高温により体温調節機能が障害を受けたことにより発生する。
(3) 潜水業務における減圧症は、浮上による減圧に伴い、血液中に溶け込んでいた酸素が気泡となり、血管を閉塞したり組織を圧迫することにより発生する。
(4) 振動障害は、チェーンソーなどの振動工具によって生じる障害で、手のしびれなどの末梢神経障害やレイノー現象などの末梢循環障害がみられる。
(5) 凍瘡は、皮膚組織の凍結壊死を伴うしもやけのことで、0℃以下の寒冷にばく露することによって発生する。

問14

金属による健康障害に関する次の記述のうち、誤っているものはどれか。

(1) カドミウム中毒では、上気道炎、肺炎、腎機能障害などがみられる。
(2) 鉛中毒では、貧血、末梢神経障害、腹部の疝痛などがみられる。
(3) マンガン中毒では、筋のこわばり、震え、歩行困難などのパーキンソン病に似た症状がみられる。
(4) ベリリウム中毒では、溶血性貧血、尿の赤色化などの症状がみられる。
(5) 金属水銀中毒では、感情不安定、幻覚などの精神障害や手指の震えなどの症状・障害がみられる。

問15

厚生労働省の「化学物質等による危険性又は有害性等の調査等に関する指針」において示されているリスクアセスメント対象物による疾病に係るリスクを見積もる方法として、適切でないものは次のうちどれか。

(1) 発生可能性及び重篤度を相対的に尺度化し、それらを縦軸と横軸として、あらかじめ発生可能性及び重篤度に応じてリスクが割り付けられた表を使用する方法

(2) 取り扱うリスクアセスメント対象物の年間の取扱量及び作業時間を一定の尺度によりそれぞれ数値化し、それらを加算又は乗算等する方法

(3) 発生可能性及び重篤度を段階的に分岐していく方法

(4) ILO の化学物質リスク簡易評価法（コントロール・バンディング）を用いる方法

(5) リスクアセスメント対象物への労働者のばく露の程度及び当該化学物質等による有害性を相対的に尺度化し、それらを縦軸と横軸とし、あらかじめばく露の程度及び有害性の程度に応じてリスクが割り付けられた表を使用する方法

問16

作業環境における騒音及びそれによる健康障害に関する次の記述のうち、誤っているものはどれか。

(1) 音圧レベルは、その音圧と、通常、人間が聴くことができる最も小さな音圧($20\mu Pa$)との比の常用対数を20倍して求められ、その単位はデシベル(dB)で表される。

(2) 等価騒音レベルは、単位時間（1分間）における音圧レベルを10秒間ごとに平均化した幾何平均値で、変動する騒音レベルの平均値として表した値である。

(3) 騒音レベルの測定は、通常、騒音計の周波数重み付け特性Aで行う。

(4) 騒音性難聴の初期に認められる4,000Hz付近を中心とする聴力低下の型を $c^5 dip$ という。

(5) 騒音は、自律神経系や内分泌系へも影響を与え、交感神経の活動の亢進や副腎皮質ホルモンの分泌の増加が認められることがある。

問17

電離放射線などに関する次の記述のうち、誤っているものはどれか。

(1) 電離放射線には、電磁波と粒子線がある。

(2) エックス線は、通常、エックス線装置を用いて発生させる人工の電離放射線であるが、放射性物質から放出されるガンマ線と同様に電磁波である。

(3) エックス線は、紫外線より波長の長い電磁波である。

(4) 電離放射線の被ばくによる白内障は、晩発障害に分類され、被ばく後、半年～30年後に現れることが多い。

(5) 電離放射線を放出してほかの元素に変わる元素を放射性同位元素（ラジオアイソトープ）という。

問18

厚生労働省の「作業環境測定基準」及び「作業環境評価基準」に基づく作業環境測定及びその結果の評価に関する次の記述のうち、正しいものはどれか。

令和3年10月公表試験問題

(1) 管理濃度は、有害物質に関する作業環境の状態を単位作業場所の作業環境測定結果から評価するための指標として設定されたものである。

(2) 原材料を反応槽へ投入する場合など、間欠的に有害物質の発散を伴う作業による気中有害物質の最高濃度は、A測定の結果により評価される。

(3) 単位作業場所における気中有害物質濃度の平均的な分布は、B測定の結果により評価される。

(4) A測定の第二評価値及びB測定の測定値がいずれも管理濃度に満たない単位作業場所は、第一管理区分になる。

(5) B測定の測定値が管理濃度を超えている単位作業場所は、A測定の結果に関係なく第三管理区分に区分される。

問19

特殊健康診断に関する次の文中の　　　　内に入れるAからCの語句の組合せとして、正しいものは(1)～(5)のうちどれか。

「特殊健康診断において有害物の体内摂取量を把握する検査として、生物学的モニタリングがあり、トルエンについては、尿中の　A　を測定し、　B　については、　C　中のデルタアミノレブリン酸を測定する。」

	A	B	C
(1)	馬尿酸	鉛	尿
(2)	馬尿酸	鉛	血液
(3)	マンデル酸	鉛	尿
(4)	マンデル酸	水銀	尿
(5)	マンデル酸	水銀	血液

問20

呼吸用保護具に関する次の記述のうち、正しいものはどれか。

(1) 防毒マスクの吸収缶の色は、一酸化炭素用は黒色で、有機ガス用は赤色である。

(2) 高濃度の有害ガスに対しては、防毒マスクではなく、送気マスクか自給式呼吸器を使用する。

(3) 型式検定合格標章のある防じんマスクでも、ヒュームのような微細な粒子に対して使用してはならない。

(4) 防じんマスクの手入れの際、ろ過材に付着した粉じんは圧縮空気で吹き飛ばすか、ろ過材を強くたたいて払い落として除去する。

(5) 防じんマスクは作業に適したものを選択し、顔面とマスクの面体の高い密着性が要求される有害性の高い物質を取り扱う作業については、使い捨て式のものを選ぶ。

関係法令（有害業務に係るもの以外のもの）

問21

　常時使用する労働者数が300人で、次の業種に属する事業場のうち、法令上、総括安全衛生管理者の選任が義務付けられていない業種はどれか。

(1) 通信業
(2) 各種商品小売業
(3) 旅館業
(4) ゴルフ場業
(5) 医療業

問22

　産業医に関する次の記述のうち、法令上、誤っているものはどれか。

(1) 産業医を選任した事業者は、産業医に対し、労働者の業務に関する情報であって産業医が労働者の健康管理等を適切に行うために必要と認めるものを提供しなければならない。

(2) 産業医を選任した事業者は、その事業場における産業医の業務の具体的な内容、産業医に対する健康相談の申出の方法、産業医による労働者の心身の状態に関する情報の取扱いの方法を、常時各作業場の見やすい場所に掲示し、又は備え付ける等の方法により、労働者に周知させなければならない。

(3) 産業医は、衛生委員会に対して労働者の健康を確保する観点から必要な調査審議を求めることができる。

(4) 産業医は、衛生委員会を開催した都度作成する議事概要を、毎月1回以上、事業者から提供されている場合には、作業場等の巡視の頻度を、毎月1回以上から2か月に1回以上にすることができる。

(5) 事業者は、産業医から労働者の健康管理等について勧告を受けたときは、当該勧告の内容及び当該勧告を踏まえて講じた措置の内容（措置を講じない場合にあっては、その旨及びその理由）を記録し、これを3年間保存しなければならない。

問23

労働安全衛生規則に基づく医師による健康診断について、法令に違反しているものは次のうちどれか。

(1) 雇入時の健康診断において、医師による健康診断を受けた後3か月を経過しない者が、その健康診断結果を証明する書面を提出したときは、その健康診断の項目に相当する項目を省略している。

(2) 雇入時の健康診断の項目のうち、聴力の検査は、35歳及び40歳の者並びに45歳以上の者に対しては、1,000Hz及び4,000Hzの音について行っているが、その他の年齢の者に対しては、医師が適当と認めるその他の方法により行っている。

(3) 深夜業を含む業務に常時従事する労働者に対し、6か月以内ごとに1回、定期に、健康診断を行っているが、胸部エックス線検査は、1年以内ごとに1回、定期に、行っている。

(4) 事業場において実施した定期健康診断の結果、健康診断項目に異常所見があると診断された労働者については、健康を保持するために必要な措置について、健康診断が行われた日から3か月以内に、医師から意見聴取を行っている。

(5) 常時50人の労働者を使用する事業場において、定期健康診断の結果については、遅滞なく、所轄労働基準監督署長に報告を行っているが、雇入時の健康診断の結果については報告を行っていない。

問24

労働安全衛生法に基づく心理的な負担の程度を把握するための検査（以下「ストレスチェック」という。）及びその結果等に応じて実施される医師による面接指導に関する次の記述のうち、法令上、正しいものはどれか。

(1) 常時50人以上の労働者を使用する事業場においては、6か月以内ごとに1回、定期に、ストレスチェックを行わなければならない。

(2) 事業者は、ストレスチェックの結果が、衛生管理者及びストレスチェックを受けた労働者に通知されるようにしなければならない。

(3) 労働者に対するストレスチェックの事項は、「職場における当該労働者の心理的な負担の原因」、「当該労働者の心理的な負担による心身の自覚症状」

及び「職場における他の労働者による当該労働者への支援」に関する項目である。

(4) 事業者は、ストレスチェックの結果、心理的な負担の程度が高い労働者全員に対し、医師による面接指導を行わなければならない。

(5) 事業者は、医師による面接指導の結果に基づき、当該面接指導の結果の記録を作成して、これを3年間保存しなければならない。

問25

　事業場の建築物、施設等に関する措置について、労働安全衛生規則の衛生基準に違反していないものは次のうちどれか。

(1) 日常行う清掃のほか、1年に1回、定期に、統一的に大掃除を行っている。

(2) 男性25人、女性25人の労働者を常時使用している事業場で、労働者が臥床することのできる休養室又は休養所を男性用と女性用に区別して設けていない。

(3) 坑内等特殊な作業場以外の作業場において、男性用小便所の箇所数は、同時に就業する男性労働者50人以内ごとに1個以上としている。

(4) 事業場に附属する食堂の床面積を、食事の際の1人について、0.8m² としている。

(5) 労働衛生上の有害業務を有しない事業場において、窓その他の開口部の直接外気に向かって開放することができる部分の面積が、常時床面積の15分の1である屋内作業場に、換気設備を設けていない。

問26

労働基準法における労働時間等に関する次の記述のうち、正しいものはどれか。

(1) 1日8時間を超えて労働させることができるのは、時間外労働の協定を締結し、これを所轄労働基準監督署長に届け出た場合に限られている。

(2) 労働時間に関する規定の適用については、事業場を異にする場合は労働時間を通算しない。

(3) 労働時間が8時間を超える場合においては、少なくとも45分の休憩時間を労働時間の途中に与えなければならない。

(4) 機密の事務を取り扱う労働者については、所轄労働基準監督署長の許可を受けなくても労働時間に関する規定は適用されない。

(5) 監視又は断続的労働に従事する労働者については、所轄労働基準監督署長の許可を受ければ、労働時間及び年次有給休暇に関する規定は適用されない。

問27

週所定労働時間が25時間、週所定労働日数が4日である労働者であって、雇入れの日から起算して3年6か月継続勤務したものに対して、その後1年間に新たに与えなければならない年次有給休暇日数として、法令上、正しいものは(1)～(5)のうちどれか。

ただし、その労働者はその直前の1年間に全労働日の8割以上出勤したものとする。

(1) 8日

(2) 9日

(3) 10日

(4) 11日

(5) 12日

労働衛生（有害業務に係るもの以外のもの）

問28

労働衛生管理に用いられる統計に関する次の記述のうち、誤っているものはどれか。

(1) 生体から得られたある指標が正規分布である場合、そのバラツキの程度は、平均値や最頻値によって表される。

(2) 集団を比較する場合、調査の対象とした項目のデータの平均値が等しくても分散が異なっていれば、異なった特徴をもつ集団であると評価される。

(3) 健康管理統計において、ある時点での検査における有所見者の割合を有所見率といい、このようなデータを静態データという。

(4) 健康診断において、対象人数、受診者数などのデータを計数データといい、身長、体重などのデータを計量データという。

(5) ある事象と健康事象との間に、統計上、一方が多いと他方も多いというような相関関係が認められても、それらの間に因果関係がないこともある。

問29

厚生労働省の「職場における腰痛予防対策指針」に基づく腰痛予防対策に関する次の記述のうち、正しいものはどれか。

(1) 腰部保護ベルトは、重量物取扱い作業に従事する労働者全員に使用させるようにする。

(2) 重量物取扱い作業の場合、満18歳以上の男性労働者が人力のみで取り扱う物の重量は、体重のおおむね50％以下となるようにする。

(3) 重量物取扱い作業に常時従事する労働者に対しては、当該作業に配置する際及びその後1年以内ごとに1回、定期に、医師による腰痛の健康診断を行う。

(4) 立ち作業の場合は、身体を安定に保持するため、床面は弾力性のない硬い素材とし、クッション性のない作業靴を使用する。

(5) 腰掛け作業の場合の作業姿勢は、椅子に深く腰を掛けて、背もたれで体幹を支え、履物の足裏全体が床に接する姿勢を基本とする。

問30

　出血及び止血法並びにその救急処置に関する次の記述のうち、誤っているものはどれか。

(1) 体内の全血液量は、体重の約13分の1で、その約3分の1を短時間に失うと生命が危険な状態となる。
(2) 傷口が泥で汚れているときは、手際良く水道水で洗い流す。
(3) 止血法には、直接圧迫法、間接圧迫法などがあるが、一般人が行う応急手当としては直接圧迫法が推奨されている。
(4) 静脈性出血は、擦り傷のときにみられ、傷口から少しずつにじみ出るような出血である。
(5) 止血帯を施したときは、救急隊が到着するまで止血帯を緩めないようにする。

問31

　虚血性心疾患に関する次の記述のうち、誤っているものはどれか。

(1) 虚血性心疾患は、門脈による心筋への血液の供給が不足したり途絶えることにより起こる心筋障害である。
(2) 虚血性心疾患発症の危険因子には、高血圧、喫煙、脂質異常症などがある。
(3) 虚血性心疾患は、心筋の一部分に可逆的な虚血が起こる狭心症と、不可逆的な心筋壊死が起こる心筋梗塞とに大別される。
(4) 心筋梗塞では、突然激しい胸痛が起こり、「締め付けられるように痛い」、「胸が苦しい」などの症状が長時間続き、1時間以上になることもある。
(5) 狭心症の痛みの場所は、心筋梗塞とほぼ同じであるが、その発作が続く時間は、通常数分程度で、長くても15分以内におさまることが多い。

問 32

細菌性食中毒に関する次の記述のうち、誤っているものはどれか。

(1) 黄色ブドウ球菌による毒素は、熱に強い。

(2) ボツリヌス菌による毒素は、神経毒である。

(3) 腸炎ビブリオ菌は、病原性好塩菌ともいわれる。

(4) サルモネラ菌による食中毒は、食品に付着した細菌が食品中で増殖した際に生じる毒素により発症する。

(5) ウェルシュ菌、セレウス菌及びカンピロバクターは、いずれも細菌性食中毒の原因菌である。

問 33　　　　　　　　　　　　　　法改正

厚生労働省の「情報機器作業における労働衛生管理のためのガイドライン」に関する次の記述のうち、適切でないものはどれか。

(1) ディスプレイを用いる場合の書類上及びキーボード上における照度を300ルクス以上としている。

(2) ディスプレイ画面の位置、前後の傾き、左右の向き等を調整してグレアを防止している。

(3) ディスプレイは、おおむね30cm以内の視距離が確保できるようにし、画面の上端を眼の高さよりもやや下になるように設置している。

(4) 1日の情報機器作業の作業時間が4時間未満である労働者については、自覚症状を訴える者についてのみ、情報機器作業に係る定期健康診断の対象としている。

(5) 情報機器作業に係る定期健康診断を、1年以内ごとに1回、定期に実施している。

問34

厚生労働省の「労働安全衛生マネジメントシステムに関する指針」に関する次の記述のうち、誤っているものはどれか。

(1) この指針は、労働安全衛生法の規定に基づき機械、設備、化学物質等による危険又は健康障害を防止するため事業者が講ずべき具体的な措置を定めるものではない。
(2) このシステムは、生産管理等事業実施に係る管理と一体となって運用されるものである。
(3) このシステムでは、事業者は、事業場における安全衛生水準の向上を図るための安全衛生に関する基本的考え方を示すものとして、安全衛生方針を表明し、労働者及び関係請負人その他の関係者に周知させる。
(4) このシステムでは、事業者は、安全衛生方針に基づき設定した安全衛生目標を達成するため、事業場における危険性又は有害性等の調査の結果等に基づき、一定の期間を限り、安全衛生計画を作成する。
(5) 事業者は、このシステムに従って行う措置が適切に実施されているかどうかについて調査及び評価を行うため、外部の機関による監査を受けなければならない。

労働生理

問35

神経系に関する次の記述のうち、誤っているものはどれか。

(1) 神経系を構成する基本的な単位である神経細胞は、通常、1個の細胞体、1本の軸索及び複数の樹状突起から成り、ニューロンともいわれる。

(2) 体性神経は、運動及び感覚に関与し、自律神経は、呼吸、循環などに関与する。

(3) 大脳の皮質は、神経細胞の細胞体が集まっている灰白質で、感覚、思考などの作用を支配する中枢として機能する。

(4) 交感神経系と副交感神経系は、各種臓器において双方の神経線維が分布し、相反する作用を有している。

(5) 交感神経系は、身体の機能をより活動的に調節する働きがあり、心拍数を増加させたり、消化管の運動を高める。

問36

心臓及び血液循環に関する次の記述のうち、誤っているものはどれか。

(1) 心臓は、自律神経の中枢で発生した刺激が刺激伝導系を介して心筋に伝わることにより、規則正しく収縮と拡張を繰り返す。

(2) 肺循環により左心房に戻ってきた血液は、左心室を経て大動脈に入る。

(3) 大動脈を流れる血液は動脈血であるが、肺動脈を流れる血液は静脈血である。

(4) 心臓の拍動による動脈圧の変動を末梢の動脈で触知したものを脈拍といい、一般に、手首の橈骨動脈で触知する。

(5) 動脈硬化とは、コレステロールの蓄積などにより、動脈壁が肥厚・硬化して弾力性を失った状態であり、進行すると血管の狭窄や閉塞を招き、臓器への酸素や栄養分の供給が妨げられる。

問37

消化器系に関する次の記述のうち、誤っているものはどれか。

(1) 三大栄養素のうち糖質はブドウ糖などに、蛋白質はアミノ酸に、脂肪は脂肪酸とモノグリセリドに、酵素により分解されて吸収される。

(2) 無機塩及びビタミン類は、酵素による分解を受けないでそのまま吸収される。

(3) 膵臓から十二指腸に分泌される膵液には、消化酵素は含まれていないが、血糖値を調節するホルモンが含まれている。

(4) ペプシノーゲンは、胃酸によってペプシンという消化酵素になり、蛋白質を分解する。

(5) 小腸の表面は、ビロード状の絨毛という小突起で覆われており、栄養素の吸収の効率を上げるために役立っている。

問38

呼吸に関する次の記述のうち、誤っているものはどれか。

(1) 呼吸運動は、気管と胸膜の協調運動によって、胸郭内容積を周期的に増減させて行われる。

(2) 胸郭内容積が増し、その内圧が低くなるにつれ、鼻腔、気管などの気道を経て肺内へ流れ込む空気が吸気である。

(3) 肺胞内の空気と肺胞を取り巻く毛細血管中の血液との間で行われる酸素と二酸化炭素のガス交換を、肺呼吸又は外呼吸という。

(4) 全身の毛細血管中の血液が各組織細胞に酸素を渡して二酸化炭素を受け取るガス交換を、組織呼吸又は内呼吸という。

(5) 血液中の二酸化炭素濃度が増加すると、呼吸中枢が刺激され、肺でのガス交換の量が多くなる。

問39

腎臓・泌尿器系に関する次の記述のうち、誤っているものはどれか。

(1) 腎臓の皮質にある腎小体では、糸球体から蛋白質以外の血漿成分がボウマン嚢に濾し出され、原尿が生成される。

(2) 腎臓の尿細管では、原尿に含まれる大部分の水分及び身体に必要な成分が血液中に再吸収され、残りが尿として生成される。

(3) 尿は淡黄色の液体で、固有の臭気を有し、通常、弱酸性である。

(4) 尿の生成・排出により、体内の水分の量やナトリウムなどの電解質の濃度を調節するとともに、生命活動によって生じた不要な物質を排出する。

(5) 尿の約95％は水分で、約5％が固形物であるが、その成分が全身の健康状態をよく反映するので、尿を採取して尿素窒素の検査が広く行われている。

問40

代謝に関する次の記述のうち、正しいものはどれか。

(1) 代謝において、細胞に取り入れられた体脂肪、グリコーゲンなどが分解されてエネルギーを発生し、ATPが合成されることを同化という。

(2) 代謝において、体内に摂取された栄養素が、種々の化学反応によって、ATPに蓄えられたエネルギーを用いて、細胞を構成する蛋白質などの生体に必要な物質に合成されることを異化という。

(3) 基礎代謝量は、安静時における心臓の拍動、呼吸、体温保持などに必要な代謝量で、睡眠中の測定値で表される。

(4) エネルギー代謝率は、一定時間中に体内で消費された酸素と排出された二酸化炭素の容積比で表される。

(5) エネルギー代謝率は、動的筋作業の強度を表すことができるが、精神的作業や静的筋作業には適用できない。

問41

耳とその機能に関する次の記述のうち、誤っているものはどれか。

(1) 耳は、聴覚、平衡感覚などをつかさどる器官で、外耳、中耳、内耳の三つの部位に分けられる。

(2) 耳介で集められた音は、鼓膜を振動させ、その振動は耳小骨によって増幅され、内耳に伝えられる。

(3) 内耳は、前庭、半規管、蝸牛（か）（うずまき管）の三つの部位からなり、前庭と半規管が平衡感覚、蝸牛が聴覚を分担している。

(4) 半規管は、体の傾きの方向や大きさを感じ、前庭は、体の回転の方向や速度を感じる。

(5) 鼓室は、耳管によって咽頭に通じており、その内圧は外気圧と等しく保たれている。

問42

抗体に関する次の文中の □□□□ 内に入れるAからCの語句の組合せとして、適切なものは(1)～(5)のうちどれか。

「抗体とは、体内に入ってきた A に対して B 免疫において作られる C と呼ばれる蛋白質（たん）のことで、 A に特異的に結合し、 A の働きを抑える働きがある。」

	A	B	C
(1)	化学物質	体液性	アルブミン
(2)	化学物質	細胞性	免疫グロブリン
(3)	抗原	体液性	アルブミン
(4)	抗原	体液性	免疫グロブリン
(5)	抗原	細胞性	アルブミン

問43

体温調節に関する次の記述のうち、誤っているものはどれか。

(1) 寒冷な環境においては、皮膚の血管が収縮して血流量が減って、熱の放散が減少する。

(2) 暑熱な環境においては、内臓の血流量が増加し体内の代謝活動が亢進することにより、人体からの熱の放散が促進される。

(3) 体温調節にみられるように、外部環境などが変化しても身体内部の状態を一定に保とうとする性質を恒常性（ホメオスタシス）という。

(4) 計算上、100gの水分が体重70kgの人の体表面から蒸発すると、気化熱が奪われ、体温が約1℃下がる。

(5) 熱の放散は、輻射（放射）、伝導、蒸発などの物理的な過程で行われ、蒸発には、発汗と不感蒸泄によるものがある。

問44

睡眠に関する次の記述のうち、誤っているものはどれか。

(1) 睡眠と覚醒のリズムのように、約1日の周期で繰り返される生物学的リズムをサーカディアンリズムといい、このリズムの乱れは、疲労や睡眠障害の原因となる。

(2) 睡眠は、睡眠中の目の動きなどによって、レム睡眠とノンレム睡眠に分類される。

(3) コルチゾールは、血糖値の調節などの働きをするホルモンで、通常、その分泌量は明け方から増加し始め、起床前後で最大となる。

(4) レム睡眠は、安らかな眠りで、この間に脳は休んだ状態になっている。

(5) メラトニンは、睡眠に関与しているホルモンである。

令和3年4月 公表試験問題

問題数	**44 問（五肢択一式）**
試験時間	**3 時間**
合格基準	**各科目4割以上かつ合計6割以上の得点**

解答にあたっての注意事項

・次の各問について答えを1つ選び、その番号を解答用紙にマークしてください。
・特例による受験者の試験時間は2時間で、試験問題は問1〜問20です。
・「労働生理」の免除者の試験時間は2時間15分で、試験問題は問1〜問34です。

解答・解説は、別冊116〜137ページを参照してください。

問1

常時250人の労働者を使用する運送業の事業場における衛生管理体制に関する(1)～(5)の記述のうち、法令上、誤っているものはどれか。

ただし、250人中には、次の業務に常時従事する者が含まれているが、その他の有害業務はないものとし、衛生管理者の選任の特例はないものとする。

深夜業を含む業務	200人
多量の低温物体を取り扱う業務	50人

(1) 総括安全衛生管理者を選任しなければならない。

(2) 衛生管理者は、2人以上選任しなければならない。

(3) 衛生管理者は、全て第一種衛生管理者免許を有する者のうちから選任することができる。

(4) 衛生管理者のうち少なくとも1人を専任の衛生管理者としなければならない。

(5) 衛生管理者のうち、1人は専属でない労働衛生コンサルタントを選任することができる。

問2

厚生労働大臣が定める規格を具備しなければ、譲渡し、貸与し、又は設置してはならない機械等に該当しないものは、次のうちどれか。

(1) 潜水器

(2) 一酸化炭素用防毒マスク

(3) ろ過材及び面体を有する防じんマスク

(4) 放射性物質による汚染を防止するための防護服

(5) 特定エックス線装置

問3

　法令に基づき定期に行う作業環境測定とその測定頻度との組合せとして、誤っているものは次のうちどれか。

(1) 非密封の放射性物質を取り扱う作業室における空気中の放射性物質の濃度の測定……………………………………………… 1か月以内ごとに1回
(2) チッパーによりチップする業務を行う屋内作業場における等価騒音レベルの測定……………………………………………… 6か月以内ごとに1回
(3) 通気設備が設けられている坑内の作業場における通気量の測定
　　………………………………………………… 半月以内ごとに1回
(4) 鉛ライニングの業務を行う屋内作業場における空気中の鉛の濃度の測定
　　………………………………………………… 1年以内ごとに1回
(5) 多量のドライアイスを取り扱う業務を行う屋内作業場における気温及び湿度の測定……………………………………………… 1か月以内ごとに1回

問4

　次の作業のうち、法令上、作業主任者を選任しなければならないものはどれか。

(1) 製造工程において硝酸を用いて行う洗浄の作業
(2) 強烈な騒音を発する場所における作業
(3) レーザー光線による金属加工の作業
(4) セメント製造工程においてセメントを袋詰めする作業
(5) 潜水器からの給気を受けて行う潜水の作業

令和3年4月公表試験問題

問5

　次の業務のうち、労働者を就かせるとき、法令に基づく安全又は衛生のための特別の教育を行わなければならないものはどれか。

(1) チェーンソーを用いて行う造材の業務
(2) エックス線回折装置を用いて行う分析の業務
(3) 特定化学物質を用いて行う分析の業務
(4) 有機溶剤等を入れたことがあるタンクの内部における業務
(5) 削岩機、チッピングハンマー等チェーンソー以外の振動工具を取り扱う業務

問6

　事業者が、法令に基づく次の措置を行ったとき、その結果について所轄労働基準監督署長に報告することが義務付けられているものはどれか。

(1) 高圧室内作業主任者の選任
(2) 特定化学設備についての定期自主検査
(3) 定期の有機溶剤等健康診断
(4) 雇入時の特定化学物質健康診断
(5) 鉛業務を行う屋内作業場についての作業環境測定

問7

　屋内作業場において、第二種有機溶剤等を使用して常時洗浄作業を行う場合の措置として、法令上、誤っているものは次のうちどれか。

　ただし、有機溶剤中毒予防規則に定める適用除外及び設備の特例はないものとする。

(1) 作業場所に設けた局所排気装置について、外付け式フードの場合は0.4m/sの制御風速を出し得る能力を有するものにする。

(2) 有機溶剤等の区分の色分けによる表示を黄色で行う。

(3) 作業場における空気中の有機溶剤の濃度を、6か月以内ごとに1回、定期に測定し、その測定結果等の記録を3年間保存する。

(4) 作業に常時従事する労働者に対し、6か月以内ごとに1回、定期に、特別の項目について医師による健康診断を行い、その結果に基づき作成した有機溶剤等健康診断個人票を5年間保存する。

(5) 作業場所に設けたプッシュプル型換気装置について、原則として、1年以内ごとに1回、定期に、自主検査を行い、その検査の結果等の記録を3年間保存する。

問8

令和3年4月公表試験問題

　次の作業のうち、法令上、第二種酸素欠乏危険作業に該当するものはどれか。

(1) 雨水が滞留したことのあるピットの内部における作業

(2) ヘリウム、アルゴン等の不活性の気体を入れたことのあるタンクの内部における作業

(3) 果菜の熟成のために使用している倉庫の内部における作業

(4) 酒類を入れたことのある醸造槽の内部における作業

(5) 汚水その他腐敗しやすい物質を入れたことのある暗きょの内部における作業

問9

粉じん作業に係る次の粉じん発生源のうち、法令上、特定粉じん発生源に該当するものはどれか。

(1) 屋内の、ガラスを製造する工程において、原料を溶解炉に投げ入れる箇所
(2) 屋内の、耐火物を用いた炉を解体する箇所
(3) 屋内の、研磨材を用いて手持式動力工具により金属を研磨する箇所
(4) 屋内の、粉状のアルミニウムを袋詰めする箇所
(5) 屋内の、金属をアーク溶接する箇所

問10

次のAからDの業務について、労働基準法に基づく時間外労働に関する協定を締結し、これを所轄労働基準監督署長に届け出た場合においても、労働時間の延長が1日2時間を超えてはならないものの組合せは(1)～(5)のうちどれか。

    A　病原体によって汚染された物を取り扱う業務
    B　腰部に負担のかかる立ち作業の業務
    C　多量の低温物体を取り扱う業務
    D　鉛の粉じんを発散する場所における業務

(1) A，B
(2) A，C
(3) B，C
(4) B，D
(5) C，D

労働衛生（有害業務に係るもの）

問11 法改正

　厚生労働省の「化学物質等による危険性又は有害性等の調査等に関する指針」に基づくリスクアセスメントに関する次の記述のうち、誤っているものはどれか。

(1) リスクアセスメントは、リスクアセスメント対象物を原材料等として新規に採用し、又は変更するとき、リスクアセスメント対象物を製造し、又は取り扱う業務に係る作業の方法又は手順を新規に採用し、又は変更するときなどに実施する。

(2) リスクアセスメント対象物による危険性又は有害性の特定は、リスクアセスメント等の対象となる業務を洗い出した上で、原則として国連勧告の「化学品の分類及び表示に関する世界調和システム（GHS）」などで示されている危険性又は有害性の分類等に即して行う。

(3) リスクの見積りは、リスクアセスメント対象物が当該業務に従事する労働者に危険を及ぼし、又はリスクアセスメント対象物により当該労働者の健康障害を生ずるおそれの程度（発生可能性）及び当該危険又は健康障害の程度（重篤度）を考慮して行う。

(4) リスクアセスメント対象物による疾病のリスクについては、リスクアセスメント対象物への労働者のばく露濃度等を測定し、測定結果を厚生労働省の「作業環境評価基準」に示されている「管理濃度」と比較することにより見積もる方法が確実性が高い。

(5) リスクアセスメントの実施に当たっては、安全データシート、作業標準、作業手順書、作業環境測定結果等の資料を入手し、その情報を活用する。

問12

次の化学物質のうち、常温・常圧（25℃、1気圧）の空気中で蒸気として存在するものはどれか。

ただし、蒸気とは、常温・常圧で液体又は固体の物質が蒸気圧に応じて揮発又は昇華して気体となっているものをいうものとする。

(1) 塩化ビニル
(2) ジクロロベンジジン
(3) トリクロロエチレン
(4) 二酸化硫黄
(5) ホルムアルデヒド

問13

有機溶剤に関する次の記述のうち、誤っているものはどれか。

(1) 有機溶剤は、呼吸器から吸収されやすいが、皮膚から吸収されるものもある。
(2) メタノールによる障害として顕著なものは、網膜細動脈瘤を伴う脳血管障害である。
(3) キシレンのばく露の生物学的モニタリングの指標としての尿中代謝物は、メチル馬尿酸である。
(4) 有機溶剤による皮膚又は粘膜の症状としては、皮膚の角化、結膜炎などがある。
(5) 低濃度の有機溶剤の繰り返しばく露では、頭痛、めまい、物忘れ、不眠などの不定愁訴がみられる。

問14

局所排気装置のフードの型式について、排気効果の大小関係として、正しいものは次のうちどれか。

(1) 囲い式カバー型＞囲い式建築ブース型＞外付け式ルーバ型
(2) 囲い式建築ブース型＞囲い式グローブボックス型＞外付け式ルーバ型
(3) 囲い式ドラフトチェンバ型＞外付け式ルーバ型＞囲い式カバー型
(4) 外付け式ルーバ型＞囲い式ドラフトチェンバ型＞囲い式カバー型
(5) 外付け式ルーバ型＞囲い式建築ブース型＞囲い式グローブボックス型

問15

作業環境における有害要因による健康障害に関する次の記述のうち、誤っているものはどれか。

(1) 窒素ガスで置換したタンク内の空気など、ほとんど無酸素状態の空気を吸入すると徐々に窒息の状態になり、この状態が5分程度継続すると呼吸停止する。
(2) 減圧症は、潜函作業者、潜水作業者などに発症するもので、高圧下作業からの減圧に伴い、血液中や組織中に溶け込んでいた窒素の気泡化が関与して発生し、皮膚のかゆみ、関節痛、神経の麻痺などの症状がみられる。
(3) 金属熱は、金属の溶融作業などで亜鉛、銅などの金属の酸化物のヒュームを吸入することにより発生し、悪寒、発熱、関節痛などの症状がみられる。
(4) 低体温症は、低温下の作業で全身が冷やされ、体の中心部の温度が35℃程度以下に低下した状態をいい、意識消失、筋の硬直などの症状がみられる。
(5) 振動障害は、チェーンソーなどの振動工具によって生じる障害で、手のしびれなどの末梢神経障害やレイノー現象などの末梢循環障害がみられる。

問16

じん肺に関する次の記述のうち、正しいものはどれか。

(1) じん肺は、粉じんを吸入することによって肺に生じた炎症性病変を主体とする疾病で、その種類には、けい肺、間質性肺炎、慢性閉塞性肺疾患（COPD）などがある。
(2) じん肺は、続発性気管支炎、肺結核などを合併することがある。
(3) 鉱物性粉じんに含まれる遊離けい酸（SiO_2）は、石灰化を伴う胸膜肥厚や胸膜中皮腫を生じさせるという特徴がある。
(4) じん肺の有効な治療方法は、既に確立されている。
(5) じん肺がある程度進行しても、粉じんへのばく露を中止すれば、症状が更に進行することはない。

問17

化学物質による健康障害に関する次の記述のうち、誤っているものはどれか。

(1) ノルマルヘキサンによる健康障害では、末梢神経障害がみられる。
(2) シアン化水素による中毒では、細胞内での酸素利用の障害による呼吸困難、痙攣などがみられる。
(3) 硫化水素による中毒では、意識消失、呼吸麻痺などがみられる。
(4) 塩化ビニルによる慢性中毒では、気管支炎、歯牙酸蝕症などがみられる。
(5) 弗化水素による慢性中毒では、骨の硬化、斑状歯などがみられる。

問18

呼吸用保護具に関する次の記述のうち、誤っているものはどれか。

(1) 有機ガス用防毒マスクの吸収缶の色は黒色であり、一酸化炭素用防毒マスクの吸収缶の色は赤色である。

(2) ガス又は蒸気状の有害物質が粉じんと混在している作業環境中で防毒マスクを使用するときは、防じん機能を有する防毒マスクを選択する。

(3) 酸素濃度18％未満の場所で使用できる呼吸用保護具には、送気マスク、空気呼吸器のほか、電動ファン付き呼吸用保護具がある。

(4) 使い捨て式防じんマスクは、面体ごとに、型式検定合格標章の付されたものを使用する。

(5) 防じんマスクは、面体と顔面との間にタオルなどを当てて着用してはならない。

問19

厚生労働省の「作業環境測定基準」及び「作業環境評価基準」に基づく作業環境測定及びその結果の評価に関する次の記述のうち、正しいものはどれか。

(1) 管理濃度は、有害物質に関する作業環境の状態を単位作業場所の作業環境測定結果から評価するための指標として設定されたものである。

(2) 原材料を反応槽へ投入する場合など、間欠的に有害物質の発散を伴う作業による気中有害物質の最高濃度は、A測定の結果により評価される。

(3) 単位作業場所における気中有害物質濃度の平均的な分布は、B測定の結果により評価される。

(4) A測定の第二評価値及びB測定の測定値がいずれも管理濃度に満たない単位作業場所は、第一管理区分になる。

(5) B測定の測定値が管理濃度を超えている単位作業場所は、A測定の結果に関係なく第三管理区分に区分される。

有害化学物質とその生物学的モニタリング指標として用いられる尿中の代謝物等との組合せとして、誤っているものは次のうちどれか。

(1) 鉛……………………………………………… デルタアミノレブリン酸
(2) スチレン………………………………………… メチルホルムアミド
(3) トルエン………………………………………… 馬尿酸
(4) ノルマルヘキサン……………………………… 2,5 - ヘキサンジオン
(5) トリクロロエチレン…………………………… トリクロロ酢酸

関係法令（有害業務に係るもの以外のもの）

問 21

衛生管理者の職務又は業務として、法令上、定められていないものは次のうちどれか。

ただし、次のそれぞれの業務は衛生に関する技術的事項に限るものとする。

(1) 健康診断の実施その他健康の保持増進のための措置に関すること。
(2) 労働災害の原因の調査及び再発防止対策に関すること。
(3) 安全衛生に関する方針の表明に関すること。
(4) 少なくとも毎週1回作業場等を巡視し、衛生状態に有害のおそれがあるときは、直ちに、労働者の健康障害を防止するため必要な措置を講ずること。
(5) 労働者の健康を確保するため必要があると認めるとき、事業者に対し、労働者の健康管理等について必要な勧告をすること。

問 22

産業医に関する次の記述のうち、法令上、誤っているものはどれか。

(1) 常時使用する労働者数が50人以上の事業場において、厚生労働大臣の指定する者が行う産業医研修の修了者等の所定の要件を備えた医師であっても、当該事業場においてその事業を統括管理する者は、産業医として選任することはできない。
(2) 産業医が、事業者から、毎月1回以上、所定の情報の提供を受けている場合であって、事業者の同意を得ているときは、産業医の作業場等の巡視の頻度を、毎月1回以上から2か月に1回以上にすることができる。
(3) 事業者は、産業医が辞任したとき又は産業医を解任したときは、遅滞なく、その旨及びその理由を衛生委員会又は安全衛生委員会に報告しなければならない。
(4) 事業者は、産業医が旅行、疾病、事故その他やむを得ない事由によって職務を行うことができないときは、代理者を選任しなければならない。
(5) 事業者が産業医に付与すべき権限には、労働者の健康管理等を実施するために必要な情報を労働者から収集することが含まれる。

問23

労働安全衛生規則に規定されている医師による健康診断について、法令に違反しているものは次のうちどれか。

(1) 雇入時の健康診断において、医師による健康診断を受けた後、3か月を経過しない者がその健康診断結果を証明する書面を提出したときは、その健康診断の項目に相当する項目を省略している。

(2) 雇入時の健康診断の項目のうち、聴力の検査は、35歳及び40歳の者並びに45歳以上の者に対しては、1,000Hz及び4,000Hzの音について行っているが、その他の年齢の者に対しては、医師が適当と認めるその他の方法により行っている。

(3) 海外に6か月以上派遣して帰国した労働者について、国内の業務に就かせるとき、一時的な就業の場合を除いて、海外派遣労働者健康診断を行っている。

(4) 常時50人の労働者を使用する事業場において、雇入時の健康診断の結果について、所轄労働基準監督署長に報告を行っていない。

(5) 常時40人の労働者を使用する事業場において、定期健康診断の結果について、所轄労働基準監督署長に報告を行っていない。

問24

労働安全衛生法に基づく心理的な負担の程度を把握するための検査(以下「ストレスチェック」という。)の結果に基づき実施する医師による面接指導に関する次の記述のうち、正しいものはどれか。

(1) 面接指導を行う医師として事業者が指名できる医師は、当該事業場の産業医に限られる。

(2) 面接指導の結果は、健康診断個人票に記載しなければならない。

(3) 事業者は、ストレスチェックの結果、心理的な負担の程度が高い労働者であって、面接指導を受ける必要があると当該ストレスチェックを行った医師等が認めたものが面接指導を受けることを希望する旨を申し出たときは、当該申出をした労働者に対し、面接指導を行わなければならない。

(4) 事業者は、面接指導の対象となる要件に該当する労働者から申出があったときは、申出の日から3か月以内に、面接指導を行わなければならない。

(5) 事業者は、面接指導の結果に基づき、当該労働者の健康を保持するため必

要な措置について、面接指導が行われた日から３か月以内に、医師の意見を
聴かなければならない。

問25

　ある屋内作業場の床面から４ｍをこえない部分の容積が150m^{3}であり、か
つ、このうちの設備の占める分の容積が55m^{3}であるとき、法令上、常時就業
させることのできる最大の労働者数は次のうちどれか。

(1)　4人
(2)　9人
(3)　10人
(4)　15人
(5)　19人

問26

　労働基準法における労働時間等に関する次の記述のうち、正しいものはどれ
か。
　ただし、労使協定とは、「労働者の過半数で組織する労働組合（その労働組
合がない場合は労働者の過半数を代表する者）と使用者との書面による協定」
をいうものとする。

(1)　１日８時間を超えて労働させることができるのは、時間外労働の労使協定
　　を締結し、これを所轄労働基準監督署長に届け出た場合に限られている。
(2)　労働時間に関する規定の適用については、事業場を異にする場合は労働時
　　間を通算しない。
(3)　所定労働時間が７時間30分である事業場において、延長する労働時間が
　　１時間であるときは、少なくとも45分の休憩時間を労働時間の途中に与え
　　なければならない。
(4)　監視又は断続的労働に従事する労働者であって、所轄労働基準監督署長の
　　許可を受けたものについては、労働時間、休憩及び休日に関する規定は適用
　　されない。
(5)　フレックスタイム制の清算期間は、６か月以内の期間に限られる。

問27

労働基準法に定める育児時間に関する次の記述のうち、誤っているものはどれか。

(1) 生後満1年を超え、満2年に達しない生児を育てる女性労働者は、育児時間を請求することができる。
(2) 育児時間は、必ずしも有給としなくてもよい。
(3) 育児時間は、1日2回、1回当たり少なくとも30分の時間を請求することができる。
(4) 育児時間を請求しない女性労働者に対しては、育児時間を与えなくてもよい。
(5) 育児時間は、育児時間を請求できる女性労働者が請求する時間に与えなければならない。

労働衛生（有害業務に係るもの以外のもの）

問28

　厚生労働省の「労働者の心の健康の保持増進のための指針」に基づくメンタルヘルスケアの実施に関する次の記述のうち、適切でないものはどれか。

(1) 心の健康については、客観的な測定方法が十分確立しておらず、また、心の健康問題の発生過程には個人差が大きく、そのプロセスの把握が難しいという特性がある。

(2) 心の健康づくり計画の実施に当たっては、メンタルヘルス不調を早期に発見する「一次予防」、適切な措置を行う「二次予防」及びメンタルヘルス不調となった労働者の職場復帰支援を行う「三次予防」が円滑に行われるようにする必要がある。

(3) 労働者の心の健康は、職場配置、人事異動、職場の組織などの要因によって影響を受けるため、メンタルヘルスケアは、人事労務管理と連携しなければ、適切に進まない場合が多いことに留意する。

(4) 労働者の心の健康は、職場のストレス要因のみならず、家庭・個人生活などの職場外のストレス要因の影響を受けている場合も多いことに留意する。

(5) メンタルヘルスケアを推進するに当たって、労働者の個人情報を主治医等の医療職や家族から取得する際には、あらかじめこれらの情報を取得する目的を労働者に明らかにして承諾を得るとともに、これらの情報は労働者本人から提出を受けることが望ましい。

令和3年4月公表試験問題

問29

　労働者の健康保持増進のために行う健康測定における運動機能検査の項目とその測定種目との組合せとして、誤っているものは次のうちどれか。

(1) 筋力……………………… 握力
(2) 柔軟性…………………… 上体起こし
(3) 平衡性…………………… 閉眼（又は開眼）片足立ち
(4) 敏しょう性……………… 全身反応時間
(5) 全身持久性……………… 最大酸素摂取量

問30 法改正

厚生労働省の「情報機器作業における労働衛生管理のためのガイドライン」に関する次の記述のうち、適切でないものはどれか。

(1) ディスプレイの画面の明るさ、書類及びキーボード面における明るさと周辺の明るさの差はなるべく小さくする。
(2) ディスプレイを用いる場合の書類上及びキーボード上における照度は、300ルクス以上となるようにしている。
(3) ディスプレイ画面の位置、前後の傾き、左右の向き等を調整してグレアを防止している。
(4) ディスプレイは、おおむね30cm以内の視距離が確保できるようにし、画面の上端を眼の高さよりもやや下になるように設置している。
(5) 1日の情報機器作業の作業時間が4時間未満である労働者については、自覚症状を訴える者についてのみ、情報機器作業に係る定期健康診断の対象としている。

問31 法改正

出血及び止血法並びにその救急処置に関する次の記述のうち、誤っているものはどれか。

(1) 体内の全血液量は、体重の約13分の1で、その約3分の1を短時間に失うと生命が危険な状態となる。
(2) 傷口が泥で汚れているときは、手際良く水道水で洗い流す。
(3) 止血法には、直接圧迫法、間接圧迫法などがあるが、一般人が行う応急手当としては直接圧迫法が推奨されている。
(4) 毛細血管性出血は、浅い切り傷のときにみられ、傷口からゆっくり持続的に湧き出るような出血である。
(5) 止血帯を施したときは、救急隊が到着するまで止血帯を緩めないようにする。

問32

一次救命処置に関する次の記述のうち、誤っているものはどれか。

(1) 傷病者に普段どおりの呼吸を認める時は、傷病者の呼吸状態の観察を続けつつ、救急隊の到着を待つ。可能な場合は傷病者を側臥位回復体位としてもよい。

(2) 訓練を受けていない救助者や訓練を受けていても人工呼吸の技術や意思がない場合は、胸骨圧迫のみの心肺蘇生法を行う。

(3) 口対口人工呼吸は、傷病者の鼻をつまみ、1回の吹き込みに3秒以上かけて傷病者の胸の上がりを確認できる程度まで吹き込む。

(4) 胸骨圧迫は、胸が約5cm沈む強さで、1分間に100〜120回のテンポで行う。

(5) AED（自動体外式除細動器）による心電図の自動解析の結果、「ショックは不要です」などのメッセージが流れた場合には、すぐに胸骨圧迫を再開し心肺蘇生を続ける。

問33

細菌性食中毒に関する次の記述のうち、誤っているものはどれか。

(1) サルモネラ菌による食中毒は、食品に付着した菌が食品中で増殖した際に生じる毒素により発症する。

(2) ボツリヌス菌による毒素は、神経毒である。

(3) 黄色ブドウ球菌による毒素は、熱に強い。

(4) 腸炎ビブリオ菌は、病原性好塩菌ともいわれる。

(5) セレウス菌及びカンピロバクターは、いずれも細菌性食中毒の原因菌である。

　厚生労働省の「職場における腰痛予防対策指針」に基づく、重量物取扱い作業における腰痛予防対策に関する次の記述のうち、誤っているものはどれか。

(1) 労働者全員に腰部保護ベルトを使用させる。

(2) 取り扱う物の重量をできるだけ明示し、著しく重心の偏っている荷物は、その旨を明示する。

(3) 重量物を取り扱うときは、急激な身体の移動をなくし、前屈やひねり等の不自然な姿勢はとらず、かつ、身体の重心の移動を少なくする等、できるだけ腰部に負担をかけない姿勢で行う。

(4) 重量物を持ち上げるときには、できるだけ身体を対象物に近づけ、重心を低くするような姿勢をとる。

(5) 重量物取扱い作業に常時従事する労働者に対しては、当該作業に配置する際及びその後6か月以内ごとに1回、定期に、医師による腰痛の健康診断を行う。

問35

神経系に関する次の記述のうち、誤っているものはどれか。

(1) 神経系を構成する基本的な単位である神経細胞は、通常、1個の細胞体、1本の軸索及び複数の樹状突起から成り、ニューロンともいわれる。

(2) 体性神経は、運動及び感覚に関与し、自律神経は、呼吸、循環などに関与する。

(3) 大脳の皮質は、神経細胞の細胞体が集まっている灰白質で、感覚、思考などの作用を支配する中枢として機能する。

(4) 交感神経系と副交感神経系は、各種臓器において双方の神経線維が分布し、相反する作用を有している。

(5) 交感神経系は、身体の機能をより活動的に調節する働きがあり、心拍数を増加させたり、消化管の運動を亢進する。

問36

肝臓の機能として、誤っているものは次のうちどれか。

(1) コレステロールの合成

(2) 尿素の合成

(3) ビリルビンの分解

(4) 胆汁の生成

(5) グリコーゲンの合成及び分解

問37

睡眠などに関する次の記述のうち、誤っているものはどれか。

(1) 睡眠は、睡眠中の目の動きなどによって、レム睡眠とノンレム睡眠に分類される。

(2) 甲状腺ホルモンは、夜間に分泌が上昇するホルモンで、睡眠と覚醒のリズムの調節に関与している。

(3) 睡眠と食事は深く関係しているため、就寝直前の過食は、肥満のほか不眠を招くことになる。

(4) 夜間に働いた後の昼間に睡眠する場合は、一般に、就寝から入眠までの時間が長くなり、睡眠時間が短縮し、睡眠の質も低下する。

(5) 睡眠中には、体温の低下、心拍数の減少などがみられる。

問38

消化器系に関する次の記述のうち、誤っているものはどれか。

(1) 三大栄養素のうち糖質はブドウ糖などに、蛋白質はアミノ酸に、脂肪は脂肪酸とエチレングリコールに、酵素により分解されて吸収される。

(2) 無機塩、ビタミン類は、酵素による分解を受けないでそのまま吸収される。

(3) 吸収された栄養分は、血液やリンパによって組織に運搬されてエネルギー源などとして利用される。

(4) 胃は、塩酸やペプシノーゲンを分泌して消化を助けるが、水分の吸収はほとんど行わない。

(5) 小腸は、胃に続く全長6～7mの管状の器官で、十二指腸、空腸及び回腸に分けられる。

問39

腎臓又は尿に関する次のAからDの記述について、誤っているものの組合せは(1)～(5)のうちどれか。

A　ネフロン（腎単位）は、尿を生成する単位構造で、1個の腎小体とそれに続く1本の尿細管から成り、1個の腎臓中に約100万個ある。

B　尿の約95％は水分で、約5％が固形物であるが、その成分は全身の健康状態をよく反映するので、尿検査は健康診断などで広く行われている。

C　腎機能が正常な場合、糖はボウマン嚢中に濾し出されないので、尿中には排出されない。

D　腎機能が正常な場合、大部分の蛋白質はボウマン嚢中に濾し出されるが、尿細管でほぼ100％再吸収されるので、尿中にはほとんど排出されない。

(1) A，B
(2) A，C
(3) A，D
(4) B，C
(5) C，D

問40

血液に関する次の記述のうち、正しいものはどれか。

(1) 血漿中の蛋白質のうち、アルブミンは血液の浸透圧の維持に関与している。

(2) 血漿中の水溶性蛋白質であるフィブリンがフィブリノーゲンに変化する現象が、血液の凝集反応である。

(3) 赤血球は、損傷部位から血管外に出ると、血液凝固を促進させる物質を放出する。

(4) 血液中に占める白血球の容積の割合をヘマトクリットといい、感染や炎症があると増加する。

(5) 血小板は、体内に侵入してきた細菌やウイルスを貪食する働きがある。

問41

感覚又は感覚器に関する次の記述のうち、誤っているものはどれか。

(1) 眼軸が短過ぎるために、平行光線が網膜の後方で像を結ぶものを遠視という。

(2) 嗅覚と味覚は化学感覚ともいわれ、物質の化学的性質を認知する感覚である。

(3) 温度感覚は、皮膚のほか口腔などの粘膜にも存在し、一般に冷覚の方が温覚よりも鋭敏である。

(4) 深部感覚は、内臓の動きや炎症などを感じて、内臓痛を認識する感覚である。

(5) 中耳にある鼓室は、耳管によって咽頭に通じており、その内圧は外気圧と等しく保たれている。

問42

抗体に関する次の文中の ___ 内に入れるAからCの語句の組合せとして、適切なものは(1)～(5)のうちどれか。

「抗体とは、体内に入ってきた A に対して B 免疫において作られる C と呼ばれる蛋白質のことで、 A に特異的に結合し、 A の働きを抑える働きがある。」

	A	B	C
(1)	化学物質	体液性	アルブミン
(2)	化学物質	細胞性	免疫グロブリン
(3)	抗原	体液性	アルブミン
(4)	抗原	体液性	免疫グロブリン
(5)	抗原	細胞性	アルブミン

問43

代謝に関する次の記述のうち、正しいものはどれか。

(1) 代謝において、細胞に取り入れられた体脂肪、グリコーゲンなどが分解されてエネルギーを発生し、ATP が合成されることを同化という。

(2) 代謝において、体内に摂取された栄養素が、種々の化学反応によって、ATP に蓄えられたエネルギーを用いて、細胞を構成する蛋白質などの生体に必要な物質に合成されることを異化という。

(3) 基礎代謝は、心臓の拍動、呼吸運動、体温保持などに必要な代謝で、基礎代謝量は、覚醒、横臥、安静時の測定値で表される。

(4) エネルギー代謝率は、一定時間中に体内で消費された酸素と排出された二酸化炭素の容積比で表される。

(5) エネルギー代謝率は、生理的負担だけでなく、精神的及び感覚的な側面をも考慮した作業強度を表す指標としても用いられる。

問44

筋肉に関する次の記述のうち、正しいものはどれか。

(1) 横紋筋は、骨に付着して身体の運動の原動力となる筋肉で意志によって動かすことができるが、平滑筋は、心筋などの内臓に存在する筋肉で意志によって動かすことができない。

(2) 筋肉は神経からの刺激によって収縮するが、神経より疲労しにくい。

(3) 荷物を持ち上げたり、屈伸運動を行うときは、筋肉が長さを変えずに外力に抵抗して筋力を発生させる等尺性収縮が生じている。

(4) 強い力を必要とする運動を続けていると、筋肉を構成する個々の筋線維の太さは変わらないが、その数が増えることによって筋肉が太くなり筋力が増強する。

(5) 筋肉自体が収縮して出す最大筋力は、筋肉の断面積 1 cm^2 当たりの平均値をとると、性差や年齢差がほとんどない。

令和2年10月 公表試験問題

問題数	**44問（五肢択一式）**
試験時間	**3時間**
合格基準	**各科目4割以上かつ合計6割以上の得点**

解答にあたっての注意事項

・次の各問について答えを1つ選び、その番号を解答用紙にマークしてください。

・特例による受験者の試験時間は2時間で、試験問題は問1〜問20です。

・「労働生理」の免除者の試験時間は2時間15分で、試験問題は問1〜問34です。

解答・解説は、別冊138〜159ページを参照してください。

問1

　常時800人の労働者を使用する製造業の事業場における衛生管理体制に関する(1)〜(5)の記述のうち、法令上、誤っているものはどれか。

　ただし、800人中には、製造工程において次の業務に常時従事する者が含まれているが、他に有害業務に従事している者はいないものとし、衛生管理者及び産業医の選任の特例はないものとする。

　鉛の粉じんを発散する場所における業務……………… 30人
　深夜業を含む業務………………………………………… 300人

(1) 衛生管理者は、3人以上選任しなければならない。
(2) 衛生管理者のうち1人については、この事業場に専属ではない労働衛生コンサルタントのうちから選任することができる。
(3) 衛生管理者のうち1人を、衛生工学衛生管理者免許を有する者のうちから選任しなければならない。
(4) 衛生管理者のうち少なくとも1人を、専任の衛生管理者としなければならない。
(5) 産業医は、この事業場に専属の者を選任しなければならない。

問2

　次の業務のうち、労働者を就かせるとき、法令に基づく安全又は衛生のための特別の教育を行わなければならないものはどれか。

(1) チェーンソーを用いて行う造材の業務
(2) エックス線回折装置を用いて行う分析の業務
(3) 特定化学物質を用いて行う分析の業務
(4) 有機溶剤等を入れたことがあるタンクの内部における業務
(5) 鉛ライニングの業務

問3

次の作業を行うとき、法令上、作業主任者の選任が義務付けられているものはどれか。

(1) 強烈な騒音を発する場所における作業
(2) 製造工程において硝酸を用いて行う洗浄の作業
(3) レーザー光線による金属加工の作業
(4) 試験研究業務として塩素を取り扱う作業
(5) 潜水器を用いボンベからの給気を受けて行う潜水作業

問4

次の特定化学物質を製造しようとするとき、厚生労働大臣の許可を必要としないものはどれか。

(1) エチレンオキシド
(2) ベンゾトリクロリド
(3) ジアニシジン及びその塩
(4) ベリリウム及びその化合物
(5) アルファ-ナフチルアミン及びその塩

問5

厚生労働大臣が定める規格を具備しなければ、譲渡し、貸与し、又は設置してはならない機械等に該当するものは次のうちどれか。

(1) 防振手袋
(2) 化学防護服
(3) 送気マスク
(4) 放射線測定器
(5) 特定エックス線装置

問6 法改正

労働安全衛生規則の衛生基準について、定められていないものは次のうちどれか。

(1) 炭酸ガス（二酸化炭素）濃度が0.15％を超える場所には、関係者以外の者が立ち入ることを禁止し、かつ、その旨を見やすい箇所に表示等しなければならない。
(2) 廃棄物の焼却施設において焼却灰を取り扱う業務（設備の解体等に伴うものを除く。）を行う作業場については、6か月以内ごとに1回、定期に、当該作業場における空気中のダイオキシン類の濃度を測定しなければならない。
(3) 屋内作業場に多量の熱を放散する溶融炉があるときは、加熱された空気を直接屋外に排出し、又はその放射するふく射熱から労働者を保護する措置を講じなければならない。
(4) 多量の低温物体を取り扱う場所には、関係者以外の者が立ち入ることを禁止し、かつ、その旨を見やすい箇所に表示等しなければならない。
(5) 著しく暑熱又は多湿の作業場においては、坑内等特殊な作業場でやむを得ない事由がある場合を除き、休憩の設備を作業場外に設けなければならない。

問 7

酸素欠乏症等防止規則に関する次の記述のうち、誤っているものはどれか。

(1) し尿を入れたことのあるポンプを修理する場合で、これを分解する作業に労働者を従事させるときは、指揮者を選任し、作業を指揮させなければならない。

(2) 汚水を入れたことのあるピットの内部における清掃作業の業務に労働者を就かせるときは、第一種酸素欠乏危険作業に係る特別の教育を行わなければならない。

(3) 爆発、酸化等を防止するため、酸素欠乏危険作業を行う場所の換気を行うことができない場合には、空気呼吸器、酸素呼吸器又は送気マスクを備え、労働者に使用させなければならない。

(4) タンクの内部その他通風が不十分な場所において、アルゴン等を使用して行う溶接の作業に労働者を従事させるときは、作業を行う場所の空気中の酸素の濃度を18％以上に保つように換気し、又は労働者に空気呼吸器、酸素呼吸器若しくは送気マスクを使用させなければならない。

(5) 第一種酸素欠乏危険作業を行う作業場については、その日の作業を開始する前に、当該作業場における空気中の酸素濃度を測定しなければならない。

問 8

有害業務を行う作業場等について、法令に基づき定期に行う作業環境測定とその測定頻度との組合せとして、誤っているものは次のうちどれか。

(1) 放射性物質取扱作業室における空気中の放射性物質の濃度の測定
……………………………………… 1か月以内ごとに1回

(2) 多量のドライアイスを取り扱う業務を行う屋内作業場における気温及び湿度の測定……………………………………… 2か月以内ごとに1回

(3) 通気設備が設けられている坑内の作業場における通気量の測定
……………………………………… 半月以内ごとに1回

(4) 特定粉じん作業を常時行う屋内作業場における空気中の粉じんの濃度の測定……………………………………… 6か月以内ごとに1回

(5) 鉛ライニングの業務を行う屋内作業場における空気中の鉛の濃度の測定
……………………………………… 1年以内ごとに1回

問9

有機溶剤業務を行う場合等の措置について、有機溶剤中毒予防規則に違反しているものは次のうちどれか。

ただし、同規則に定める適用除外及び設備の特例はないものとする。

(1) 屋内作業場で、第二種有機溶剤等が付着している物の乾燥の業務に労働者を従事させるとき、その作業場所の空気清浄装置を設けていない局所排気装置の排気口で、厚生労働大臣が定める濃度以上の有機溶剤を排出するものの高さを、屋根から2mとしている。

(2) 第三種有機溶剤等を用いて払しょくの業務を行う屋内作業場について、定期に、当該有機溶剤の濃度を測定していない。

(3) 有機溶剤業務に常時従事する労働者に対し、1年以内ごとに1回、定期に、有機溶剤等健康診断を行っている。

(4) 屋内作業場で、第二種有機溶剤等を用いる試験の業務に労働者を従事させるとき、有機溶剤作業主任者を選任していない。

(5) 有機溶剤等を入れてあった空容器で有機溶剤の蒸気が発散するおそれのあるものを、屋外の一定の場所に集積している。

問10

労働基準法に基づき、全ての女性労働者について、就業が禁止されている業務は次のうちどれか。

(1) 異常気圧下における業務

(2) 多量の高熱物体を取り扱う業務

(3) 20kgの重量物を継続作業として取り扱う業務

(4) さく岩機、鋲打機等身体に著しい振動を与える機械器具を用いて行う業務

(5) 病原体によって著しく汚染のおそれのある業務

問11 法改正

　厚生労働省の「化学物質等による危険性又は有害性等の調査等に関する指針」において示されているリスクアセスメント対象物による疾病に係るリスクを見積もる方法として、適切でないものは次のうちどれか。

(1) 発生可能性及び重篤度を相対的に尺度化し、それらを縦軸と横軸として、あらかじめ発生可能性及び重篤度に応じてリスクが割り付けられた表を使用する方法

(2) 発生可能性及び重篤度を一定の尺度によりそれぞれ数値化し、それらを加算又は乗算等する方法

(3) 発生可能性及び重篤度を段階的に分岐していく方法

(4) 対象のリスクアセスメント対象物への労働者のばく露の程度及び当該物質による有害性を相対的に尺度化し、それらを縦軸と横軸とし、あらかじめばく露の程度及び有害性の程度に応じてリスクが割り付けられた表を使用する方法

(5) 調査の対象としたリスクアセスメント対象物への労働者の個人ばく露濃度を測定し、測定結果を厚生労働省の「作業環境評価基準」に示されている当該物質の管理濃度と比較する方法

問12

厚生労働省の「作業環境測定基準」及び「作業環境評価基準」に基づく作業環境測定及びその結果の評価に関する次の記述のうち、正しいものはどれか。

(1) 管理濃度は、有害物質に関する作業環境の状態を単位作業場所の作業環境測定結果から評価するための指標として設定されたものである。

(2) A測定は、原材料を反応槽へ投入する場合など、間欠的に大量の有害物質の発散を伴う作業における最高濃度を知るために行う測定である。

(3) B測定は、単位作業場所における気中有害物質濃度の平均的な分布を知るために行う測定である。

(4) A測定の第二評価値及びB測定の測定値がいずれも管理濃度に満たない単位作業場所は、第一管理区分となる。

(5) B測定の測定値が管理濃度を超えている単位作業場所の管理区分は、A測定の結果に関係なく第三管理区分となる。

問13

化学物質とその常温・常圧（25℃、1気圧）の空気中における状態との組合せとして、誤っているものは次のうちどれか。

ただし、「ガス」とは、常温・常圧で気体のものをいい、「蒸気」とは、常温・常圧で液体又は固体の物質が蒸気圧に応じて揮発又は昇華して気体となっているものをいうものとする。

(1) ホルムアルデヒド……………… ガス
(2) 塩化ビニル…………………… ガス
(3) 二硫化炭素…………………… 蒸気
(4) 二酸化硫黄…………………… 蒸気
(5) アクリロニトリル……………… 蒸気

問14

粉じんによる健康障害に関する次の記述のうち、誤っているものはどれか。

(1) じん肺は、粉じんを吸入することによって肺に生じた線維増殖性変化を主体とする疾病である。
(2) じん肺の自覚症状は、初期にはあまりみられないが、進行すると咳、痰、呼吸困難などがみられる。
(3) じん肺の合併症には、間質性肺炎、慢性閉塞性肺疾患（COPD）などがある。
(4) 石綿粉じんは、肺がん、胸膜中皮腫などの重篤な疾病を起こすおそれがある。
(5) 米杉、ラワンなどの木材粉じんは、ぜんそくを起こすことがある。

問15

有害化学物質とその生物学的モニタリング指標として用いられる尿中の代謝物等との組合せとして、誤っているものは次のうちどれか。

(1) 鉛……………………………… デルタ - アミノレブリン酸
(2) スチレン……………………… 馬尿酸
(3) キシレン……………………… メチル馬尿酸
(4) ノルマルヘキサン……………… 2,5 - ヘキサンジオン
(5) トリクロロエチレン…………… トリクロロ酢酸

問16

作業環境における有害要因による健康障害に関する次の記述のうち、誤っているものはどれか。

(1) 窒素ガスで置換したタンク内の空気など、ほとんど無酸素状態の空気を吸入すると徐々に窒息の状態になり、この状態が5分程度継続すると呼吸停止する。

(2) 減圧症は、潜函作業者、潜水作業者などに発症するもので、高圧下作業からの減圧に伴い、血液中や組織中に溶け込んでいた窒素の気泡化が関与して発生し、皮膚のかゆみ、関節痛、神経の麻痺などの症状がみられる。

(3) 金属熱は、金属の溶融作業などで亜鉛、銅などの金属の酸化物のヒュームを吸入することにより発生し、悪寒、発熱、関節痛などの症状がみられる。

(4) 電離放射線による中枢神経系障害は、確定的影響に分類され、被ばく線量がしきい値を超えると重篤度が線量の増加に応じて増加する。

(5) 振動障害は、チェーンソー、削岩機などの振動工具によって生じる障害で、手のしびれなどの末梢神経障害やレイノー現象などの末梢循環障害がみられる。

問17

化学物質による健康障害に関する次の記述のうち、誤っているものはどれか。

(1) 硫化水素による中毒では、意識消失、呼吸麻痺などがみられる。

(2) ノルマルヘキサンによる健康障害では、末梢神経障害などがみられる。

(3) N,N-ジメチルホルムアミドによる健康障害では、頭痛、肝機能障害などがみられる。

(4) 弗化水素による健康障害では、貧血、溶血、メトヘモグロビン形成によるチアノーゼなどがみられる。

(5) ベンゼンによる健康障害では、再生不良性貧血、白血病などがみられる。

問18

有機溶剤の人体に対する影響に関する次の記述のうち、誤っているものはどれか。

(1) 脂溶性があり、脂肪の多い脳などに入りやすい。
(2) 高濃度ばく露による急性中毒では、中枢神経系抑制作用により酩酊状態をきたし、重篤な場合は死に至る。
(3) 低濃度の繰り返しばく露による慢性中毒では、頭痛、めまい、記憶力減退、不眠などの不定愁訴がみられる。
(4) 皮膚や粘膜に対する症状には、黒皮症、鼻中隔穿孔などがある。
(5) 一部の有機溶剤は、肝機能障害や腎機能障害を起こす。

問19

局所排気装置に関する次の記述のうち、正しいものはどれか。

(1) ダクトの形状には円形、角形などがあるが、その断面積を大きくするほど、ダクトの圧力損失が増大する。
(2) フード開口部の周囲にフランジがあると、フランジがないときに比べ、気流の整流作用が増し、大きな排風量が必要となる。
(3) ドラフトチェンバ型フードは、発生源からの飛散速度を利用して捕捉するもので、外付け式フードに分類される。
(4) 建築ブース型フードは、作業面を除き周りが覆われているもので、囲い式フードに分類される。
(5) ダクトは、曲がり部分をできるだけ少なくするように配管し、主ダクトと枝ダクトとの合流角度は60°を超えないようにする。

問20

金属による健康障害に関する次の記述のうち、誤っているものはどれか。

(1) カドミウム中毒では、上気道炎、肺炎、腎機能障害などがみられる。

(2) 鉛中毒では、貧血、末梢神経障害、腹部の疝痛などがみられる。

(3) マンガン中毒では、筋のこわばり、ふるえ、歩行困難などのパーキンソン病に似た症状がみられる。

(4) ベリリウム中毒では、溶血性貧血、尿の赤色化などの症状がみられる。

(5) クロム中毒では、肺がん、上気道がんなどがみられる。

問21

　事業者が衛生管理者に管理させるべき業務として、法令上、誤っているものは次のうちどれか。

　ただし、次のそれぞれの業務のうち衛生に係る技術的事項に限るものとする。

(1) 安全衛生に関する方針の表明に関すること。

(2) 労働者の健康管理等について、事業者に対して行う必要な勧告に関すること。

(3) 安全衛生に関する計画の作成、実施、評価及び改善に関すること。

(4) 労働災害の原因の調査及び再発防止対策に関すること。

(5) 健康診断の実施その他健康の保持増進のための措置に関すること。

労働安全衛生規則に基づく医師による健康診断について、法令に違反しているものは次のうちどれか。

(1) 雇入時の健康診断において、医師による健康診断を受けた後3か月を経過しない者が、その健康診断結果を証明する書面を提出したときは、その健康診断の項目に相当する項目を省略している。

(2) 雇入時の健康診断の項目のうち、聴力の検査は、35歳及び40歳の者並びに45歳以上の者に対しては、1,000Hz及び4,000Hzの音について行っているが、その他の者に対しては、医師が適当と認めるその他の方法により行っている。

(3) 深夜業を含む業務に常時従事する労働者に対し、6か月以内ごとに1回、定期に、健康診断を行っているが、胸部エックス線検査については、1年以内ごとに1回、定期に、行っている。

(4) 事業場において実施した定期健康診断の結果、健康診断項目に異常所見があると診断された労働者については、健康を保持するために必要な措置について、健康診断が行われた日から3か月以内に、医師から意見聴取を行っている。

(5) 常時50人の労働者を使用する事業場において、定期健康診断の結果については、遅滞なく、所轄労働基準監督署長に報告を行っているが、雇入時の健康診断の結果については報告を行っていない。

衛生委員会に関する次の記述のうち、法令上、正しいものはどれか。

(1) 衛生委員会の議長は、衛生管理者である委員のうちから、事業者が指名しなければならない。

(2) 衛生委員会の議長を除く全委員は、事業場に労働者の過半数で組織する労働組合がないときは、労働者の過半数を代表する者の推薦に基づき指名しなければならない。

(3) 衛生管理者として選任しているが事業場に専属ではない労働衛生コンサルタントを、衛生委員会の委員として指名することはできない。

(4) 当該事業場の労働者で、衛生に関し経験を有するものを衛生委員会の委員

として指名することができる。

(5) 作業環境測定を作業環境測定機関に委託している場合、衛生委員会の委員として、当該機関に所属する作業環境測定士を指名しなければならない。

問24

　労働安全衛生法に基づく心理的な負担の程度を把握するための検査（以下「ストレスチェック」という。）の結果に基づき実施する面接指導に関する次の記述のうち、正しいものはどれか。

(1) 面接指導を行う医師として、当該事業場の産業医を指名しなければならない。

(2) 面接指導の結果は、健康診断個人票に記載しなければならない。

(3) 労働者に対するストレスチェックの事項は、「職場における当該労働者の心理的な負担の原因」、「当該労働者の心理的な負担による心身の自覚症状」及び「職場における他の労働者による当該労働者への支援」に関する項目である。

(4) 面接指導の対象となる要件に該当する労働者から申出があったときは、申出の日から3か月以内に、面接指導を行わなければならない。

(5) ストレスチェックと面接指導の実施状況について、面接指導を受けた労働者数が50人以上の場合に限り、労働基準監督署長へ報告しなければならない。

問25

事業場の建築物、施設等に関する措置について、労働安全衛生規則の衛生基準に違反しているものは次のうちどれか。

(1) 常時50人の労働者を就業させている屋内作業場の気積が、設備の占める容積及び床面から4mを超える高さにある空間を除き400m³となっている。

(2) ねずみ、昆虫等の発生場所、生息場所及び侵入経路並びにねずみ、昆虫等による被害の状況について、6か月以内ごとに1回、定期に、統一的に調査を実施し、その調査結果に基づき、必要な措置を講じている。

(3) 常時男性5人と女性25人の労働者が就業している事業場で、女性用の臥床できる休養室を設けているが、男性用には、休養室の代わりに休憩設備を利用させている。

(4) 事業場に附属する食堂の床面積を、食事の際の1人について、1.1m²となるようにしている。

(5) 労働者を常時就業させる場所の作業面の照度を、一般的な事務作業については750ルクス、付随的な事務作業については200ルクスとしている。

問26

労働基準法における労働時間等に関する次の記述のうち、正しいものはどれか。

ただし、労使協定とは、「労働者の過半数で組織する労働組合（その労働組合がない場合は労働者の過半数を代表する者）と使用者との書面による協定」をいうものとする。

(1) 1日8時間を超えて労働させることができるのは、時間外労働の労使協定を締結し、これを所轄労働基準監督署長に届け出た場合に限られている。

(2) 労働時間に関する規定の適用については、事業場を異にする場合は労働時間を通算しない。

(3) 所定労働時間が7時間30分である事業場において、延長する労働時間が1時間であるときは、少なくとも45分の休憩時間を労働時間の途中に与えなければならない。

(4) 監視又は断続的労働に従事する労働者であって、所轄労働基準監督署長の許可を受けたものについては、労働時間、休憩及び休日に関する規定は適用

されない。

(5) フレックスタイム制の清算期間は、6か月以内の期間に限られる。

問27

　労働基準法に定める育児時間に関する次の記述のうち、誤っているものはどれか。

(1) 生後満1年を超え、満2年に達しない生児を育てる女性労働者は、育児時間を請求することができる。
(2) 育児時間は、必ずしも有給としなくてもよい。
(3) 育児時間は、1日2回、1回当たり少なくとも30分の時間を請求することができる。
(4) 育児時間を請求しない女性労働者に対しては、育児時間を与えなくてもよい。
(5) 育児時間中は、育児時間を請求した女性労働者を使用してはならない。

問28

　厚生労働省の「労働者の心の健康の保持増進のための指針」に基づくメンタルヘルスケアの実施に関する次の記述のうち、適切でないものはどれか。

(1) 心の健康については、客観的な測定方法が十分確立しておらず、また、心の健康問題の発生過程には個人差が大きく、そのプロセスの把握が難しいという特性がある。

(2) 心の健康づくり計画の実施に当たっては、メンタルヘルス不調を早期に発見する「一次予防」、適切な措置を行う「二次予防」及びメンタルヘルス不調となった労働者の職場復帰支援を行う「三次予防」が円滑に行われるようにする必要がある。

(3) 労働者の心の健康は、職場配置、人事異動、職場の組織などの要因によって影響を受けるため、メンタルヘルスケアは、人事労務管理と連携しなければ、適切に進まない場合が多いことに留意する。

(4) 「セルフケア」、「ラインによるケア」、「事業場内産業保健スタッフ等によるケア」及び「事業場外資源によるケア」の四つのケアを継続的かつ計画的に行う。

(5) メンタルヘルスケアを推進するに当たって、労働者の個人情報を主治医等の医療職や家族から取得する際には、あらかじめこれらの情報を取得する目的を労働者に明らかにして承諾を得るとともに、これらの情報は労働者本人から提出を受けることが望ましい。

問29

メタボリックシンドローム診断基準に関する次の文中の＿＿＿＿内に入れるA
からCの語句又は数値の組合せとして、正しいものは(1)〜(5)のうちどれか。

「日本人のメタボリックシンドローム診断基準で、腹部肥満（＿A＿脂肪の
蓄積）とされるのは、腹囲が男性では＿B＿cm 以上、女性では＿C＿cm
以上の場合である。」

	A	B	C
(1)	内臓	85	90
(2)	内臓	90	85
(3)	皮下	85	90
(4)	皮下	90	85
(5)	体	95	90

問30

厚生労働省の「職場における腰痛予防対策指針」に基づく腰痛予防対策に関
する次の記述のうち、正しいものはどれか。

(1) 腰部保護ベルトは、全員に使用させるようにする。

(2) 重量物取扱い作業の場合、満18歳以上の男子労働者が人力のみで取り扱
う物の重量は、体重のおおむね50％以下となるようにする。

(3) 重量物取扱い作業に常時従事する労働者に対しては、当該作業に配置する
際及びその後1年以内ごとに1回、定期に、医師による腰痛の健康診断を行う。

(4) 立ち作業の場合は、身体を安定に保持するため、床面は弾力性のない硬い
素材とし、クッション性のない作業靴を使用する。

(5) 腰掛け作業の場合の作業姿勢は、椅子に深く腰を掛けて、背もたれで体幹
を支え、履物の足裏全体が床に接する姿勢を基本とする。

問31

虚血性心疾患に関する次の記述のうち、誤っているものはどれか。

(1) 虚血性心疾患は、門脈による心筋への血液の供給が不足したり途絶えることにより起こる心筋障害である。
(2) 虚血性心疾患発症の危険因子には、高血圧、喫煙、脂質異常症などがある。
(3) 虚血性心疾患は、心筋の一部分に可逆的虚血が起こる狭心症と、不可逆的な心筋壊死が起こる心筋梗塞とに大別される。
(4) 心筋梗塞では、突然激しい胸痛が起こり、「締め付けられるように痛い」、「胸が苦しい」などの症状が長時間続き、1時間以上になることもある。
(5) 狭心症の痛みの場所は、心筋梗塞とほぼ同じであるが、その発作が続く時間は、通常数分程度で、長くても15分以内におさまることが多い。

問32

法改正

一次救命処置に関する次の記述のうち、正しいものはどれか。

(1) 呼吸を確認して普段どおりの息（正常な呼吸）ではない場合や約1分近く観察しても判断できない場合は、心肺停止とみなし、胸骨圧迫を開始する。
(2) 心肺蘇生は、胸骨圧迫のみではなく、必ず胸骨圧迫と人工呼吸を組み合わせて行う。
(3) 胸骨圧迫は、胸が約5cm沈む強さで胸骨の下半分を圧迫し、1分間に少なくとも60回のテンポで行う。
(4) 気道が確保されていない状態で人工呼吸を行うと、吹き込んだ息が胃に流入し、胃が膨張して内容物が口の方に逆流し気道閉塞を招くことがある。
(5) 口対口人工呼吸は、傷病者の鼻をつまみ、1回の吹き込みに3秒以上かけて行う。

問 33

食中毒に関する次の記述のうち、誤っているものはどれか。

(1) サルモネラ菌による食中毒は、食品に付着した菌が食品中で増殖した際に生じる毒素により発症する。
(2) ボツリヌス菌による毒素は、神経毒である。
(3) 黄色ブドウ球菌による毒素は、熱に強い。
(4) 腸炎ビブリオ菌は、病原性好塩菌ともいわれる。
(5) ウェルシュ菌、セレウス菌及びカンピロバクターは、いずれも細菌性食中毒の原因菌である。

問 34

出血及び止血法に関する次の記述のうち、誤っているものはどれか。

(1) 体内の全血液量は、体重の13分の1程度で、その約3分の1を短時間に失うと生命が危険な状態となる。
(2) 動脈性出血は、鮮紅色を呈する拍動性の出血で、出血量が多いため、早急に、細いゴムひもなどを止血帯として用いて止血する。
(3) 静脈性出血は、傷口からゆっくり持続的に湧き出るような出血で、通常、直接圧迫法で止血する。
(4) 内出血は、胸腔、腹腔などの体腔内や皮下などの軟部組織への出血で、血液が体外に流出しないものである。
(5) 間接圧迫法は、出血部位より心臓に近い部位の動脈を圧迫する方法で、それぞれの部位の止血点を指で骨に向けて強く圧迫するのがコツである。

令和2年10月公表試験問題

労働生理

問35

次のうち、正常値に男女による差がないとされているものはどれか。

(1) 赤血球数
(2) ヘモグロビン量
(3) 白血球数
(4) 基礎代謝量
(5) ヘマトクリット値

問36

心臓の働きと血液の循環に関する次の記述のうち、誤っているものはどれか。

(1) 心臓の中にある洞結節（洞房結節）で発生した刺激が、刺激伝導系を介して心筋に伝わることにより、心臓は規則正しく収縮と拡張を繰り返す。
(2) 体循環は、左心室から大動脈に入り、毛細血管を経て静脈血となり右心房に戻ってくる血液の循環である。
(3) 肺循環は、右心室から肺静脈を経て肺の毛細血管に入り、肺動脈を通って左心房に戻る血液の循環である。
(4) 心臓の拍動は、自律神経の支配を受けている。
(5) 大動脈及び肺静脈を流れる血液は、酸素に富む動脈血である。

問37

呼吸に関する次の記述のうち、誤っているものはどれか。

(1) 呼吸運動は、横隔膜、肋間筋などの呼吸筋が収縮と弛緩をすることにより行われる。
(2) 胸腔の容積が増し、内圧が低くなるにつれ、鼻腔、気管などの気道を経て肺内へ流れ込む空気が吸気である。
(3) 肺胞内の空気と肺胞を取り巻く毛細血管中の血液との間で行われるガス交換を外呼吸という。
(4) 通常の呼吸の場合の呼気には、酸素が約16％、二酸化炭素が約4％含まれる。
(5) 身体活動時には、血液中の窒素分圧の上昇により呼吸中枢が刺激され、1回換気量及び呼吸数が増加する。

問38   法改正

消化器系に関する次の記述のうち、誤っているものはどれか。

(1) 三大栄養素のうち、糖質はブドウ糖などに、蛋白質はアミノ酸に、脂肪は脂肪酸とモノグリセリドに、酵素により分解され、吸収される。
(2) 無機塩及びビタミン類は、酵素による分解を受けないでそのまま吸収される。
(3) 胆汁はアルカリ性で、蛋白質を分解するトリプシンなどの消化酵素を含んでいる。
(4) 胃は、塩酸やペプシノーゲンを分泌して消化を助けるが、水分の吸収はほとんど行わない。
(5) 吸収された栄養分は、血液やリンパによって組織に運搬されてエネルギー源などとして利用される。

問39

体温調節に関する次の記述のうち、正しいものはどれか。

(1) 寒冷な環境においては、皮膚の血管が拡張して血流量を増し、皮膚温を上昇させる。

(2) 暑熱な環境においては、内臓の血流量が増加し体内の代謝活動が亢進することにより、人体からの熱の放散が促進される。

(3) 体温調節のように、外部環境が変化しても身体内部の状態を一定に保つ生体の仕組みを同調性といい、筋肉と神経系により調整されている。

(4) 体温調節中枢は、小脳にあり、熱の産生と放散とのバランスを維持し体温を一定に保つよう機能している。

(5) 熱の放散は、ふく射（放射）、伝導、蒸発などの物理的な過程で行われ、蒸発によるものには、発汗と不感蒸泄がある。

問40

腎臓又は尿に関する次のAからDの記述について、誤っているものの組合せは(1)～(5)のうちどれか。

A　ネフロン（腎単位）は、尿を生成する単位構造で、1個の腎小体とそれに続く1本の尿細管から成り、1個の腎臓中に約100万個ある。

B　尿の約95％は水分で、約5％が固形物であるが、その成分は全身の健康状態をよく反映するので、尿検査は健康診断などで広く行われている。

C　腎機能が正常な場合、糖はボウマン囊中に濾し出されないので尿中には排出されない。

D　腎機能が正常な場合、大部分の蛋白質はボウマン囊中に濾し出されるが、尿細管でほぼ100％再吸収されるので、尿中にはほとんど排出されない。

(1) A, B

(2) A, C

(3) A, D

(4) B, C

(5) C, D

問41

筋肉に関する次の記述のうち、正しいものはどれか。

(1) 横紋筋は、骨に付着して身体の運動の原動力となる筋肉で意志によって動かすことができるが、平滑筋は、心筋などの内臓に存在する筋肉で意志によって動かすことができない。
(2) 筋肉は神経からの刺激によって収縮するが、神経より疲労しにくい。
(3) 荷物を持ち上げたり、屈伸運動を行うときは、筋肉が長さを変えずに外力に抵抗して筋力を発生させる等尺性収縮が生じている。
(4) 強い力を必要とする運動を続けていると、筋肉を構成する個々の筋線維の太さは変わらないが、その数が増えることによって筋肉が太くなり筋力が増強する。
(5) 筋肉は、収縮しようとする瞬間に最も大きい力を出す。

問42

耳とその機能に関する次の記述のうち、誤っているものはどれか。

(1) 耳は、聴覚と平衡感覚をつかさどる器官で、外耳、中耳及び内耳の三つの部位に分けられる。
(2) 耳介で集められた音は、鼓膜を振動させ、その振動は耳小骨によって増幅され、内耳に伝えられる。
(3) 内耳は、前庭、半規管及び蝸牛の三つの部位からなり、前庭と半規管が平衡感覚、蝸牛が聴覚を分担している。
(4) 前庭は、体の回転の方向や速度を感じ、半規管は、体の傾きの方向や大きさを感じる。
(5) 鼓室は、耳管によって咽頭に通じており、その内圧は外気圧と等しく保たれている。

問 43

睡眠などに関する次の記述のうち、誤っているものはどれか。

(1) 睡眠は、睡眠中の目の動きなどによって、レム睡眠とノンレム睡眠に分類される。
(2) 甲状腺ホルモンは、夜間に分泌が上昇するホルモンで、睡眠と覚醒のリズムの調節に関与している。
(3) 睡眠と食事は深く関係しているため、就寝直前の過食は、肥満のほか不眠を招くことになる。
(4) 夜間に働いた後の昼間に睡眠する場合は、一般に、就寝から入眠までの時間が長くなり、睡眠時間が短縮し、睡眠の質も低下する。
(5) 睡眠中には、体温の低下、心拍数の減少などがみられる。

問 44

ヒトのホルモン、その内分泌器官及びそのはたらきの組合せとして、誤っているものは次のうちどれか。

	ホルモン	内分泌器官	はたらき
(1)	コルチゾール	副腎皮質	血糖量の増加
(2)	アルドステロン	副腎皮質	血中の塩類バランスの調節
(3)	パラソルモン	副腎髄質	血糖量の増加
(4)	インスリン	膵臓	血糖量の減少
(5)	メラトニン	松果体	睡眠の促進

令和6年4月公表試験問題の解説と YouTubeチャンネルのご案内

試験に役立つ情報を掲載していますので、
下記のサイトを学習に役立ててくださいね！

令和6年4月公表試験問題の解説ご提供

本書の特典として、書誌ページにて令和6年4月公表試験問題の解説をPDFにてご提供いたします。2024年6月末掲載予定です。ダウンロードしてご活用ください。なお、試験問題は公益財団法人安全衛生技術試験協会のウェブサイトをご確認ください。

※本特典は予告なく提供を終了する場合があります。あらかじめご了承ください。

https://kdq.jp/bqsur

衛生管理者 KADOKAWA 資格の合格チャンネル

独学者向けの学習サイト「KADOKAWA 資格の合格チャンネル」にて無料で衛生管理者試験対策の講義動画を公開しています。日常の学習用や試験直前対策としてご視聴いただくのがおすすめの活用法です。

https://kdq.jp/75v77

村中　一英（むらなか　かずひで）

社会保険労務士、第1種衛生管理者。社会保険労務士法人ガーディアン代表。

関西学院大学法学部卒業後、国家公務員として勤務。退職後、大手資格スクールにて社労士や公務員受験対策講座の指導に携わる。1991年より社会保険労務士は25年以上、衛生管理者は10年以上の受験指導経験があり、受講者一人ひとりに親身に向き合う研修スタイルが評価を得ている。2001年からは社会保険労務士事務所を開設。労働・社会保険に関する法律に精通し、法改正事項に迅速かつ的確に対応できる強みがある。

著書に『この1冊で合格！村中一英の第1種衛生管理者テキスト＆問題集』『この1冊で合格！村中一英の第2種衛生管理者テキスト＆問題集』（以上、KADOKAWA）などがある。

これで完成！
村中一英の第1種衛生管理者
過去7回本試験問題集 2024年度版

2024年 2 月16日　初版発行
2024年10月25日　再版発行

著者／村中 一英

発行者／山下 直久

発行／株式会社KADOKAWA
〒102-8177　東京都千代田区富士見2-13-3
電話 0570-002-301（ナビダイヤル）

印刷所／株式会社加藤文明社
製本所／株式会社加藤文明社

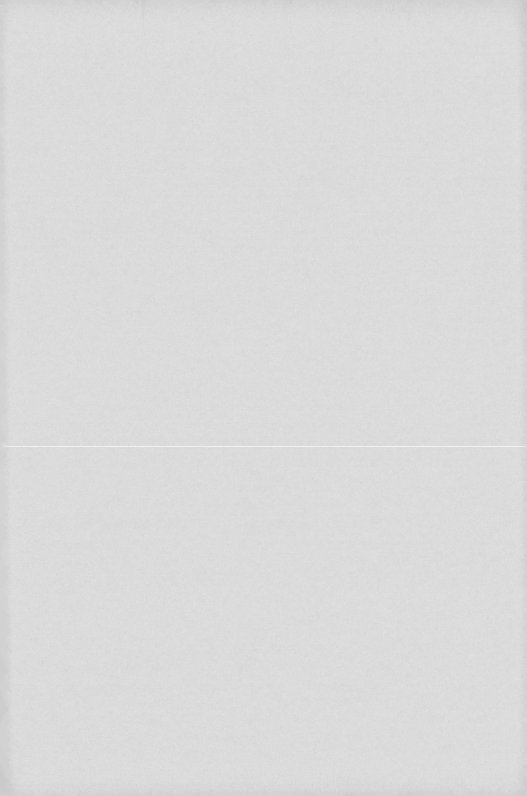

別冊目次

毎回似た問題が出るから、
しっかり復習すれば
合格に近づくよ！

- 本書は令和6年1月現在施行の法律等に基づき、解説を行っています。

- 法令・指針等の改正により解答が成立しなくなった問題は、 法改正 の
  アイコンで示しており、問題を一部改変のうえ、解説しています。

令和5年10月公表試験問題の解答・解説

解答一覧

問 1	①	**②**	③	④	⑤	問 23	①	②	③	**④**	⑤
問 2	①	②	③	④	**⑤**	問 24	**①**	②	③	④	⑤
問 3	①	②	③	**④**	⑤	問 25	**①**	②	③	④	⑤
問 4	①	②	③	**④**	⑤	問 26	①	**②**	③	④	⑤
問 5	①	②	③	④	**⑤**	問 27	①	**②**	③	④	⑤
問 6	①	**②**	③	④	⑤	問 28	①	②	**③**	④	⑤
問 7	①	②	③	**④**	⑤	問 29	①	②	③	④	**⑤**
問 8	**①**	②	③	④	⑤	問 30	**①**	②	③	④	⑤
問 9	①	②	③	**④**	⑤	問 31	①	②	**③**	④	⑤
問 10	①	②	③	**④**	⑤	問 32	①	**②**	③	④	⑤
問 11	**①**	②	③	④	⑤	問 33	**①**	②	③	④	⑤
問 12	①	**②**	③	④	⑤	問 34	①	**②**	③	④	⑤
問 13	①	②	**③**	④	⑤	問 35	①	②	③	**④**	⑤
問 14	①	②	**③**	④	⑤	問 36	**①**	②	③	④	⑤
問 15	①	②	③	④	**⑤**	問 37	①	②	③	④	**⑤**
問 16	①	②	**③**	④	⑤	問 38	**①**	②	③	④	⑤
問 17	**①**	②	③	④	⑤	問 39	①	②	**③**	④	⑤
問 18	①	②	③	**④**	⑤	問 40	①	②	③	④	**⑤**
問 19	①	**②**	③	④	⑤	問 41	①	②	③	④	**⑤**
問 20	①	**②**	③	④	⑤	問 42	①	②	③	**④**	⑤
問 21	①	**②**	③	④	⑤	問 43	**①**	②	③	④	⑤
問 22	①	②	③	**④**	⑤	問 44	①	②	③	**④**	⑤

関係法令（有害業務に係るもの）

問1　正解（2）

(1) 法令上、正しい。製造業の事業場では、常時使用する労働者数が300人以上の場合、総括安全衛生管理者を選任しなければならない。設問の事業場は「常時400人の労働者を使用する製造業の事業場」とあるので、総括安全衛生管理者を選任しなければならない。

(2) **法令上、誤り**。衛生管理者の専任要件は、①常時1,000人を**超える**労働者を使用する事業場又は②常時500人を**超える**労働者を使用する事業場で、坑内労働又は一定の健康上有害な業務（多量の高熱物体を取り扱う業務）に常時30人以上の労働者を従事させるものである。設問の場合、①、②のいずれにも該当しない。

(3) 法令上、正しい。製造業では第二種衛生管理者を選任することはできない。

> **第一種衛生管理者を選任しなければならない業種**
>
> 農林畜水産業、鉱業、建設業、製造業（物の加工業を含む。）、電気業、ガス業、水道業、熱供給業、運送業、自動車整備業、機械修理業、医療業及び清掃業

(4) 法令上、正しい。産業医の専属要件は、①常時1,000人以上の労働者を使用する事業場又は②一定の有害な業務に、常時500人以上の労働者を従事させる事業場と定められている。「一定の有害な業務」は、半年に1回の定期健康診断が必要とされる特定業務従事者に係る有害業務と同じである。具体的には、坑内における業務、多量の高熱物体を取り扱う業務及び深夜業を含む業務等がこれに該当するが、設問の場合「常時400人の労働者を使用する事業場」とあるので①、②のいずれにも該当しない。

(5) 法令上、正しい。塩素は特定化学物質である。特定化学物質（第三類も含む。）を取り扱う作業では作業主任者（設問の場合、特定化学物質作業主任者）を選任しなければならないが、**試験研究**の目的で取り扱う場合は**不要**である。

問2　正解（5）

廃棄物の焼却施設において焼却灰等を取り扱う業務は、法令に基づく安全又は衛生のための特別の教育を行わなければならない。

📖 特別教育が必要・不要な業務

特別教育が必要な業務	特別教育が不要な業務
①高圧室内業務 ②廃棄物焼却炉を有する廃棄物の焼却施設において焼却灰等を取り扱う業務 ③特定粉じん作業に係る業務 ※屋内でセメントを袋詰めする箇所における作業、屋内において、研磨材を用いて動力（手持式又は可搬式動力工具によるものを除く）により金属を研磨する作業、陶磁器を製造する工程で原料を混合する作業等に係る業務等 ④酸素欠乏危険作業（しょう油やもろみその他発酵する物の醸造槽の内部における作業等） ⑤石綿等が使用されている建築物の解体等作業 ⑥エックス線・ガンマ線照射装置を用いた透過写真撮影業務 ⑦チェーンソーを用いて行う造材の業務 ⑧東日本大震災により生じた放射性物質により汚染された土壌等を除染するための業務	①水深10ｍ以上の場所の潜水業務 ②ボンベから給気を受けて行う潜水業務 ※潜水作業者への送気の調節を行うためのバルブ又はコックを操作する業務は、特別教育を行う必要がある ③特定化学物質を用いて行う製造等業務 ④有機溶剤等を用いて行う接着等の業務 ※有機溶剤等（及び特定化学物質）を用いて行う業務は、第一種、第二種、第三種（特定化学物質の場合は、第一類、第二類、第三類物質）のいずれであっても特別教育の対象とならない ⑤紫外線又は赤外線にさらされる業務 ⑥超音波にさらされる業務 ⑦削岩機、チッピングハンマー等のチェーンソー以外の振動工具を取り扱う業務 ⑧強烈な騒音を発する場所における業務

問3　　**正解（4）**

石綿作業主任者免許は、労働安全衛生法令に定められていない。

📖 労働安全衛生法令に定められた主な免許

高圧室内作業主任者免許、衛生工学衛生管理者免許、第一種衛生管理者免許、第二種衛生管理者免許、林業架線作業主任者免許、エックス線作業主任者免許、ガンマ線透過写真撮影作業主任者免許、潜水士免許等

問4　　**正解（4）**

　設問は、製造許可物質に関する問題である。製造許可物質は次に掲げる物質のことで、労働者に重度の健康障害を生ずるおそれのある物であるため、あらかじめ厚生労働大臣の許可を受けなければならないとされている。したがって、

4

(4)のオルト－トルイジンが、労働安全衛生法に基づく厚生労働大臣の許可を必要としないものとなる。

📖 製造許可物質

製造許可物質（特定化学物質第一類）

①ジクロロベンジジン及びその塩
②アルファ－ナフチルアミン及びその塩
③塩素化ビフェニル（PCB）
④オルト－トリジン及びその塩
⑤ジアニシジン及びその塩
⑥ベリリウム及びその化合物
⑦ベンゾトリクロリド
⑧①～⑥までに掲げる物質をその重量の1％を超えて含有し、又は⑦に掲げる物質をその重量の0.5％を超えて含有する製剤その他の物

問5　正解（5）

設問は、特定粉じん発生源についての内容である。特定粉じん発生源が一定の箇所にあるものを特定粉じん作業という。具体的には、①屋内において、セメント、フライアッシュ又は粉状の鉱石、炭素原料、**炭素製品**、アルミニウム若しくは酸化チタンを袋詰めにする箇所、②屋内において、**手持式溶射機を用いないで金属を溶射する箇所**、③屋内において、研磨材を用いて動力（手持式又は可搬式動力工具によるものを除く）により金属を研磨する箇所などをいう。

以上により、特定粉じん発生源に該当するものは、「D　屋内において、粉状の炭素製品を袋詰めする箇所」と「E　屋内において、固定の溶射機により金属を溶射する箇所」となり、正解は（5）である。

問6　正解（2）

(1) 違反していない。設問の場合、作業場所に局所排気装置を設けているので、作業者に送気マスク又は有機ガス用防毒マスクを使用させる必要はない。

(2) **違反している。**作業場所に設ける局所排気装置について、**外付け式フード**の場合、制御風速に必要な能力は側方吸引型と下方吸引型で0.5m/s、上方吸引型で1.0m/sとされている。設問の場合、0.4m/sとあるので制御風速が不足している。

(3) 違反していない。空気清浄装置を設けていない屋内作業場の局所排気装置、プッシュプル型換気装置などの排気口は、屋根上から1.5m以上としなければばらない。

5

(4) 違反していない。**屋内作業場等**（第三種有機溶剤等にあっては、タンク等の内部に限る。）で有機溶剤業務に従事する労働者については、雇入の際、当該業務への配置替えの際及びその後 **6か月以内ごとに1回定期**に健康診断を実施しなければならないが、設問の屋外作業場において有機溶剤業務に従事する労働者については、当該健康診断を行う必要はない。

(5) 違反していない。事業者は、有機溶剤等を入れてあった空容器で有機溶剤の蒸気が発散するおそれのある容器については、当該容器を密閉するか、又は当該容器を屋外の一定の場所に集積しておかなければならない。

問7　正解（4）

事業者は、放射線業務従事者等に放射線測定器を装着させ被ばく線量を測定する義務がある。放射線業務従事者の被ばく限度は、実効線量で**5年間につき100mSv**、かつ、**1年間につき50mSv** を超えないこととされている。なお、妊娠可能な女性については厳しい基準（5mSv/ 3か月）が設けられているため、設問では「男性又は妊娠する可能性がないと診断された女性」について問われている。したがって、(4)が正解である。

問8　正解（1）

(1) **誤り**。「0.15％」ではなく、「**1.5％**」である。炭酸ガス（二酸化炭素）濃度が1.5％を超える場所には、関係者以外の人が立ち入ることについて禁止する旨を見やすい箇所に表示すること等の方法により禁止するとともに、表示以外の方法により禁止したときは、当該場所が立入禁止である旨を見やすい箇所に表示しなければならない。

(2)(3)　正しい。騒音対策としては、設問(2)のような遮音、消音、吸音等の**伝ぱ経路対策**や騒音特性に応じた耳栓・耳覆いの選定といった**受音者対策**が効果的であるといわれている。また設問(3)にあるように**6か月以内ごとに1回**等価騒音レベルを測定し、その結果を評価して作業環境管理を行う（**音源対策**）も騒音対策として重要である。実際には、一つの対策だけでは不十分で、いくつかの対策を組み合わせなければならないことが多いとされている。

(4)　正しい。著しく暑熱、寒冷、多湿の作業場や有害ガス、蒸気、粉じんを発散する作業場等においては坑内等の特殊な作業場でやむを得ない事由がある場合を除き、休憩の設備を**作業場外**に設けなければならない。

(5)　正しい。ふく射熱から労働者を保護する措置とは、隔壁、保護眼鏡、頭巾類、防護衣等を使用させることをいう。

問9 **正解（4）**

　鉛ライニングの業務を行う屋内作業場は、「一定の鉛業務を行う屋内作業場」に該当するので、1年以内ごとに1回定期に、空気中の鉛の濃度の測定を行わなければならないので誤り。

📖 作業環境測定の対象作業場と測定頻度（測定頻度が高い順）

対象作業場	測定項目	測定頻度	記録保存
①酸素欠乏危険場所	空気中酸素濃度、硫化水素濃度	その日の作業開始前のつど	3年間
②坑内の作業場	炭酸ガス濃度、気温、通気量	炭酸ガスは1か月以内、その他は半月以内ごとに1回	3年間
③暑熱、寒冷、多湿の屋内作業場	気温、湿度、ふく射熱	半月以内ごとに1回	3年間
④放射線業務を行う作業場	線量当量率、放射性物質濃度	1か月以内ごとに1回	5年間
⑤空気調和設備を設けている建築物の室	一酸化炭素濃度（室温、外気温、相対湿度）	2か月以内ごとに1回	3年間
⑥特定化学物質取扱作業場（一類物質、二類物質）	これらの物質の空気中濃度	6か月以内ごとに1回	3年間 特別管理物質は「30年間」
⑦有機溶剤を製造、取り扱う屋内作業場（第一種・第二種有機溶剤等）	これらの物質の空気中濃度	6か月以内ごとに1回	3年間
⑧著しい騒音を発する屋内作業場	等価騒音レベル	6か月以内ごとに1回	3年間
⑨特定粉じん作業が行われる屋内作業場	空気中の粉じん濃度、遊離ケイ酸含有率	6か月以内ごとに1回	7年間
⑩石綿等を取り扱う屋内作業場	空気中の石綿濃度	6か月以内ごとに1回	40年間
⑪一定の鉛業務を行う屋内作業場	鉛の空気中濃度	1年以内ごとに1回	3年間

※表中の④（放射性物質取扱作業室、事故由来廃棄物等取扱施設）、⑥、⑦、⑨、⑩、⑪は、作業環境測定士に測定が義務付けられている作業場である（指定作業場）。

7

　超音波にさらされる業務は、労働基準法に基づき、満18歳に満たない者を就かせてはならない業務に該当しない。よって(4)が正解である。

📖 **年少者に対して就業が制限される重量物を取り扱う業務**

年齢	性別	重量（単位kg）	
		断続作業の場合	継続作業の場合
満16歳未満	男性	15	10
	女性	12	8
満16歳以上 満18歳未満	男性	30	20
	女性	25	15

※表中の重量以上の重量物を取り扱う業務は、就業が制限される。

年少者に対して就業が制限される危険有害業務（就業制限業務）の範囲（抜粋）

① 水銀、砒素、黄りん、弗化水素酸、塩酸、硝酸等その他これらに準ずる有害物を取り扱う業務
② 鉛、水銀、クロム、砒素、黄りん、弗素、塩素、シアン化水素等その他これらに準ずる有害物のガス、蒸気又は粉じんを発散する場所における業務
③ 土石、獣毛等のじんあい又は粉末を著しく飛散する場所における業務
④ ラジウム放射線、エックス線その他の有害放射線にさらされる業務
⑤ 多量の高熱物体を取り扱う業務及び著しく暑熱な場所における業務
⑥ 多量の低温物体を取り扱う業務及び著しく寒冷な場所における業務
⑦ 異常気圧下における業務
⑧ さく岩機、鋲打機等身体に著しい振動を与える機械器具を用いて行う業務
⑨ 強烈な騒音を発する場所における業務
⑩ 病原体によって著しく汚染のおそれのある業務
⑪ 焼却、清掃又はと殺の業務　等

労働衛生（有害業務に係るもの）

問11　　正解 (1)

　アクリロニトリルは、常温・常圧での空気中では「蒸気」として存在する。

📖✍ 有害化学物質の存在様式

状態	分類	生成原因と物質例
固体	粉じん	・研磨や摩擦により粒子となったもの ・大きな粒の場合有害性は低いが、粒子が小さいほど有害性が高い ・米杉やラワン等の植物性粉じんも喘息やじん肺の原因となる 例）石綿、無水クロム酸、ジクロロベンジジン、オルト‐トリジン、二酸化マンガン等
固体	ヒューム	・固体が加熱により溶解し、気化し冷やされて微粒子となったもの ・一般に粉じんより小さく、有害性が高い 例）酸化亜鉛、銅、酸化ベリリウム等
液体	ミスト	液体の微粒子が空気中に浮遊しているもの 例）硫酸、硝酸、クロム塩酸等
気体	蒸 気	常温・常圧で液体又は固体の物質が蒸気圧に応じて気体となったもの 例）アクリロニトリル、水銀、アセトン、ニッケルカルボニル、ベンゾトリクロリド、トリクロロエチレン、二硫化炭素、硫酸ジメチル等
気体	ガ ス	常温・常圧で気体のもの 例）塩素、一酸化炭素、ホルムアルデヒド、二酸化硫黄、塩化ビニル、アンモニア、硫化水素、エチレンオキシド等

（存在様式）

問12　正解（2）

　職場における労働者の健康の保持増進を図るためには作業環境管理、作業管理、健康管理の3つの管理が適切に実施されなければならない。設問で問われている作業管理は、身体的・精神的負荷等や有害物質を取り扱う作業に伴う有害要因を排除したりする等作業を適正に管理し、労働者と作業とを調和させることを目的とした管理をいう。作業管理には、作業条件、有害作業、**保護具の使用状況**等の管理や作業強度、作業密度、**作業時間**、作業姿勢等広範囲にわたっている。

A　**作業管理**に該当する。作業姿勢を管理している。

B　作業環境管理に該当する。

C　**作業管理**に該当する。有害作業を管理している。

D　作業環境管理に該当する。

E　健康管理に該当する。

問13　正解（3）　法改正

2023年（令和5年）4月27日基発0427第4号「化学物質等による危険性

又は有害性等の調査等に関する指針」によれば、対策の優先順位として、次のように記されている。

① 危険性又は有害性のより低い物質への代替、化学反応のプロセス等の運転条件の変更、取り扱うリスクアセスメント対象物の形状の変更等又はこれらの併用によるリスクの低減

② リスクアセスメント対象物に係る機械設備等の防爆構造化、安全装置の二重化等の工学的対策又はリスクアセスメント対象物に係る機械設備等の密閉化、局所排気装置の設置等の衛生工学的対策

③ 作業手順の改善、立入禁止等の管理的対策

④ リスクアセスメント対象物の有害性に応じた有効な保護具の選択及び使用

よって、(3)が正解である。

問14 正解 (3)

(1) 誤り。一酸化炭素は、赤血球中のヘモグロビンと強く結合し、体内組織の酸素欠乏状態を起こす。

(2) 誤り。弗化水素による中毒では、骨の硬化、斑状歯、肺炎、肺水腫などがみられる。

(3) 正しい。シアン化水素は気道や皮膚からも吸収され、細胞内の呼吸障害を起こす。シアン化水素による中毒では、呼吸困難、けいれんなどがみられる。

(4) 誤り。「塩化ビニルによる慢性中毒」ではなく、「二酸化硫黄による中毒」である。塩化ビニルは、がん（肝血管肉腫）が発症するおそれがあるといわれている。

(5) 誤り。塩素による中毒では、咽頭痛や肺水腫などがみられる。

問15 正解 (5)

(1) 正しい。人間の耳は音の周波数によって聴こえ方が異なるため、聴こえ方に合わせて音圧レベルを補正することを「周波数重み付け特性」という。この「周波数重み付け特性」には、A特性・C特性・Z特性などがあり、A特性の測定値は、人間の聴覚に考慮し重み付けを行っているため、実際に聴こえる「うるささ」と似た値で騒音レベルが測定可能といわれている。

(2) 正しい。騒音性難聴は、内耳の有毛細胞が変性し、永久的に聴力が障害を受ける。

(3) 正しい。騒音はストレス反応を引き起こし、自律神経系や内分泌系へも影響を与える。

(4) 正しい。騒音性難聴は、通常、会話音域より高い音域（4,000Hz 付近の

高音域）から始まる。この聴力低下の型を c^5dip という。

(5) 誤り。等価騒音レベルとは、時間経過によって不規則かつ大きく変動する騒音の程度を測定し、**一定時間内での音のエネルギーを平均したもの**をいう。変動する騒音に対する人間の生理・心理的反応と比較的よく対応することが明らかにされている。

問16　正解（3）

(1) 正しい。ベリリウム中毒の症状としては、**皮膚障害**がみられる。

(2) 正しい。マンガン中毒の症状としては、**筋のこわばり、震え、歩行困難**などがみられる。

(3) 誤り。クロム中毒の症状としては、**皮膚障害、がん（肺がん、上気道がん）、鼻中隔穿孔**などがみられる。

(4) 正しい。カドミウム中毒では、**急性症例としては、上気道炎、肺炎など**による呼吸困難が、**慢性症例としては、肺気腫、腎機能障害など**がみられる。

(5) 正しい。金属水銀中毒の症状としては、**脳疾患（手指の震え、精神障害）**がみられる。

問17　正解（1）

(1) 誤り。「1nm（ナノメートル）から180nm」ではなく「**180nm から1mm（ミリメートル）**」である。レーザー光線は、(2)単一波長で位相のそろった人工光線をいう。(3)〜(5) はすべて正しい。

問18　正解（4）

(1) 誤り。減圧症は、高圧の環境下において、大量に体内組織に吸収されていた**窒素ガス**が、減圧によって血中で気化し、気泡が血管を詰まらせることにより発生する症状である。

(2) 誤り。設問の内容は「**熱失神（熱虚脱）**」についてである。「熱けいれん」は、高温化での発汗により大量の水分と塩分が失われた状態で、水分だけを補給し塩分を補給しない場合に発症する。

(3) 誤り。振動による健康障害は、全身振動障害と局所振動障害に分類される。レイノー現象などの末梢循環障害や手指のしびれ感などの末梢神経障害は**局所振動障害**である。

(4) 正しい。低温の環境下では、震えなどにより熱を産生し体温の低下を防ごうとするが、体熱の喪失が産生を上回ると、体の中心部の温度が35℃以下となり低体温症になる。さらに体温が低下し32℃以下になると熱産生が十

分に行われなくなり、中枢神経機能や呼吸・循環機能不全により死に至る。

(5) 誤り。マイクロ波は、赤外線より波長が長い電磁波である。

<hr>

問19 **正解（2）**

(1) 誤り。有害物質を取り扱う装置を構造上又は作業上の理由で完全に密閉できない場合は、装置内の圧力を外気圧より低くすることで、隙間からの有害物質の発散を防止することができる。

(2) 正しい。局所排気装置を設置する場合は、排気量に見合った給気経路を確保することが大切である。

(3) 誤り。優先的に取り組むべきことは、有害物質の使用をやめることやその発散の防止をすることであって、局所排気装置の設置と設備等の密閉化・自動化についてはどちらを優先すべきかを検討するのではなく、併用することを検討することが効果的である。

(4) 誤り。局所排気装置のダクトが太すぎると搬送速度が不足し、細すぎると圧力損失が増大することになる。

(5) 誤り。排風機に有害物質が付着しないようにするため、空気清浄装置は、排風機の前に設置して、清浄な空気を排風機に送るようにする。

<hr>

問20 **正解（2）**

(1) 誤り。「トリクロロ酢酸」ではなく「馬尿酸」である。

(2) 正しい。設問の通り。

(3) 誤り。「馬尿酸」ではなく「マンデル酸」である。

(4) 誤り。「デルタ‐アミノレブリン酸」ではなく「*N*‐メチルホルムアミド」である。

(5) 誤り。「マンデル酸」ではなく「血液中鉛、デルタ‐アミノレブリン酸」である。

📖 生物学的モニタリング

類　種		検査項目
有機溶剤	キシレン	尿中のメチル馬尿酸
	N,N‐ジメチルホルムアミド	尿中の *N*‐メチルホルムアミド
	トルエン	尿中の馬尿酸
	スチレン	尿中のマンデル酸
	ノルマルヘキサン	尿中の2,5‐ヘキサンジオン
	1,1,1‐トリクロロエタン	尿中のトリクロロ酢酸又は総三塩化物
	トリクロロエチレン	尿中のトリクロロ酢酸又は総三塩化物
鉛		血液中鉛、尿中のデルタ‐アミノレブリン酸

問21 **正解（2）**

(1) 法令上、正しい。衛生管理者、衛生委員会も同様の人数要件があることを押さえておくこと。

(2) **法令上、誤り**。「2,000人を超える」ではなく「3,000人を超える」である。

(3) 法令上、正しい。産業医の専属要件は、①常時1,000人以上の労働者を使用する事業場又は②一定の有害な業務に、常時500人以上の労働者を従事させる事業場と定められている。「一定の有害な業務」は、半年に1回の定期健康診断が必要とされる特定業務従事者に係る有害業務と同じである。重量物の取扱い等重激な業務はこれに該当する。

(4) 法令上、正しい。産業医が、「事業者から毎月1回以上、**所定の情報の提供を受けている場合であって、事業者の同意を得ているとき**」は、作業場等の巡視の頻度を毎月1回以上から**2か月に1回以上**とすることができる。

(5) 法令上、正しい。設問のほか、産業医は労働者の健康確保の必要があると認めるときは、**事業者**に対し、必要な**勧告**をすることができる。

問22 **正解（4）**

(1) 法令上、正しい。議長を除く**半数の委員**については、当該事業場の労働者の過半数で組織する労働組合（労働組合がない場合は、労働者の過半数を代表する者）の推薦に基づいて事業者が指名しなければならない。

(2) 法令上、正しい。衛生委員会の議長は、「総括安全衛生管理者又は総括安全衛生管理者以外の者で当該事業場においてその事業の実施を統括管理するもの若しくはこれに**準ずる者**（副所長、副工場長等）」のうちから事業者が指名した者である。

(3) 法令上、正しい。衛生委員会の委員として指名する衛生管理者や産業医は、事業場の規模にかかわらず、その事業場に専属の者でなくとも構わない。外部の労働衛生コンサルタントが衛生委員会の委員となっても問題はない。

(4) **法令上、誤り**。作業環境測定士を衛生委員会の委員として指名することは認められているが、この場合、事業場の**労働者である作業環境測定士**を指名しなければならない。

(5) 法令上、正しい。衛生委員会の付議事項（調査審議事項）には、①労働者の健康障害を防止するための基本となるべき対策、②労働者の健康の保持増進を図るための基本となるべき対策、③労働災害の原因及び再発防止対策で、衛生に係るもの、④①～③に掲げるもののほか、労働者の健康障害の防止及

び健康の保持増進に関する重要事項があげられる。

問23　正解（4）

（1）正しい。入社前3か月以内に医師による健康診断を受け、当該健康診断の結果を証明する書面を提出したときは、健康診断の重複項目につき省略することができる。定期健康診断の省略できる内容と混同しないこと。

（2）正しい。設問の通り。

（3）正しい。事業者は、深夜業等の特定業務に常時従事する労働者に対し、当該業務への配置替えの際及び6か月以内ごとに1回、定期に、定期健康診断の項目について医師による健康診断を行わなければならないが、胸部エックス線検査及びかくたん検査は、1年以内ごとに1回、定期に行えば足りる。

（4）誤り。「3か月以内」ではなく「遅滞なく」である。

（5）正しい。事業者は、定期健康診断等の一般健康診断及び特殊健康診断の結果に基づき、健康診断個人票を作成して、これを5年間保存しなければならない。

問24　正解（1）

（1）違反していない。事業者は、常時50人以上又は常時女性30人以上の労働者を使用するときは、労働者が臥床することのできる休養室又は休養所を、男性用と女性用に区別して設けなければならない。設問の場合、「常時50人＞常時45人（常時女性30人＞常時女性10人）」であるため、男女別の休養室又は休養所を設ける必要はない。

（2）違反している。労働者を常時就業させる屋内作業場の気積（室の容積）は、設備の占める容積及び床面から4mを超える高さにある空間を除き、労働者1人について、$10m^3$以上としなければならない。設問では、作業場の4mを超えない部分の容積が$450m^3$なので$450m^3 \div 10m^3 = 45$（人）となり、衛生基準に違反している。

（3）違反している。大掃除は、日常行う清掃のほか6か月以内ごとに1回、定期的かつ統一的に行わなければならない。

（4）違反している。食堂の床面積は、食事の際の1人について、$1m^2$以上としなければならない。

（5）違反している。労働者を常時就業させる屋内作業場では、直接外気に向かって開放することができる部分の面積が、床面積の20分の1（0.05）以上でなければならない。設問の場合、25分の1（0.04）で20分の1＞25分の1となり、衛生基準に違反している。

問25 **正解（1）**

（1）**法令上、正しい。** ストレスチェックの結果が労働者の意に反し人事上の不利益な取扱いに利用されないように設けられた規定である。

（2）**法令上、誤り。** ストレスチェックの結果は個人情報となるため、ストレスチェックを受けた労働者に直接通知されなければならない。衛生管理者等本人以外の者に通知を行ってはならない。

（3）**法令上、誤り。** 面接指導を行う医師は、**事業場の産業医である必要はない。**

（4）**法令上、誤り。** 事業者は、面接指導の結果に基づき、当該面接指導の結果を記録し5年間保存しなければならないが、**健康診断個人票に記載する必要はない。**

（5）**法令上、誤り。** 「面接指導が行われた日から3か月以内に」ではなく「**面接指導が行われた後、遅滞なく**」である。

問26 **正解（2）**

（1）**法令上、正しい。** 36協定を締結し、これを所轄労働基準監督署長に届け出ている場合であっても、妊産婦が請求した場合は、その者を時間外・休日労働させてはならない。なお、管理監督者等である妊産婦には、当該規定が適用されないため、時間外・休日労働をさせることができることも押さえておくこと。

（2）**法令上、誤り。** 設問の規定はフレックスタイム制を採用している場合は適用されない。

（3）**法令上、正しい。** 妊産婦が請求した場合、深夜業をさせてはならない。管理監督者等の場合でも、この規定が適用される。

（4）**法令上、正しい。** **妊娠中の女性が請求した場合には、他の軽易な業務に転換させなければならない。管理監督者等の場合でも、この規定が適用される。**

（5）**法令上、正しい。** なお、設問で「原則として」としているのは、産後6週間を経過した女性が請求した場合、医師が支障がないと認めた業務に就かせることができるためである。

問27 **正解（2）**

年次有給休暇の**比例付与日数**の計算出題である。

原則として週所定労働時間が30時間未満かつ1週間の所定労働日数が4日以下の者は、次の算式により、年次有給休暇の付与日数が算定される（端数は切り捨て）。

通常の労働者の有給休暇日数×（比例付与対象者の所定労働日数÷5.2）

設問の労働者は、所定労働時間が25時間で週所定労働日数が4日であるので比例付与対象者となる。入社後5年6か月継続勤務したとあるので、前記算式にあてはめると、18日 × 4/5.2≒13.8＝**13（日）** となる。

労働衛生（有害業務に係るもの以外のもの）

問28　正解（3）

ヘモグロビンA1cは、血液中の糖の状態を調べるために利用される。健康診断の基本検査項目の一つで、糖尿病のリスクを判別するものである。

問29　正解（5）

A　正しい。なお、「原則敷地内禁煙」としているのは、屋外で受動喫煙を防止するために必要な措置がとられた場所に、喫煙場所を設置することができるためである。

B　正しい。なお、「原則屋内禁煙」としているのは、喫煙を認める場合は喫煙専用室等の設置が必要だからである。

C　誤り。**第二種施設**において、禁煙とされている場所において時間分煙は認められない。

D　誤り。喫煙専用室においては、**飲食は禁止**されている。

以上により、誤っているものはCとDであり、(5)が正解である。

問30　正解（1）

(1)　**誤り。**生体から得られたある指標が正規分布である場合、そのばらつきの程度は分散や標準偏差によって表される。

(2)　正しい。集団を比較する際、平均値が明らかに異なっていれば、異なった特徴を有する集団と評価されるが、平均値が等しくても分散（値のばらつき）が異なっていれば、この場合も異なった特徴を有する集団であると評価される。

(3)　正しい。健康診断の日における受診者数に対する有所見者の割合を**有所見率**といい、このようなデータのことを**静態データ**と呼んでいる。これに対して1年間における有所見等が発生した人の割合を**発生率**といい、このようなデータを**動態データ**と呼んでいることも押さえておくこと。

(4)　正しい。対象人数など個数を数えることができる要素のデータを「**計数データ**」、身長・体重や摂取カロリーのように各要素の何らかの量に関するデータを「**計量データ**」という。

(5)　正しい。二つの事象の間に相関関係がみられたとしても、因果関係がない

こともある。因果関係が成立するための五つの条件として、①時間的先行性、②関係の普遍性、③関係の強さ、④関係の特異性、⑤関係の一致性が必要とされている。

問31　正解（3）

事業者は、重量物取り扱い作業や介護・看護作業等腰部に強い負担がかかる作業に常時従事する労働者を当該作業に配置する際及びその6か月以内ごとに1回腰痛健康診断を実施しなければならない。

配置前健康診断の検査項目は、①既往歴及び業務歴の調査、②自覚症状の有無の検査、③脊柱の検査、④神経学的検査（深部腱反射、知覚検査等）、⑤脊柱機能検査、⑥医師が必要と認める者について画像診断と運動機能テスト等、定期健康診断の検査項目は、前記①、②　その結果医師が必要と認める者に対して追加項目として前記③、④、⑥となる。したがって健康診断の項目として適切でないものは、(3)の負荷心電図検査である。

問32　正解（2）

(1) 正しい。なお、脳塞栓症と脳血栓症の説明を逆にして問われることが多いので正確に覚えること。

(2) 誤り。くも膜下出血は、くも膜の中を走っている脳の動脈の一部にできた動脈瘤が突然破れ、くも膜の収まっているところに出血し、脳を圧迫する。

(3) 正しい。虚血性心疾患は、心筋の一部分に可逆的な虚血が起こる狭心症と、不可逆的な心筋壊死が起こる心筋梗塞とに大別されることも押さえておくこと。

(4) 正しい。心筋梗塞とは心筋の壊死が起きた状態で、死亡率は35％～50％とされるほどの重症であることも押さえておくこと。

(5) 正しい。運動負荷心電図検査は、狭心症や心筋梗塞といった虚血性心疾患の発見だけでなく、心筋の異常や不整脈の発見にも有用である。

問33　正解（1）

(1) 正しい。サルモネラ菌は、食物に付着した細菌そのものの感染によって起こる感染型食中毒である。

(2) 誤り。ヒスタミンは加熱調理によって分解されにくいので、予防には低温保存を徹底することが重要であるとされている。

(3) 誤り。「エンテロトキシン」ではなく「テトロドトキシン」である。エンテロトキシンは、細菌が産生し、腸管に作用する毒素の総称である。

(4) 誤り。カンピロバクターは、鶏や牛の腸に広く存在している。カビの産生

する毒素ではない。

(5) 誤り。ボツリヌス菌は、毒素型で熱に**強く**、神経症状を呈し、致死率が高いのが特徴である。

📖📝 細菌性食中毒の感染型と毒素型の分類

タイプ	原因菌と特徴	主な食材
感染型 （細菌が原因）	サルモネラ菌（熱に弱い、急性胃腸炎型の症状）	排泄物で汚染された食肉や卵
	腸炎ビブリオ菌（熱に弱い、好塩性、腹痛、水様性下痢、潜伏期間はおおむね10～24時間）	近海の海産魚介類（病原性好塩菌）
	カンピロバクター（ニワトリ、ウシ等の腸に住む。下痢、腹痛、発熱等他の感染型細菌性食中毒と酷似。潜伏期間は2～7日）	食品や飲料水
	ベロ毒素産生性大腸菌（腸管出血性大腸菌）（ベロ毒素により腹痛や出血を伴う水様性の下痢などを起こす。潜伏期間は、3～5日で、代表的なものにO-26、O-111、O-157がある）	汚染された食肉や野菜などから摂取されることがある
毒素型	ボツリヌス菌（熱に強い、神経症状を呈し、致死率が高い）	缶詰等
	黄色ブドウ球菌（熱に強い、嘔吐、腹痛、比較的症状は軽い）	弁当、あんこ等

問34　**正解（2）**

$80 \div (1.75 \times 1.75) \fallingdotseq 26.12 = 26$

よって、（2）が正解である。

労働生理

問35　**正解（4）**

(1) 正しい。血液の約55％は血漿、残りの約45％は有形成分である。

(2) 正しい。アルブミンは血漿中に最も多く含まれる蛋白質で、さまざまな物質を血液中で運搬するとともに浸透圧を維持する。

(3) 正しい。白血球は、形態や機能などの違いにより、好中球、好酸球、好塩基球、リンパ球、単球などに分類される。好中球は、白血球の60％を占めている。好中球や単球等は偽足を出し、アメーバ運動を行い、体内に侵入した細菌やウイルスを貪食する。

(4) 誤り。B細胞（Bリンパ球）、T細胞（Tリンパ球）などのリンパ球は、白血球の一部である。

(5) 正しい。血液の凝固とは、血漿（しょう）に含まれるフィブリノーゲンがフィブリンに変化することをいう。

問36　正解（1）

(1) 誤り。「左心房」ではなく「右心房」である。

(2) 正しい。設問の通り。心臓の拍動は、交感神経（心臓の働きを促進）と副交感神経（心臓の働きを抑制）から成る自律神経の支配を受けていることも押さえておくこと。

(3) 正しい。設問の通り。冠動脈（冠状動脈）が血栓などにより詰まると、心臓の末梢（しょう）血管に酸素や栄養素が行き渡らなくなり、組織壊死を起こす。これが心筋梗塞である。あわせて押さえておくこと。

(4) 正しい。この血液の循環のことを小循環ともいう。

(5) 正しい。大動脈及び肺静脈には酸素を多く含んだ動脈血が流れ、大静脈及び肺動脈には二酸化炭素や老廃物を多く含んだ静脈血が流れる。

問37　正解（5）

(1) 正しい。呼吸運動は「横隔膜、肋（ろっ）間筋などの呼吸筋が収縮と弛（し）緩をすること」によって胸郭内容積を周期的に増減させて行われる。

(2) 正しい。吸気とは、胸郭内容積が増して（＝胸腔（くう）が広がる）内圧が低くなるにつれ、鼻腔（くう）、気管などの気道を経て肺内に流れ込む空気のことをいう。なお、呼気とは、胸腔が締め付けられることにより内圧が高くなり、肺の中から押し出される空気のことをいう。

(3) 正しい。外呼吸とは、肺の内部で空気中の酸素と血液中の二酸化炭素を交換することをいう。内呼吸とは、全身の毛細血管と各細胞組織との間で行われる酸素と二酸化炭素を交換する組織呼吸のことをいう。

(4) 正しい。設問の通り。

(5) 誤り。呼吸中枢は脳の延髄にあり、血液中の二酸化炭素が増加すると刺激されて呼吸数が増加する。

問38　正解（1）

炭水化物（糖質）を分解する酵素はアミラーゼ、マルターゼ、脂質を分解する酵素はリパーゼ、蛋（たん）白質を分解する酵素はトリプシン、ペプシンである。

以上により、（1）が正解である。

　肝臓の機能には、(1)コレステロールの合成、(2)尿素の合成、(4)胆汁の生成、(5)グリコーゲンの合成及び分解、また、血液凝固物質や血液凝固阻止物質の合成があるが、(3)ヘモグロビンを合成することはない。

(1) 誤り。代謝において、細胞に取り入れられた体脂肪やグリコーゲンなどが分解されてエネルギーを発生し、ATP が合成されることを異化という。

(2) 誤り。代謝において、体内に摂取された栄養素が、種々の化学反応によって、ATP に蓄えられたエネルギーを用いて、細胞を構成する蛋白質などの生体に必要な物質に合成されることを同化という。

(3) 誤り。基礎代謝量は、覚醒中の測定値で表される。

(4) 誤り。エネルギー代謝率（RMR）は、作業（＝仕事）に要したエネルギー量が、基礎代謝量の何倍に当たるかを表す数値のことである。

$$RMR = \frac{（作業中の総消費エネルギー）－（その時間の安静時消費エネルギー）}{基礎代謝量}$$

(5) 正しい。エネルギー代謝率は、性別、年齢、体格等の差による影響を受けにくく、同じ作業ならほぼ同じ数値が得られるため動的筋作業の強度を表す指標として役立つが、エネルギーをあまり消費しない精神的作業や静的筋作業には適用できないとされている。

(1) 誤り。心筋は、平滑筋ではなく横紋筋である。平滑筋に対応するものは、内臓筋である。

(2) 誤り。筋肉は、神経から送られてくる刺激で収縮するが、神経に比べて疲労しやすい。

(3) 誤り。荷物を持ち上げたり、屈伸運動を行うときは、筋肉の長さを変えて筋力を発生させる「等張性収縮」が生じている。「等尺性収縮」ではない。

(4) 誤り。強い力を必要とする運動を続けていることにより、筋肉を構成する個々の筋線維が太くなり筋力が増強する。これを筋肉の活動性肥大という。

(5) 正しい。屈曲反射とは、熱いものに触れたときの刺激から遠ざけようとする反射のことで、関節を曲げる筋肉を収縮させ、関節を伸ばす筋肉の収縮を抑制する反応が同時に起こる反射のことをいう。

問42　正解（4）

(1) 正しい。設問の通り。

(2) 正しい。聴覚の経路は、「外耳⇒鼓膜⇒耳小骨⇒前庭⇒蝸牛⇒蝸牛神経⇒聴覚中枢」となる。

(3) 正しい。設問の通り。

(4) 誤り。「前庭」と「半規管」の内容が逆である。**前庭**は体の傾きの方向や大きさを感じ、半規管は体の回転の方向や速度を感じる。

(5) 正しい。鼓室の内圧は外気圧と等しく保たれているが、圧力が変化すると鼓膜の振動が制限され、一時的な難聴となる。航空機やエレベーターで感じる耳の違和感がこの作用に当たる。

問43　正解（1）

(1) 誤り。個人にとって**適度なストレッサー**（外部環境からの刺激：ストレスの原因）は、身体的には**活動の亢進**を、心理的には**意欲の向上**、作業後の**爽快感**等を生じさせるとされている。その形態や程度にかかわらず、心身の活動を抑圧するものではない。

(2) 正しい。ストレッサーが物理的なものでも心理的なものでも、自律神経系には**カテコールアミン**が、内分泌系には**コルチゾール**などの副腎皮質ホルモンが深く関与している。

(3)(4)　正しい。職場におけるストレッサーとして、①**労働形態の変化**（コンピューターの使用等）、②**人事関係**（昇進、転勤、配置替え等）、③**人間関係**（上司、同僚等）、④**物理・化学的環境**（騒音、気温等）、⑤**勤務体制**（勤務時間等）があるとされている。

(5) 正しい。ストレス反応が大きすぎたり、長く継続しすぎたりして自律神経系や内分泌系による**ホメオスタシス**の維持ができなくなり、設問のような健康障害の発生や増悪を招く場合がある。

問44　正解（4）

コルチゾールの分泌器官は副腎皮質で、そのはたらきは、グリコーゲンの合成促進であるので誤り。設問の内容は、**グルカゴン**である。

分泌物質	内分泌器官		はたらき
メラトニン	松果体		睡眠の促進
ノルアドレナリン	副腎	副腎髄質	血圧上昇、血管収縮
アドレナリン			血糖量、心拍数の増加
コルチゾール		副腎皮質	グリコーゲン合成促進（血糖量の増加）
アルドステロン			血中の塩類バランスの調節
インスリン	膵臓		血糖量の減少
グルカゴン			血糖量の増加
甲状腺ホルモン	甲状腺		酸素消費促進、体温上昇
パラソルモン	副甲状腺		血中カルシウムバランスの調節
ガストリン	胃		胃酸分泌刺激
セクレチン	十二指腸		消化液分泌促進

令和５年４月公表試験問題の解答・解説

問1	① ② ③ ④ ❺
問2	① ② ③ ④ ❺
問3	① ② ❸ ④ ⑤
問4	① ② ③ ④ ❺
問5	① ② ③ ❹ ⑤
問6	① ❷ ③ ④ ⑤
問7	① ② ③ ④ ❺
問8	❶ ② ③ ④ ⑤
問9	❶ ② ③ ④ ⑤
問10	① ② ③ ❹ ⑤
問11	① ② ③ ④ ❺
問12	① ② ❸ ④ ⑤
問13	① ❷ ③ ④ ⑤
問14	① ② ③ ❹ ⑤
問15	① ② ❸ ④ ⑤
問16	❶ ② ③ ④ ⑤
問17	① ❷ ③ ④ ⑤
問18	① ② ❸ ④ ⑤
問19	① ② ③ ④ ❺
問20	① ② ❸ ④ ⑤
問21	① ② ❸ ④ ⑤
問22	① ② ③ ❹ ⑤

問23	① ② ③ ❹ ⑤
問24	❶ ② ③ ④ ⑤
問25	❶ ② ③ ④ ⑤
問26	① ② ③ ❹ ⑤
問27	① ② ③ ❹ ⑤
問28	① ② ③ ❹ ⑤
問29	① ❷ ③ ④ ⑤
問30	❶ ② ③ ④ ⑤
問31	① ❷ ③ ④ ⑤
問32	① ② ❸ ④ ⑤
問33	① ② ③ ❹ ⑤
問34	① ② ③ ④ ❺
問35	① ② ❸ ④ ⑤
問36	❶ ② ③ ④ ⑤
問37	① ❷ ③ ④ ⑤
問38	❶ ② ③ ④ ⑤
問39	① ② ③ ④ ❺
問40	① ❷ ③ ④ ⑤
問41	① ② ❸ ④ ⑤
問42	① ② ③ ④ ❺
問43	① ② ③ ④ ❺
問44	① ② ③ ④ ❺

関係法令（有害業務に係るもの）

問1 **正解（5）**

(1) 誤り。産業医の専属要件は、①常時1,000人以上の労働者を使用する事業場又は②一定の有害な業務に、常時500人以上の労働者を従事させる事業場と定められている。設問の事業場は、①、②いずれにも該当しないため、産業医は専属でなくても法令違反ではない。

> 「一定の有害な業務」は、半年に１回の定期健康診断が必要とされる特定業務従事者に係る有害業務と同じです。具体的には、坑内における業務、多量の高熱物体を取り扱う業務及び深夜業を含む業務等が該当します。

(2) 誤り。常時使用する労働者数が800人の事業場では、３人以上衛生管理者を選任しなければならない。設問の事業場では衛生管理者を３人選任しているので、法令違反ではない。

(3) 誤り。衛生管理者は、その事業場に専属の者を選任しなければならない。ただし、２人以上選任する場合において、その中に労働衛生コンサルタントがいるときは、当該労働衛生コンサルタントのうち１人については、事業場に専属の者である必要はないと定められている。設問の場合、１人の労働衛生コンサルタントが専属でなく、他の衛生管理者は専属、とあるので法令違反ではない。

(4) 誤り。「常時500人を超える労働者を使用する事業場で、坑内労働又は一定の健康上有害な業務に常時30人以上の労働者を従事させる事業場」のうち坑内労働、多量の高熱物体を取り扱う業務及び著しく暑熱な場所における業務又は有害放射線にさらされる業務等一定の業務に常時30人以上の労働者を従事させるものにあっては、衛生管理者のうち１人を衛生工学衛生管理者免許を受けた者のうちから選任しなければならない。設問の場合、「強烈な騒音を発する場所における業務」に30人が常時従事しているとあるが、当該業務は、衛生工学衛生管理者免許を有する者のうちから衛生管理者を選任しなければならない業務に該当しないため、法令違反ではない。

> 気をつけましょう。
> 「強烈な騒音を発する場所における業務」、「多量の低温物体を取り扱う業務」
> ⇒衛生管理者の専任要件が問われる場合：該当します。
> ⇒衛生工学衛生管理者免許が問われる場合：該当しません。

(5) 正しい。衛生管理者の専任要件は、①常時 1,000 人を超える労働者を使用する事業場又は②常時 500 人を超える労働者を使用する事業場で、坑内労働又は一定の健康上有害な業務に常時 30 人以上の労働者を従事させるものと定められている。「一定の健康上有害な業務」には、設問の「強烈な騒音を発する場所における業務」が含まれている。したがって、専任の衛生管理者が 1 人もいないことは法令違反である。

<hr>

問2　正解（5）

　Cの「製造工程において硫酸を用いて行う洗浄の作業」は、特定化学物質を製造し、又は取り扱う作業に、Dの「石炭を入れてあるホッパーの内部における作業」は、酸素欠乏危険場所における作業に該当するため、作業主任者の選任が義務付けられている。以上により、（5）が正解である。

📖 作業主任者の選任が必要・不要な作業

必要な作業	不要な作業
①高圧室内作業 ②エックス線装置を使用する放射線業務（医療用を除く） ③ガンマ線照射装置を用いて行う透過写真撮影作業 ④特定化学物質を製造し、又は取り扱う作業（金属アーク溶接等作業） ⑤鉛業務に係る作業（換気が不十分な場所におけるはんだ付け作業、溶融した鉛を用いて行う金属の焼入れの業務に係る作業等を除く） ⑥四アルキル鉛等業務 ⑦酸素欠乏危険場所（ドライアイスを使用している冷蔵庫の内部の作業等）における作業 ⑧有機溶剤等を製造し又は取り扱う業務 ⑨石綿等を取り扱う作業（試験研究のため取り扱う作業を除く）又は試験研究のため石綿等を製造する作業	①特定粉じん作業 ②強烈な騒音を発する場所における作業 ③レーザー光線による金属加工作業 ④廃棄物焼却作業 ⑤立木の伐採（チェーンソーを用いる）作業 ⑥潜水作業 ⑦試験研究の目的で特定化学物質・有機溶剤等を取り扱う作業 ⑧自然換気が不十分な、はんだ付け作業等 ⑨セメント製造工程においてセメントを袋詰めする作業

気をつけましょう。
作業主任者の選任について：有機溶剤等、特定化学物質を取り扱う作業（第三種（類）を除きません）

試験研究	⇒	作業主任者選任不要
試験研究以外	⇒	作業主任者選任必要

問3 **正解（3）**

有機溶剤等を用いて行う接着の業務は、特別教育の対象とならない。

📖 **特別教育が必要・不要な業務**

特別教育が必要な業務	特別教育が不要な業務
①高圧室内業務 ②廃棄物焼却炉を有する廃棄物の焼却施設において焼却灰等を取り扱う業務 ③特定粉じん作業に係る業務 ※屋内でセメントを袋詰めする箇所における作業、屋内において、研磨材を用いて動力（手持式又は可搬式動力工具によるものを除く）により金属を研磨する作業、陶磁器を製造する工程で原料を混合する作業等に係る業務等 ④酸素欠乏危険作業（しょう油やもろみその他発酵する物の醸造槽の内部における作業等） ⑤石綿等が使用されている建築物の解体等作業 ⑥エックス線・ガンマ線照射装置を用いた透過写真撮影業務 ⑦チェーンソーを用いて行う造材の業務 ⑧東日本大震災により生じた放射性物質により汚染された土壌等を除染するための業務	①水深10m以上の場所の潜水業務 ②ボンベから給気を受けて行う潜水業務 ※潜水作業者への送気の調節を行うためのバルブ又はコックを操作する業務は、特別教育を行う必要がある ③特定化学物質を用いて行う製造等業務 ④有機溶剤等を用いて行う接着等の業務 ※有機溶剤等（及び特定化学物質）を用いて行う業務は、第一種、第二種、第三種（特定化学物質の場合は、第一類、第二類、第三類物質）のいずれであっても特別教育の対象とならない ⑤紫外線又は赤外線にさらされる業務 ⑥超音波にさらされる業務 ⑦削岩機、チッピングハンマー等のチェーンソー以外の振動工具を取り扱う業務 ⑧強烈な騒音を発する場所における業務

問4 **正解（5）**

(1)(4)　規定されていない。塩化水素（当該塩化水素を含有する製剤を含む。）及びアンモニアは、特定化学物質の第三類物質である。特定化学物質の第三類物質を使用する作業場所に設けた局所排気装置又はプッシュプル型換気装置は、定期自主検査を行わなくてもよい。

(2)　規定されていない。全体換気装置は、定期自主検査を行わなくてもよい。

(3)　規定されていない。エタノールは、特定化学物質、有機溶剤に該当しないため、エタノールを使用する作業場所に設けた局所排気装置は、定期自主検査を行う必要はない。

(5) 規定されている。トルエンは、第二種有機溶剤等である。第二種有機溶剤等を取り扱う屋内の作業場所には局所排気装置を取り付けなければならず、当該局所排気装置は定期自主検査を行わなければならないとされている。

問5　正解（4）

(1) 法令上、正しい。作業場所に設ける局所排気装置について、**囲い式フードの場合は、制御風速に必要な能力は0.4m/s以上、外付け式フードの場合、側方吸引型と下方吸引型で0.5m/s、上方吸引型で1.0m/s**とされている。設問の場合、囲い式フードで「0.4m/sの制御風速を出し得る能力を有する」とあるので問題ない。

(2) 法令上、正しい。

📖 有機溶剤の区分

種類	第一種有機溶剤等	第二種有機溶剤等	第三種有機溶剤等
表示色	赤	黄	青
物質例	二硫化炭素等	アセトン、トルエン等	石油ベンジン等

信号機のイメージで、第一種の赤色だけ覚えておけば他の色がわかります。

(3) 法令上、正しい。事業者は、屋内作業場等において有機溶剤業務に労働者を従事させるときは、①有機溶剤により生ずるおそれのある疾病の種類及びその症状（設問では、「人体に及ぼす作用」となっている。）、②有機溶剤等の取扱い上の注意事項、③有機溶剤による中毒が発生したときの応急処置等を、見やすい場所に掲示しなければならない。

(4) **法令上、誤っている。**健康診断個人票の保存期間は、「3年間」ではなく「5年間」である。

(5) 法令上、正しい。事業者は、労働者が有機溶剤により著しく汚染され、又はこれを多量に吸入したときは、**速やかに、当該労働者に医師による診察又は処置を受けさせなければならない**と定められている。

問6　正解（2）

(1) 正しい。酸欠則（酸素欠乏症等防止規則）では、酸素欠乏とは、空気中の

酸素濃度が18％未満である状態と定められている。

(2) 誤り。海水が滞留したことのあるピットの内部における作業は、第二種酸素欠乏危険作業に該当する。この場合、酸素欠乏・硫化水素危険作業主任者技能講習を修了した者のうちから、酸素欠乏危険作業主任者を選んで所定の事項を行わせる必要がある。

(3) 正しい。事業者は、その日の作業を開始する前に、第一種酸素欠乏危険作業にあっては空気中の酸素濃度を、第二種酸素欠乏危険作業にあっては、空気中の酸素濃度及び硫化水素濃度を測定し、所定の事項を記録し、3年間保存しなければならない。

(4) 正しい。換気を行う際、純酸素を使用すると爆発等の事故を起こす恐れがある。

(5) 正しい。設問の場合、硫化水素中毒の防止について必要な知識を有する者のうちから作業指揮者を選任しなければならない。

問7　正解 (5)

(1)(2)　正しい。

📖 じん肺管理区分

じん肺管理区分		じん肺健康診断の結果
管理一		じん肺の所見がないと認められるもの
管理二		エックス線写真の像が第一型で、じん肺による著しい肺機能の障害がないと認められるもの
管理三	イ	エックス線写真の像が第二型で、じん肺による著しい肺機能の障害がないと認められるもの
	ロ	エックス線写真の像が第三型又は第四型（大陰影の大きさが一側の肺野の3分の1以下のものに限る。）で、じん肺による著しい肺機能の障害がないと認められるもの
管理四		(1)エックス線写真の像が第四型（大陰影の大きさが一側の肺野の3分の1を超えるものに限る。）と認められるもの (2)エックス線写真の像が第一型、第二型、第三型又は第四型（大陰影の大きさが一側の肺野の3分の1以下のものに限る。）で、じん肺による著しい肺機能の障害があると認められるもの

(3) 正しい。

管理区分　＼　粉じん作業との関連	常時粉じん作業に従事	常時粉じん作業に従事したことがあるが、現在は他の作業に従事
一	3年以内ごとに1回	－
二	1年以内ごとに1回	3年以内ごとに1回
三		1年以内ごとに1回

※管理区分四は、定期的にじん肺健康診断を行うのではなく療養が必要。

(4) 正しい。じん肺の管理区分は、じん肺健康診断の結果、じん肺の所見があると診断された労働者に対して、地方じん肺診査医の診断又は審査により**都道府県労働局長**が決定するものとされている。

(5) 誤り。「じん肺管理区分が管理三と決定された者及び合併症にかかっていると認められる者」ではなく「じん肺管理区分が**管理四**と決定された者及び合併症にかかっていると認められる者」である。じん肺管理区分が管理四で、かつ、合併症にかかっている状態であれば療養が必要となる。

問8　　**正解（1）**

(1) 誤り。「5 ppm」ではなく「10ppm」である。
(2) 正しい。
(3) 正しい。「ふく射熱から労働者を保護する措置」とは、隔壁、保護眼鏡、頭巾類、防護衣などを使用させることをいう。
(4) 正しい。
(5) 正しい。著しく暑熱、寒冷、多湿の作業場や有害ガス、蒸気、粉じんを発散する作業場等においては、坑内などの特殊な作業場でやむを得ない事由がある場合を除き、休憩の設備を**作業場外**に設けなければならない。

問9　　**正解（1）**

　鉛ライニングの業務を行う屋内作業場は、「一定の鉛業務を行う屋内作業場」に該当するので、**1年以内ごとに1回**定期に、空気中の鉛の濃度の測定を行わなければならないので誤り。

30

📖✍ 作業環境測定の対象作業場と測定頻度（測定頻度が高い順）

対象作業場	測定項目	測定頻度	記録保存
①酸素欠乏危険場所	空気中酸素濃度、硫化水素濃度	その日の作業開始前のつど	3年間
②坑内の作業場	炭酸ガス濃度、気温、通気量	炭酸ガスは1か月以内、その他は半月以内ごとに1回	3年間
③暑熱、寒冷、多湿の屋内作業場	気温、湿度、ふく射熱	半月以内ごとに1回	3年間
④放射線業務を行う作業場	線量当量率、放射性物質濃度	1か月以内ごとに1回	5年間
⑤空気調和設備を設けている建築物の室	一酸化炭素濃度（室温、外気温、相対湿度）	2か月以内ごとに1回	3年間
⑥特定化学物質取扱作業場（一類物質、二類物質）	これらの物質の空気中濃度	6か月以内ごとに1回	3年間 特別管理物質は「30年間」
⑦有機溶剤を製造、取り扱う屋内作業場（第一種・第二種有機溶剤等）	これらの物質の空気中濃度	6か月以内ごとに1回	3年間
⑧著しい騒音を発する屋内作業場	等価騒音レベル		
⑨特定粉じん作業が行われる屋内作業場	空気中の粉じん濃度、遊離ケイ酸含有率		7年間
⑩石綿等を取り扱う屋内作業場	空気中の石綿濃度		40年間
⑪一定の鉛業務を行う屋内作業場	鉛の空気中濃度	1年以内ごとに1回	3年間

※表中の④（放射性物質取扱作業室、事故由来廃棄物等取扱施設）、⑥、⑦、⑨、⑩、⑪は、作業環境測定士に測定が義務付けられている作業場である（指定作業場）。

（4）誤り。満18歳以上で産後8週間を経過したが1年を経過しない女性から、さく岩機、鋲打機等身体に著しい振動を与える機械器具を用いて行う業務に従事したい旨の申出があっても、当該業務に就かせることはできない。

年少者に対して就業が制限される危険有害業務の範囲（抜粋）

① 水銀、砒素、黄りん、弗化水素酸、塩酸、硝酸等その他これらに準ずる有害物を取り扱う業務
② 鉛、水銀、クロム、砒素、黄りん、弗素、塩素、シアン化水素等その他これらに準ずる有害物のガス、蒸気又は粉じんを発散する場所における業務
③ 土石、獣毛等のじんあい又は粉末を著しく飛散する場所における業務
④ ラジウム放射線、エックス線その他の有害放射線にさらされる業務
⑤ 多量の高熱物体を取り扱う業務及び著しく暑熱な場所における業務
⑥ 多量の低温物体を取り扱う業務及び著しく寒冷な場所における業務
⑦ 異常気圧下における業務
⑧ さく岩機、鋲打機等身体に著しい振動を与える機械器具を用いて行う業務
⑨ 強烈な騒音を発する場所における業務
⑩ 病原体によって著しく汚染のおそれのある業務
⑪ 焼却、清掃又はと殺の業務　等

妊産婦等に対して就業が制限される危険有害業務の範囲

妊娠中の女性：全ての業種が就業制限される。

産後1年を経過しない女性：就業制限業種—①、⑱、㉔

　　　　　　　　　　　　　申出有れば就業制限—②～⑫、⑮～⑰、⑲～㉓

　　　　　　　　　　　　　就業制限なし—⑬、⑭

① 重量物を取り扱う業務
② ボイラーの取扱いの業務
③ ボイラーの溶接の業務
④ つり上げ荷重が5トン以上のクレーン等の運転の業務
⑤ 運転中の原動機等の掃除等の業務
⑥ クレーン等の玉掛けの業務
⑦ 動力により駆動される土木建築用機械等の運転の業務
⑧ 直径が25センチメートル以上の丸のこ盤等に木材を送給する業務
⑨ 操車場の構内における軌道車両の入換え、連結又は解放の業務
⑩ 蒸気等により駆動されるプレス機械等を用いて行う金属加工の業務
⑪ 動力により駆動されるプレス機械、シヤー等を用いて行う所定の鋼板加工の業務

⑫ 岩石又は鉱物の破砕機等に材料を送給する業務
⑬ 土砂が崩壊するおそれのある場所又は深さが5メートル以上の地穴における業務
⑭ 高さが5メートル以上の場所で、墜落により労働者が危害を受けるおそれのあるところにおける業務
⑮ 足場の組立て等の業務（所定の業務を除く。）
⑯ 所定の立木の伐採の業務
⑰ 機械集材装置、運材索道等を用いて行う木材の搬出の業務
⑱ 有害物（鉛、水銀、クロム等）のガス等を発散する場所における業務
⑲ 多量の高熱物体を取り扱う業務
⑳ 著しく暑熱な場所における業務
㉑ 多量の低温物体を取り扱う業務
㉒ 著しく寒冷な場所における業務
㉓ 異常気圧下における業務
㉔ さく岩機、鋲打機等身体に著しい振動を与える機械器具を用いて行う業務

労働衛生（有害業務に係るもの）

問11 　**正解 (5)**　　　　　　　　　　　　　　法改正

　2023年（令和5年）4月27日基発0427第4号「化学物質等による危険性又は有害性等の調査等に関する指針」によれば、対策の優先順位として、次のように記されている。

① 危険性又は有害性のより低い物質への代替、化学反応のプロセス等の運転条件の変更、取り扱うリスクアセスメント対象物の形状の変更等又はこれらの併用によるリスクの低減
② リスクアセスメント対象物に係る機械設備等の防爆構造化、安全装置の二重化等の工学的対策又はリスクアセスメント対象物に係る機械設備等の密閉化、局所排気装置の設置等の衛生工学的対策
③ 作業手順の改善、立入禁止等の管理的対策
④ リスクアセスメント対象物の有害性に応じた有効な保護具の選択及び使用
よって、(5)が正解である。

問12 　**正解 (3)**

(1) 蒸気として存在しない。塩化ビニルは、ガスである。
(2) 蒸気として存在しない。ジクロロベンジジンは、粉じんである。
(3) 蒸気として存在する。
(4) 蒸気として存在しない。エチレンオキシドはガスである。

(5) 蒸気として存在しない。二酸化マンガンは、粉じんである。

📖 有害化学物質の存在様式

状態	分類	生成原因と物質例
固体	粉じん	・研磨や摩擦により粒子となったもの ・大きな粒の場合有害性は低いが、粒子が小さいほど有害性が高い ・米杉やラワン等の植物性粉じんも喘息やじん肺の原因となる 例）石綿、無水クロム酸、ジクロロベンジジン、オルト - トリジン、二酸化マンガン等
	ヒューム	・固体が加熱により溶解し、気化し冷やされて微粒子となったもの ・一般に粉じんより小さく、有害性が高い 例）酸化亜鉛、銅、酸化ベリリウム等
液体	ミスト	液体の微粒子が空気中に浮遊しているもの 例）硫酸、硝酸、クロム塩酸等
気体	蒸　気	常温・常圧で液体又は固体の物質が蒸気圧に応じて気体となったもの 例）アクリロニトリル、水銀、アセトン、ニッケルカルボニル、ベンゾトリクロリド、トリクロロエチレン、二硫化炭素、硫酸ジメチル等
	ガ　ス	常温・常圧で気体のもの 例）塩素、一酸化炭素、ホルムアルデヒド、二酸化硫黄、塩化ビニル、アンモニア、硫化水素、エチレンオキシド等

問13　正解（2）

　高圧による障害は、**酸素中毒**、**窒素酔い**、**炭酸ガス中毒**が、減圧による障害は、**減圧症**、**空気塞栓症**（意識障害、頭痛、脳梗塞を引き起こす）、**骨壊死**があるとされている。一酸化炭素中毒は高圧、減圧の影響により発症することはない。

問14　正解（4）

(1) 誤り。有機溶剤の多くは、揮発性が高く、空気より**重い**。

(2) 誤り。有機溶剤は、脂溶性が大きく、皮膚や呼吸器、粘膜から吸収されることがある。脂溶性が大きいほど脂肪組織や脳等の神経系に取り込まれやすい。

(3) 誤り。ノルマルヘキサンによる健康障害では、**末梢神経障害**、**頭痛**、めまい、**多発性神経炎**などがみられる。

(4) 正しい。

(5) 誤り。*N, N* – ジメチルホルムアミドによる健康障害では、**頭痛**、めまい、**肝機能障害**などがみられる。

（1）正しい。設問の通り。

（2）正しい。音圧レベルとは音の圧力のことであり、通常、その音圧と人間が聴くことができる最も小さな音圧（$20\mu Pa$）との比の常用対数を20倍して求められ、その単位はデシベル（dB）で表される。

（3）**誤り**。等価騒音レベルとは、時間経過によって不規則かつ大きく変動する騒音の程度を測定し、**一定時間内での音のエネルギーを平均したもの**をいう。

（4）正しい。騒音性難聴は、通常、会話音域より高い音域（4,000Hz付近の高音域）から始まる。この聴力低下の型を c^5dip という。

（5）正しい。設問の通り。

（1）**正しい**。なお、振動による健康障害は、全身振動障害と局所振動障害に分類される。冬期に発生しやすいレイノー現象などの末梢循環障害や手指のしびれ感などの末梢神経障害は、局所振動障害である。

（2）誤り。けい肺は、**遊離けい酸の粉じんを吸入**することによって起こるじん肺であり、肺の線維化を起こす作用が強い。自覚症状は、進行してから咳や痰が始まり、やがて呼吸困難に陥る。

（3）誤り。金属熱は、高温環境下により発症するものではなく、亜鉛や銅等の**金属ヒューム吸入**により発症する症状である。

（4）誤り。電離放射線の被ばくによる影響には、身体的影響と遺伝的影響がある。身体的影響には被ばく線量が一定のしきい値以上で発現する**確定的影響**（脱毛、白内障、中枢神経障害、造血器障害等）と、しきい値がなく被ばく線量が多くなるほど発生率が高まる**確率的影響**（白血病、甲状腺がん等）がある。被ばく後数週間以内に起こるものを**急性（早期）障害**、それ以降数年又は数十年にわたる潜伏期間を経て発生する障害を**晩発障害**という。

（5）誤り。設問の内容は「熱失神（熱虚脱）」についてである。「熱けいれん」は、高温下での発汗により大量の水分と塩分が失われた状態で、水分だけを補給し塩分を補給しない場合に発症する。

（1）誤り。塩素による中毒では、**咽頭痛や肺水腫**などがみられる。

（2）**正しい**。シアン化水素は気道や皮膚からも吸収され、細胞内の呼吸障害を起こす。シアン化水素による中毒では、**呼吸困難**、けいれんなどがみられる。

（3）誤り。弗化水素による中毒では、**骨の硬化、斑状歯、肺炎、肺水腫**などが

35

みられる。

(4) 誤り。酢酸メチルによる中毒では、**視神経障害**がみられる。

(5) 誤り。二酸化窒素による中毒では、**気管支炎、歯牙酸蝕症**などがみられる。

問18　正解（3）

(1) 正しい。設問の作業場では、有害物質だけでなく粉じんが存在するため、**防じん機能付きの防毒マスク**を使用しなければならない。

(2) 正しい。

📖 防毒マスクの吸収缶の色別標記

区分	吸収缶の色	区分	吸収缶の色
有機ガス用	黒	アンモニア用	緑
硫化水素用	黄	シアン化水素用	青
一酸化炭素用	赤	ハロゲンガス用	灰／黒

(3) 誤り。送気マスクとは、清浄な空気をパイプ、ホース等により給気する呼吸用保護具である。自然の大気を空気源とするホースマスクと圧縮空気を空気源とするエアラインマスクがある。設問の内容は、「**空気呼吸器**」のことである。

(4) 正しい。遮光保護具とは、溶接作業、溶鉱炉等の炉前作業、レーザー作業等の作業で有害光線を遮断することにより眼の障害を防ぐための保護具である。

(5) 正しい。騒音にさらされる作業者の聴覚の騒音のばく露から保護し、聴力障害の発生を防ぐための保護具を聴覚（防音）保護具という。耳栓及び耳覆い（イヤーマフ）がある。どちらを選ぶかは作業の性質や騒音の特性で決まるが、非常に強烈な騒音の場合は両者の併用も有効である。

問19　正解（5）

「特殊健康診断において有害物の体内摂取量を把握する検査として、生物学的モニタリングがあり、スチレンについては、尿中の A マンデル酸 及びフェニルグリオキシル酸の総量を測定し、 B 鉛 については、 C 尿 中のデルタアミノレブリン酸の量を測定する。」

有機溶剤等の有害物にばく露すると、体内に取り込まれ、体内で化学的な変化（代謝）を受けてほとんどが尿などになって排泄されるが、一部が体内に蓄積される。したがって、体内に摂取された有害物の量と、排泄された量との関

係が明らかな場合は、排泄された物質の量を分析することにより、体内に蓄積された有害物の量をある程度推定することができる。このような方法により、有害物へのばく露の程度を把握する手法を生物学的モニタリングという。

問20　正解（3）

(1) 誤り。空気の流れを阻害する要因を圧力損失という。断面積が細過ぎるとダクトの抵抗により圧力損失が増大する。断面積を大きくするほど圧力損失は減少するが、ダクト管内の風速が不足し、ダクト内の粉じんなどの堆積の原因となる。

(2) 誤り。フード開口部の周囲にフランジを設けると吸引範囲は「狭く」なるが、所要の効果を得るために必要な排風量は「減少」する。

(3) 正しい。設問の通り。

(4) 誤り。スロット型フードは、発生源からの飛散速度を利用して捕捉するもので、外付け式フードに分類される。

(5) 誤り。排風機に有害物質が付着しないようにするため、排風機は、空気清浄装置の後の、清浄空気が通る位置に設置する。

関係法令（有害業務に係るもの以外のもの）

問21　正解（3）

　燃料小売業の事業場では、常時使用する労働者数が300人以上の場合に、法令上、総括安全衛生管理者の選任が義務付けられるので誤り。

📖 総括安全衛生管理者の選任が必要な事業場

	業種の区分	労働者数
①屋外産業的業種	林業、鉱業、建設業、運送業、清掃業	常時100人以上
②屋内産業的業種 工業的業種	製造業（物の加工業を含む）、電気業、ガス業、熱供給業、水道業、通信業、各種商品卸売業、家具・建具・じゅう器等卸売業、各種商品小売業（百貨店）、家具・建具・じゅう器小売業、燃料小売業、旅館業、ゴルフ場業、自動車整備業、機械修理業	常時300人以上
③屋内産業的業種 非工業的業種	その他の業種（金融業、保険業、医療業等）	常時1,000人以上

(1) 法令上、誤り。衛生委員会の議長は、「衛生管理者である委員」のうちから事業者が指名するのではなく、「総括安全衛生管理者又は総括安全衛生管理者以外の者で当該事業場においてその事業の実施を統括管理するもの若しくはこれに準ずる者（副所長、副工場長等）」のうちから事業者が指名した者である。

(2)(3)　法令上、誤り。衛生委員会の委員として指名する衛生管理者や産業医は、事業場の規模にかかわらず、その事業場に専属の者でなくとも構わない。外部の労働衛生コンサルタントが衛生委員会の委員となっても問題はない。

(4) 法令上、正しい。設問の場合、「当該事業場の労働者」であること及び「指名することができる」という点に注意すること。

(5) 法令上、誤り。議事録の保存期間は、「5年間」ではなく「3年間」である。

問23　正解（4）

(1) 正しい。事業者は、深夜業などの特定業務に常時従事する労働者に対し、当該業務への配置替えの際及び6か月以内ごとに1回、定期に、定期健康診断の項目について医師による健康診断を行わなければならないが、胸部エックス線検査及びかくたん検査は、1年以内ごとに1回、定期に行えば足りる。

(2) 正しい。

(3) 正しい。入社前3か月以内に医師による健康診断を受け、当該健康診断の結果を証明する書面を提出したときは、健康診断の重複項目につき省略することができる。定期健康診断の省略できる内容と混同しないこと。

(4) 誤り。「健康診断を実施した日から3か月以内」ではなく「遅滞なく」である。

(5) 正しい。設問の通り。

問24　正解（1）

(1) 正しい。長時間労働に係る面接指導の対象となる労働者の要件は、原則として、時間外・休日労働時間が1か月当たり80時間を超え、かつ疲労の蓄積が認められる者である。すべての事業場の事業者に、面接指導の実施義務があることも押さえておくこと。

(2) 誤り。事業者は、面接指導を実施するため、タイムカードによる記録、パーソナルコンピュータなどの電子計算機の使用時間の記録等の客観的な方法その他の適切な方法により、労働者の労働時間の状況を把握しなければならないとされている。高度プロフェッショナル制度の対象者は除外されるが、監督又は管理の地位にある者は除外されない。

(3) 誤り。産業医は、面接指導の要件に該当する労働者に対して、面接指導の申出を行うよう勧奨することができるが、だからといって面接指導を行う医師として事業者が指定することのできる医師が、事業場の産業医に限られる訳ではない。

(4) 誤り。「申出の日から3か月以内」ではなく「遅滞なく」である。なお、「遅滞なく」とは、おおむね「1か月以内」をいう。

(5) 誤り。「3年間」ではなく「5年間」である。

問25 　正解（1）

ストレスチェックからの出題である。ストレスチェックについて、医師及び保健師以外の検査の実施者としては、厚生労働大臣が定める研修を修了した歯科医師、看護師、精神保健福祉士又は公認心理師がなる。

　以上により、AとBの組み合わせが正しく、正解は(1)となる。

問26 　正解（4）

(1) 誤り。設問の労使協定（36協定）を締結・届出を行った場合のほか、災害等による臨時の必要がある場合、公務のため臨時の必要がある場合、変形労働時間制を導入した場合も1日8時間を超えて労働させることができる。

(2) 誤り。「45分」ではなく「1時間」である。

(3) 誤り。機密の事務を取り扱う労働者は、所轄労働基準監督署長の許可を受けることなく、労働時間、休憩、休日に関する規定の適用除外となる。

(4) 正しい。設問の通り。

(5) 誤り。満18歳未満の者でも、災害等による臨時の必要がある場合などでは、時間外・休日労働をさせることができる。また、満18歳に達した者は、時間外・休日労働をさせることができる。

問27 　正解（4）

年次有給休暇の比例付与日数の計算出題である。

　原則として、週所定労働時間が30時間未満かつ1週間の所定労働日数が4日以下の者は、次の算式により、年次有給休暇の付与日数が算定される（端数は切り捨て）。

通常の労働者の有給休暇日数×（比例付与対象者の所定労働日数÷5.2）

　設問の労働者は、所定労働時間が25時間で週所定労働日数が4日であるので、比例付与対象者となる。入社後4年6か月継続勤務したとあるので、前記算式にあてはめると、

16日 × 4/5.2 ≒ 12.31

よって、**12（日）** となる。

問28　**正解（4）**

A　正しい。「心の健康づくり計画」の策定においては、衛生委員会等で十分な調査審議を行い、各事業場における労働安全衛生に関する計画の中に位置づけることが望ましいとされている。

B　誤り。「心の健康づくり計画」の策定に当たっては、事業者が労働者の意見を聴きつつ事業場の実態に即した取組みを行うことが必要なため、衛生委員会や安全衛生委員会での調査審議を十分行うことが必要である。

C　誤り。「家族によるケア」ではなく「**事業場内産業保健スタッフ等によるケア**」である。

D　正しい。設問の通り。

以上により、誤りはB、Cであるので(4)が正解である。

問29　**正解（2）**

「職場における受動喫煙防止のためのガイドライン」において、事業者は、施設内に喫煙専用室、指定たばこ専用喫煙室など喫煙することができる場所を定めようとするときは、当該場所の出入口及び施設の主たる出入口の見やすい箇所に必要な事項を記載した**標識を掲示**しなければならない(5)と定めている。また、喫煙専用室は、次に掲げるたばこの煙の流出を防止するための技術的基準を満たすものでなければならないとしている。

① 出入口において、室外から室内に流入する空気の気流が、**0.2m/s 以上**であること(1)。

② たばこの煙が室内から室外に流出しないよう、**壁、天井等によって区画**されていること(3)。

③ たばこの煙が**屋外又は外部の場所に排気**されていること(4)。

以上により、(2)がガイドラインには定められていない。

> 喫煙専用室とは、「第二種施設等の屋内又は内部の場所の一部の場所であって、構造及び設備がその室外の場所（第二種施設等の屋内又は内部の場所に限る。）へのたばこの煙の流出を防止するための技術的基準に適合した室を、専ら喫煙をすることができる場所として定めたもの」をいいます。

問30 　正解（1）

(1) 誤り。生体から得られたある指標が正規分布である場合、そのばらつきの程度は分散や標準偏差によって表される。

(2) 正しい。集団を比較する際、平均値が明らかに異なっていれば、異なった特徴を有する集団と評価されるが、平均値が等しくても分散（値のばらつき）が異なっていれば、この場合も異なった特徴を有する集団であると評価される。

(3) 正しい。健康診断の日における受診者数に対する有所見者の割合を有所見率といい、このようなデータのことを静態データと呼んでいる。これに対して1年間における有所見等が発生した人の割合を発生率といい、このようなデータを動態データと呼んでいることも押さえておくこと。

(4) 正しい。二つの事象の間に相関関係がみられたとしても、因果関係がないこともある。因果関係が成立するための五つの条件として、①時間的先行性、②関係の普遍性、③関係の強さ、④関係の特異性、⑤関係の一致性が必要とされている。

(5) 正しい。対象人数など個数を数えることができる要素のデータを「計数データ」、身長・体重や摂取カロリーのように各要素の何らかの量に関するデータを「計量データ」という。

問31 　正解（2）

(1) 正しい。出血性の脳血管障害は、脳表面のくも膜下に出血しているくも膜下出血と脳実質内に出血している脳出血がある。症状としては、くも膜下出血は、急な激しい頭痛、意識がなくなるなど、脳出血は、頭痛・麻痺、ろれつが回らないなどの言語障害がみられる。

(2) 誤り。脳塞栓症と脳血栓症の説明が逆である。

(3) 正しい。設問の通り。

(4) 正しい。狭心症とは、胸が締め付けられるような痛み（狭心痛）を生じるが、一過性で比較的軽症のものをいう。心筋梗塞とは心筋の壊死（え）が起きた状態で、死亡率は35％〜50％とされるほどの重症である。

(5) 正しい。運動負荷心電図検査は、狭心症や心筋梗塞といった虚血性心疾患の発見だけでなく、心筋の異常や不整脈の発見にも有用である。

問32 　正解（3）

腸炎ビブリオ菌は熱に弱いので誤り。なお、(5)のノロウイルスの殺菌（失

活化）には、煮沸消毒か塩素系の消毒剤を使用するのが効果的とされている。

📖 細菌性食中毒の感染型と毒素型の分類

タイプ	原因菌と特徴	主な食材
感染型 （細菌が 原因）	サルモネラ菌（熱に弱い、急性胃腸炎型の症状）	排泄物で汚染された食肉や卵
	腸炎ビブリオ菌（熱に弱い、好塩性、腹痛、水様性下痢、潜伏期間はおおむね10～24時間）	近海の海産魚介類（病原性好塩菌）
	カンピロバクター（ニワトリ、ウシ等の腸に住む。下痢、腹痛、発熱等他の感染型細菌性食中毒と酷似。潜伏期間は2～7日）	食品や飲料水
	ベロ毒素産生性大腸菌（腸管出血性大腸菌）（ベロ毒素により腹痛や出血を伴う水様性の下痢などを起こす。潜伏期間は、3～5日で、代表的なものにO-26、O-111、O-157がある）	汚染された食肉や野菜などから摂取されることがある
毒素型	ボツリヌス菌（熱に強い、神経症状を呈し、致死率が高い）	缶詰等
	黄色ブドウ球菌（熱に強い、嘔吐、腹痛、比較的症状は軽い）	弁当、あんこ等

問33　正解（4）

(1) 正しい。人間の抵抗力が非常に弱い場合は、普段、多くの人には感染しない菌が病気を発症させることを**日和見感染**という。

(2) 正しい。微生物の感染が成立し症状が現れるまでの期間を潜伏期と呼ぶが、**不顕性感染**は、この症状が現れない状態が継続することをいう。

(3) 正しい。設問の通り。

(4) 誤り。「空気感染」ではなく「**飛沫感染**」である。

(5) 正しい。インフルエンザウイルスのA型は抗原性の異なる亜型が存在し、人間以外にもブタやトリなど宿主に広く分布している**人獣共通感染症**である。

問34　正解（5）

(1) 適切である。設問の通り。

(2) 適切である。健康測定の結果に基づき行う健康指導には、運動指導、メンタルヘルスケア、栄養指導、口腔（くう）保健指導、保健指導が含まれており、各事業場の実態に即して措置を実施していくことが必要である。

(3) 適切である。事業者は、設問の措置の特徴を理解したうえで、これらの措

置を効果的に組み合わせて健康増進対策に取り組むことが望ましい。

(4) 適切である。なお、数値については、例えば、定期健康診断結果や医療保険者から提供される事業場内外の複数の集団間の健康状態を比較したデータなどを活用することが考えられる。

(5) **適切でない**。健康測定では、疾病の早期発見に重点をおいた健康診断を活用しつつ、追加で生活状況調査等を実施し、生活習慣の偏りを把握することが大切であるとされている。健康診断の各項目の結果を健康測定に活用できないことはない。

労働生理

問35 　正解（3）

(1) 誤り。呼吸運動は「横隔膜、肋間筋などの呼吸筋が収縮と弛緩をすること」によって胸腔内の圧力を変化させ、肺を受動的に伸縮させて行われる。

(2) 誤り。設問の内容は、「**外呼吸**」である。「**内呼吸**」とは、全身の毛細血管と各細胞組織との間で行われる酸素と二酸化炭素を交換する組織呼吸のことをいう。

(3) **正しい**。成人の呼吸数は、通常、1分間に**16～20回**で、成人の安静時の1回呼吸量は、**500ml**である。呼吸数は食事、入浴や発熱などにより増加する。

(4) 誤り。**チェーンストークス呼吸**とは、呼吸をしていない状態から次第に呼吸が深まり、その後再び浅くなって呼吸が停止する状態を周期的に繰り返す異常呼吸のことをいう。これは、**延髄の呼吸中枢の機能が衰える**ことで生じる現象で、喫煙が原因となるわけではない。

(5) 誤り。呼吸中枢は脳の**延髄**にあり、血液中の**二酸化炭素**が**増加**すると刺激されて呼吸数が**増加**する。窒素分圧の上昇により呼吸中枢が刺激され、呼吸数が増加するのではない。

問36 　正解（1）

(1) **誤り**。心臓は自律神経に支配され、**右心房にある洞房結節からの電気信号**により収縮と拡張を繰り返す。

(2) 正しい。設問の通り。この血液の循環のことを**小循環**ともいう。

(3) 正しい。大動脈及び肺静脈には、酸素を多く含んだ**動脈血**が流れ、大静脈及び肺動脈には、二酸化炭素や老廃物を多く含んだ**静脈血**が流れる。

(4) 正しい。設問の通り。心臓の拍動は、交感神経（心臓の働きを促進）と副

交感神経（心臓の働きを抑制）から成る**自律神経**の支配を受けていることも押さえておくこと。

(5) 正しい。設問の通り。**冠動脈（冠状動脈）**が血栓などにより詰まると、心臓の末梢血管に酸素や栄養素が行き渡らなくなり、組織壊死を起こす。これが**心筋梗塞**である。あわせて押さえておくこと。

問37　正解（2）

(2)の説明は、小脳ではなく、**脳梁**であるので誤り。脳梁は、左右の大脳半球を連結する線維の束をいう。

問38　正解（1）

炭水化物（糖質）を分解する酵素はアミラーゼ、マルターゼ、脂質を分解する酵素はリパーゼ、蛋白質を分解する酵素はトリプシン、ペプシンである。

以上により、(1)が正解である。

問39　正解（5）

(1) 正しい。血液中の蛋白質は**分子が大きいためボウマン嚢を通過できず**、毛細血管に戻されることも押さえておくこと。

(2) 正しい。原尿中に濾し出された大部分の水分、電解質、栄養分は、**尿細管**で血液中に**再吸収**される。

(3) 正しい。設問の通り。

(4) 正しい。尿は全身の健康状態をよく反映し、検体の採取も簡単なので尿蛋白、尿糖、尿潜血などの検査が広く行われている。

(5) **誤り**。腎機能が低下すると、血液中の**尿素窒素（BUN）**は上昇する。尿素は肝臓で合成されて腎臓から排泄される。尿素窒素は、体内の蛋白質が分解された最終的な形である。

問40　正解（2）

(1) 正しい。血液の**約55％**は**血漿**とされ、残りの**約45％**は有形成分であることも押さえておくこと。

(2) **誤り**。「グロブリン」と「アルブミン」の説明が逆である。

(3) 正しい。貧血時には**ヘマトクリット**の値が**低くなる**ことも押さえておくこと。

(4) 正しい。**血液の凝固**とは、血漿に含まれるフィブリノーゲンがフィブリンに変化することをいう。

(5) 正しい。なお、B型の血清は**抗A抗体**、O型の血清は**抗A抗体、抗B抗体**

の両方を持つが、ＡＢ型の血清はいずれの抗体も持たない。

問41　正解（3）

(1) 正しい。また、眼軸が**長過ぎる**ことなどにより、平行光線が網膜の前方で像を結ぶものを**近視**ということも押さえておくこと。

(2) 正しい。設問の通り。また、嗅覚はわずかな臭いでも感じる反面、同一臭気に対しては**疲労しやすい**ことも押さえておくこと。

(3) 誤り。冷覚点の密度は温覚点に比べて大きく、**冷覚の方が温覚よりも鋭敏**である。

(4) 正しい。**深部感覚**は、筋肉や腱にある受容器から得られる身体各部位の位置や運動などの感覚（具体的には、目隠しをした状態でも手足の位置を認識することができる）である。

(5) 正しい。なお、飛行機に乗ったときに耳の感覚がおかしくなるのは、耳の内圧が外気圧と等しく保たれなくなる（耳の内圧が外界の環境圧より低くなる）ためである。

問42　正解（5）

(1)(2)　正しい。**抗原**とは免疫に関係する細胞によって異物と認識される物質をいう。抗原となる物質には、細菌やウイルスの表面にある**蛋白質**や**糖質**などがある。

(3) 正しい。**アレルギー**とは、抗原に対して身体を守る働きをする免疫が、逆に人体の組織や細胞に傷害を与えてしまうことをいう。主なアレルギー疾患としては、**気管支ぜんそく**、**アトピー性皮膚炎**、アレルギー性結膜炎、アナフィラキシーなどがある。

(4) 正しい。免疫の機能が失われたり低下したりすることを**免疫不全**という。免疫不全になると、設問にあるように感染症にかかったり、がんに罹患しやすくなったりする。免疫不全疾患には、遺伝的に免疫不全である場合（原発性）、とＨＩＶなどに感染したことが原因で免疫不全になる場合（続発性）の２種類がある。

(5) 誤り。「**細胞性免疫**」と「**体液性免疫**」の説明が逆である。

問43　正解（5）

(1) 誤り。**心筋**は、平滑筋ではなく**横紋筋**である。平滑筋に対応するものは、内臓筋である。

(2) 誤り。筋肉は、神経から送られてくる刺激で収縮するが、神経に比べて疲

45

労しやすい。

(3) 誤り。荷物を持ち上げたり、屈伸運動を行うときは、筋肉の長さを変えて筋力を発生させる「等張性収縮」が生じている。「等尺性収縮」ではない。

(4) 誤り。強い力を必要とする運動を続けていることにより、筋肉を構成する個々の筋線維が太くなり筋力が増強する。これを筋肉の活動性肥大という。

(5) 正しい。設問の通り。

問44 **正解（5）**

(1) 正しい。入眠直後から前半にはノンレム睡眠が生じ、これが不十分なときは日中に眠気を催しやすいとされている。レム睡眠は大脳を活発化するための眠りであり、ノンレム睡眠は大脳を鎮静化するための眠りであることも押さえておくこと。

(2) 正しい。交感神経系は心拍数を増加し、消化管の運動を抑制することも押さえておくこと。

(3) 正しい。睡眠と覚醒のリズムのように約1日の周期で繰り返される生物学的リズムを概日リズム（サーカディアンリズム）という。不規則な生活が続くなどして体内時計の周期を適正に修正させることができなくなると、睡眠障害を生じることがある。これを概日リズム睡眠障害という。

(4) 正しい。また、極度の空腹も不眠の原因となるため、非常に軽い食事をとるのも良い睡眠を得るための一つの方法だといわれている。

(5) 誤り。「脳下垂体から分泌されるセクレチン」ではなく「松果体から分泌されるメラトニン」である。メラトニンは、夜間に分泌が上昇して睡眠と覚醒のリズムに関与しているホルモンである。

解答一覧

問 1	①	❷	③	④	⑤
問 2	①	❷	③	④	⑤
問 3	①	②	❸	④	⑤
問 4	①	②	③	❹	⑤
問 5	①	②	③	④	❺
問 6	①	②	③	④	❺
問 7	①	②	③	④	❺
問 8	①	②	❸	④	⑤
問 9	①	②	❸	④	⑤
問 10	①	❷	③	④	⑤
問 11	①	②	❸	④	⑤
問 12	①	❷	③	④	⑤
問 13	❶	②	③	④	⑤
問 14	①	②	❸	④	⑤
問 15	❶	②	③	④	⑤
問 16	①	②	③	❹	⑤
問 17	①	②	❸	④	⑤
問 18	①	②	❸	④	⑤
問 19	①	❷	③	④	⑤
問 20	❶	②	③	④	⑤
問 21	❶	②	③	④	⑤
問 22	①	②	③	❹	⑤

問 23	❶	②	③	④	⑤
問 24	①	❷	③	④	⑤
問 25	❶	②	③	④	⑤
問 26	①	②	③	❹	⑤
問 27	①	❷	③	④	⑤
問 28	①	②	❸	④	⑤
問 29	①	❷	③	④	⑤
問 30	①	②	❸	④	⑤
問 31	❶	②	③	④	⑤
問 32	①	❷	③	④	⑤
問 33	①	②	③	❹	⑤
問 34	①	②	③	④	❺
問 35	①	②	❸	④	⑤
問 36	❶	②	③	④	⑤
問 37	①	②	③	④	❺
問 38	①	②	③	❹	⑤
問 39	①	②	❸	④	⑤
問 40	①	②	③	❹	⑤
問 41	①	②	③	④	❺
問 42	①	②	③	❹	⑤
問 43	①	②	❸	④	⑤
問 44	①	❷	③	④	⑤

問1　**正解（2）**

(1) 法令上、正しい。常時使用する労働者数が600人であるため、この場合、3人以上衛生管理者を選任しなければならない。

衛生管理者の選任数

事業場の規模（常時使用労働者数）	衛生管理者数
50人以上200人以下	1人以上
200人を超え500人以下	2人以上
500人を超え1,000人以下	3人以上
1,000人を超え2,000人以下	4人以上
2,000人を超え3,000人以下	5人以上
3,000人を超える場合	6人以上

(2) **法令上、誤り。「多量の低温物体を取り扱う業務」は、衛生工学衛生管理者免許を有する者のうちから、衛生管理者を選任しなければならない業務に該当しない。「多量の高熱物体を取り扱う業務」の場合は、衛生工学衛生管理者免許を有する者のうちから衛生管理者を選任しなければならないことと混同しないこと。**

(3) 法令上、正しい。衛生管理者の専任要件は、①常時1,000人を超える労働者を使用する事業場又は②常時500人を超える労働者を使用する事業場で、坑内労働又は一定の健康上有害な業務に常時30人以上の労働者を従事させる事業場である。「一定の健康上有害な業務」には、「多量の低温物体を取り扱う業務」が含まれている。

(4) 法令上、正しい。産業医の専属要件は、①常時1,000人以上の労働者を使用する事業場又は②一定の有害な業務に、常時500人以上の労働者を従事させる事業場と定められている。「一定の有害な業務」は、半年に1回の定期健康診断が必要とされる特定業務従事者に係る有害業務と同じである。具体的には、坑内における業務、多量の高熱物体を取り扱う業務及び深夜業を含む業務等がこれに該当する。

(5) 法令上、正しい。特定化学物質（第三類も含む。）を製造し又は取り扱う作業では作業主任者（設問の場合、特定化学物質作業主任者）を選任しなければならない。

　設問は、製造許可物質に関する問題である。製造許可物質は、次の表に掲げる物質のことで、労働者に重度の健康障害を生ずるおそれのあるものであるため、あらかじめ、厚生労働大臣の許可を受けなければならないとされている。(2)のエチレンオキシドは製造許可物質に該当しない。

📖 製造許可物質

製造許可物質（特定化学物質第一類）

①ジクロロベンジジン及びその塩
②アルファ - ナフチルアミン及びその塩
③塩素化ビフェニル（PCB）
④オルト - トリジン及びその塩
⑤ジアニシジン及びその塩
⑥ベリリウム及びその化合物
⑦ベンゾトリクロリド
⑧①〜⑥までに掲げる物質をその重量の1％を超えて含有し、又は⑦に掲げる物質をその重量の0.5％を超えて含有する製剤その他の物

問3　正解 (3)

(1) 正しい。非密封の放射性物質を取り扱う作業室では、1か月以内ごとに1回、定期に空気中の放射性物質の濃度を測定しなければならない。

(2) 正しい。チッパーによりチップする業務を行う屋内作業場は、「著しい騒音を発する屋内作業場」に該当するため、6か月以内ごとに1回、定期に等価騒音レベルの測定をしなければならない。

(3) 誤り。通気設備が設けられている坑内の作業場では、「1か月以内ごとに1回」ではなく「半月以内ごとに1回」定期に通気量の測定をしなければならない。

(4) 正しい。一定の鉛業務を行う屋内作業場では、1年以内ごとに1回、鉛の空気中濃度の測定をしなければならない。

(5) 正しい。有機溶剤（第一種又は第二種有機溶剤等）を製造、取り扱う屋内作業場では、空気中の有機溶剤濃度を6か月以内ごとに1回、測定しなければならない。

問4　正解 (4)

　次の表より、(4)が正解となる。

特別教育が必要な業務	特別教育が不要な業務
①高圧室内業務 ②廃棄物焼却炉を有する廃棄物の焼却施設において焼却灰等を取り扱う業務 ③特定粉じん作業に係る業務 ※屋内でセメントを袋詰めする箇所における作業、屋内において、研磨材を用いて動力（手持式又は可搬式動力工具によるものを除く）により金属を研磨する作業、陶磁器を製造する工程で原料を混合する作業等に係る業務等 ④酸素欠乏危険作業（しょう油やもろみその他発酵する物の醸造槽の内部における作業等） ⑤石綿等が使用されている建築物の解体等作業 ⑥エックス線・ガンマ線照射装置を用いた透過写真撮影業務 ⑦チェーンソーを用いて行う造材の業務 ⑧東日本大震災により生じた放射性物質により汚染された土壌等を除染するための業務	①水深10m以上の場所の潜水業務 ②ボンベから給気を受けて行う潜水業務 ※潜水作業者への送気の調節を行うためのバルブ又はコックを操作する業務は、特別教育を行う必要がある ③特定化学物質を用いて行う製造等業務 ④有機溶剤等を用いて行う接着等の業務 ※有機溶剤等（及び特定化学物質）を用いて行う業務は、第一種、第二種、第三種（特定化学物質の場合は、第一類、第二類、第三類物質）のいずれであっても特別教育の対象とならない ⑤紫外線又は赤外線にさらされる業務 ⑥超音波にさらされる業務 ⑦削岩機、チッピングハンマー等のチェーンソー以外の振動工具を取り扱う業務 ⑧強烈な騒音を発する場所における業務

特定化学物質や有機溶剤等を用いて行う業務は、特別教育の対象とはなりません。

問5 　正解 (5)

　譲渡等の制限の対象となる主な装置（労働安全衛生法別表2に掲げる器具等）には、①防じんマスク（ろ過材及び面体を有するもの）、②防毒マスク（ハロゲンガス用、有機ガス用、一酸化炭素用、アンモニア用、亜硫酸ガス用。ただし、酸性ガス用防毒マスクは該当しない）、③交流アーク溶接機用自動電撃防止装置、④絶縁用保護具、⑤絶縁用防具、⑥保護帽、⑦防じん又は防毒機能を有する電動ファン付き呼吸用保護具、⑧再圧室、⑨潜水器、⑩特定エックス線装置、⑪工業用ガンマ線照射装置、⑫安全帯、⑬排気量40cm³以上の内燃機関を内蔵するチェーンソー等がある。よって、(5)が正解である。

(1) 正しい。石綿等を取り扱う**屋内作業場**については、**6か月以内ごとに1回**定期に空気中の石綿の濃度を測定するとともに、測定結果等を記録し、これを**40年間保存**しなければならない。

(2) 正しい。事業者は、**局所排気装置及びプッシュプル型換気装置**について、**1年以内ごとに1回**、定期に所定の事項について自主検査を行わなければならない。またその結果を記録し、**3年間保存**しなければならない。

(3) 正しい。石綿健康診断についての出題である。事業者は、石綿等を取り扱う業務や試験研究のため製造する業務に常時従事する労働者や周辺業務に従事する労働者に対して、石綿健康診断を実施しなければならない。これらの業務に従事させたことがあり、現に使用している労働者についても同様である。

(4) 正しい。作業の記録についての出題である。石綿等を取り扱う作業場に従事した労働者について記録する内容は、①労働者の氏名、②従事した作業の概要及び当該作業に従事した期間（直接石綿を取り扱わない者にあっては、当該場所において他の労働者が従事した石綿を取り扱う作業の概要及び作業に従事した期間）、③石綿の粉じんにより著しく汚染された事態が生じたときは、その概要及び事業者が講じた応急の措置の概要など、となる。

(5) 誤り。「作業の記録及び局所排気装置、除じん装置等の定期自主検査の記録」ではなく「作業の記録、**作業環境測定の記録及び石綿健康診断の個人票**」である。

(1) 法令上、正しい。都道府県労働局長は、事業者等からじん肺健康診断の結果を証明する書面等が提出された労働者について、地方じん肺診査医の診断又は審査によりじん肺管理区分を決定する。当該決定の通知を受けた事業者は、遅滞なく、その労働者に決定されたじん肺管理区分及び留意すべき事項を通知し、その事実を記載した書面を作成し、**3年間保存**しなければならない。

(2) 法令上、正しい。事業者は、常時粉じん作業に従事する労働者で、じん肺管理区分が**管理一**であるものについては、**3年以内ごとに1回**、定期的にじん肺健康診断を行わなければならない。

(3) 法令上、正しい。事業者は、常時粉じん作業に従事する労働者で、じん肺管理区分が**管理二又は管理三**であるものについては、**1年以内ごとに1回**、定期的にじん肺健康診断を行わなければならない。

(4) 法令上、正しい。じん肺管理区分が管理四と決定された者（著しい肺機能

障害があると認められる）は、療養を要する。

(5) **法令上、誤り**。事業者は、じん肺健康診断に関する記録及びエックス線写真を**7年間**保存しなければならない。

問8　正解（3）

(1) **正しい**。設問の場合、硫化水素中毒の予防について必要な知識を有する者のうちから作業指揮者を選任しなければならない。

(2) **正しい**。「酒類を入れたことのある醸造槽の内部における清掃作業の業務」は第一種酸素欠乏危険作業に該当するため、労働者を就かせるときは、酸素欠乏危険作業に係る**特別の教育**を行わなければならない。

(3) **誤り**。事業者は、酸素欠乏危険作業に労働者を従事させる場合は、当該作業を行う場所の空気中の酸素の濃度を18％以上（第二種酸素欠乏危険作業に係る場所にあっては、空気中の酸素の濃度を18％以上、かつ、硫化水素の濃度を10ppm以下）に保つように換気しなければならないが、爆発、酸化等を防止するため換気することができない場合又は作業の性質上換気することが著しく困難な場合は、この限りでないとされている。この場合、保護具（空気呼吸器、酸素呼吸器又は送気マスク）を備え、労働者に使用させなければならないが「防毒マスク」は、酸素欠乏の空気には対応できない。

(4) **正しい**。事業者は、酸素欠乏危険作業に労働者を従事させるときは、**常時作業の状況を監視し、異常があったときに直ちにその旨を酸素欠乏危険作業主任者及びその他の関係者に通報する者を置く**等（監視人等の設置）、異常を早期に把握するために必要な措置を講じなければならない。

(5) **正しい**。事業者は、**地下室の内部における作業に労働者を従事させるとき**は、①酸素欠乏の空気が漏出するおそれのある箇所を閉そくし、②酸素欠乏の空気を直接外部へ放出することができる設備を設ける等**酸素欠乏の空気の流入を防止するための措置を講じなければならない**。

問9　正解（3）

(1) **違反していない**。空気清浄装置を設けていない屋内作業場の局所排気装置、プッシュプル型換気装置などの排気口は、屋根上から**1.5m以上**としなければならない。

(2) **違反していない**。事業者は、第一種有機溶剤等及び第二種有機溶剤等に係る有機溶剤業務を行う屋内作業場では、6か月以内ごとに1回、定期に、当該有機溶剤等の濃度を測定（作業環境測定）しなければならないが、設問は「第三種有機溶剤等」とあるので作業環境測定を行わなくてもよい。

53

(3) 違反している。作業場所に設ける局所排気装置について、**外付け式フード**の場合、制御風速に必要な能力は**側方吸引型**と**下方吸引型で0.5m/s**、**上方吸引型で1.0m/s**とされている。設問の場合、0.4m/sとあるので制御風速が不足している。

(4) 違反していない。事業者は、有機溶剤等を製造し、又は取り扱う業務については、有機溶剤作業主任者技能講習を修了した者のうちから、有機溶剤作業主任者を選任しなければならないが、「**試験の業務に労働者を従事**」させるときは、選任しなくてもよい。

(5) 違反していない。事業者は、有機溶剤等を入れてあった空容器で有機溶剤の蒸気が発散するおそれのある容器については、当該容器を密閉するか、又は当該容器を屋外の一定の場所に集積しておかなければならない。

問10　正解（2）

設問の内容は、「満17歳の女性」とあるので、労働基準法の年少者及び妊産婦の保護規定が適用される。

(1)、(3)〜(5)　該当する。これらの業務は、年少者の就業制限業務に該当するため、満17歳の女性に就かせてはならない。

(2) **該当しない**。16歳以上18歳未満の女性（設問の場合は、満17歳）に**断続的に重量物を取り扱う業務**は、**25kg 未満**まで認められている。

労働衛生（有害業務に係るもの）

問11　正解（3）

(1) 蒸気として存在しない。塩化ビニルは、ガスである。
(2) 蒸気として存在しない。ジクロロベンジジンは、粉じんである。
(3) **蒸気として存在する**。
(4) 蒸気として存在しない。硫化水素は、ガスである。
(5) 蒸気として存在しない。アンモニアは、ガスである。

📖 **有害化学物質の存在様式**

状態	分類	生成原因と物質例
固体	粉じん	・研磨や摩擦により粒子となったもの ・大きな粒の場合有害性は低いが、粒子が小さいほど有害性が高い ・米杉やラワン等の植物性粉じんも喘息やじん肺の原因となる 例）石綿、無水クロム酸、ジクロロベンジジン、オルト‐トリジン、二酸化マンガン等

固体	ヒューム	・固体が加熱により溶解し、気化し冷やされて微粒子となったもの ・一般に粉じんより小さく、有害性が高い 例）酸化亜鉛、銅、酸化ベリリウム等
液体	ミスト	液体の微粒子が空気中に浮遊しているもの 例）硫酸、硝酸、クロム塩酸等
気体	蒸　気	常温・常圧で液体又は固体の物質が蒸気圧に応じて気体となったもの 例）アクリロニトリル、水銀、アセトン、ニッケルカルボニル、ベンゾトリクロリド、トリクロロエチレン、二硫化炭素、硫酸ジメチル等
	ガ　ス	常温・常圧で気体のもの 例）塩素、一酸化炭素、ホルムアルデヒド、二酸化硫黄、塩化ビニル、アンモニア、硫化水素、エチレンオキシド等

問12 **正解（2）** 法改正

(1)(3)(4)　適切である。リスクの見積りについて「発生可能性」及び「重篤度」を考慮する方法には、①(1)のマトリクス法、②**数値化法（発生可能性と重篤度を一定の尺度で数値化し、それらを加算又は乗算などする）**、③(3)の**枝分かれ図を使用（発生可能性と重篤度を段階的に分岐）**、④(4)の**ILO の化学物質リスク簡易評価法（コントロール・バンディング）**、⑤化学プラント等の化学反応のプロセス等による災害のシナリオを仮定して、その事象の発生可能性と重篤度を考慮する方法を用いてリスクを見積もる方法がある。

(2)　**適切でない**。「年間の取扱量及び作業時間を一定の尺度によりそれぞれ数値化」ではなく「発生可能性と重篤度を一定の尺度で数値化」である。

(5)　適切である。リスクの見積りについて「ばく露の程度」及び「有害性の程度」を考慮する方法には、(5)のあらかじめ尺度化した表を使用する方法のほか、次の方法がある。

・管理濃度と比較する方法（管理濃度が定められている物質について、作業環境測定により測定した当該物質の第一評価値を当該物質の管理濃度と比較）

・濃度基準値と比較する方法（濃度基準値が設定されている物質について、個人ばく露測定により測定した当該物質の濃度を当該物質の濃度基準値と比較）

・実測値による方法（作業環境測定などによって測定した気中濃度などを、その物質等のばく露限界と比較）

・使用量などから推定する方法（数理モデルを使用して気中濃度を推定し、濃度基準値又はばく露限界と比較）

(1) 誤り。じん肺とは、ある種の粉じんを吸収することによって肺の組織が線維化する疾患で、肺に生じた炎症性病変を主体とする疾病ではない。

(2) 正しい。じん肺の合併症は、続発性気管支炎や肺結核のほかに結核性胸膜炎、続発性気管支拡張症、続発性気胸、原発性肺がんがある。

(3) 正しい。設問以外に、遊離けい酸によるじん肺（けい肺）、炭素によるじん肺（炭素肺、黒鉛肺）、石綿によるじん肺（石綿肺）があることも押さえておくこと。

(4) 正しい。溶接工肺は、溶接作業で生じる酸化鉄ヒュームを吸入することによって発生する職業性疾病で、じん肺の一種である。

(5) 正しい。設問の通り。

(1) 正しい。電離放射線は、電離作用（放射線によって与えられたエネルギーにより、通り道に当たる物質の電子が弾き飛ばされる作用）を有する放射線のことである。物質を透過したり、電離させたりする性質があり、電磁波と粒子線に大別される。

(2) 正しい。エックス線やガンマ線は電磁波、アルファ線、ベータ線、中性子線、電子線等は粒子線である。

(3) 誤り。エックス線は紫外線より波長の短い電磁波である。

(4) 正しい。晩発障害には、他に発がんや白血病がある。

(5) 正しい。設問の通り。

(1) 正しい。凍瘡<ruby>瘡<rt>そう</rt></ruby>は、寒冷に伴う「しもやけ」のことである。

(2) 誤り。電離放射線の被ばくによる影響には、身体的影響と遺伝的影響がある。身体的影響には、被ばく線量が一定のしきい値以上で発現する確定的影響（脱毛、白内障、中枢神経障害等）と、しきい値がなく被ばく線量が多くなるほど発生率が高まる確率的影響（白血病、甲状腺がん等）がある。被ばく後、数週間以内に起こるものを急性（早期）障害、それ以降数年又は数十年にわたる潜伏期間を経て発生する障害を晩発障害という。

(3) 誤り。金属熱は、高温環境下により発症するものではなく、亜鉛や銅等の金属ヒューム吸入により発症する症状である。

(4) 誤り。設問の場合、瞬時に失神して呼吸が停止し、死亡することがある。徐々に窒息状態になるのではない。

(5) 誤り。減圧症は、高圧の環境下において大量に体内組織に吸収されていた**窒素ガス**が減圧によって血中で気化し、気泡が血管を詰まらせることにより発生する症状である。

問16　正解（4）

(1) 正しい。設問の通り。

(2) 正しい。シアン化水素は気道や皮膚からも吸収され、細胞内の呼吸障害を起こす。シアン化水素による中毒では、**呼吸困難、けいれん**などがみられる。

(3) 正しい。硫化水素による中毒では、**目や気道の刺激、**高濃度では**意識消失、呼吸麻痺等**がみられる。

(4) 誤り。塩化ビニルではなく、二酸化硫黄による中毒である。塩化ビニルは、がん（肝血管肉腫）が発症するおそれがあるといわれている。

(5) 正しい。弗化水素による中毒では、**骨の硬化、斑状歯、肺炎、肺水腫等**がみられる。

問17　正解（3）

(1) 誤り。保護めがねは、飛散する粒子、薬品の飛沫などによる障害を防ぐ目的で使用するものである。有害光線による眼の障害を防ぐ目的で使用するものは「**遮光保護具**」である。

(2) 誤り。保護クリームは、皮膚の露出部に塗布して、作業中に有害な物質が直接皮膚に付着しないようにする目的で使用するものである。ただし、保護クリームを塗布していても有害性の強い化学物質を直接手で取り扱う場合は、皮膚障害を起こすこともあるため、状況によっては**化学防護手袋**をする必要がある。

(3) 正しい。設問の通り。

(4) 誤り。防毒マスクは、ガス、蒸気を吸収缶によって除去する保護具である。**対象ガスの種類によって吸収缶が異なるため、**最も毒性の強いガス用の防毒マスクを使用しても他の有害ガスには対応できない。

(5) 誤り。エアラインマスクは、清浄な空気をパイプ、ホース等で作業者に給気する送気マスクである。清浄な空気をボンベに詰めたものを空気源として供給する自給式呼吸器ではない。

問18　正解（3）

(1) 正しい。金属水銀中毒の症状としては、脳疾患（手指の震え、精神障害）がみられる。

(2) 正しい。鉛中毒の症状としては、貧血、腹痛（鉛疝痛）、末梢神経障害、伸筋麻痺、腎障害、生殖毒性等がみられる。

(3) 誤り。マンガン中毒の症状としては、筋のこわばり、震え、歩行困難等がみられる。

(4) 正しい。カドミウム中毒では、急性症例には、上気道炎、肺炎などによる呼吸困難があり、慢性症例としては、肺気腫、腎機能障害などが挙げられる。

(5) 正しい。砒素中毒は、急性中毒として嘔吐や腹痛等の消化器症状、不静脈、呼吸障害等がみられる。また、慢性中毒として黒皮症、角化症、鼻中隔穿孔、溶結性貧血、末梢神経障害、皮膚がん、肺がんがみられる。

問19　正解（2）

(1) 誤り。空気の流れを阻害する要因を圧力損失というが、ダクトの断面積が細過ぎると、その抵抗により圧力損失が増大する。ダクトの断面積を大きくするほど圧力損失は減少するが、ダクト管内の風速が不足し、ダクト内の粉じんなどの堆積の原因となる。

(2) 正しい。フード開口部の周囲にフランジを設けると吸引範囲は「狭く」なるが、所要の効果を得るために必要な排風量は「減少」する。

(3) 誤り。ドラフトチェンバ型フードは作業面を除き、周りが覆われているもので囲い式フードに分類される。

(4) 誤り。スロット型フードは、発生源からの飛散速度を利用して捕捉するもので、外付け式フードに分類される。

(5) 誤り。排風機に有害物質が付着しないようにするため、排風機は空気清浄装置の後の清浄空気が通る位置に設置する。

問20　正解（1）

「特殊健康診断において有害物の体内摂取量を把握する検査として、生物学的モニタリングがあり、ノルマルヘキサンについては、尿中の A 2,5 - ヘキサンジオン を測定し、B 鉛 については、C 尿 中のデルタアミノレブリン酸の量を測定する。」

📖 有害化学物質と尿中の代謝物等との主な組合せ

物質名	検査内容
トルエン	尿中の馬尿酸
キシレン	尿中のメチル馬尿酸

スチレン	尿中のマンデル酸
ノルマルヘキサン	尿中の2,5-ヘキサンジオン
鉛	血液中鉛、尿中のデルタ-アミノレブリン酸
N,N-ジメチルホルムアミド	尿中の*N*-メチルホルムアミド
1,1,1-トリクロロエタン	尿中のトリクロロ酢酸又は総三塩化物
トリクロロエチレン	尿中のトリクロロ酢酸又は総三塩化物

関係法令（有害業務に係るもの以外のもの）

問21　　正解（1）

(1) **法令上、誤り。**「その事業の実施を統括管理する者又はこれに準ずる者」ではなく「その事業の実施を**統括管理する者**」である。

> 衛生委員会の議長は「総括安全衛生管理者又は〜これに準ずる者」のうちから事業者が指名した者となっていて、混同しやすいです。

(2) 法令上、正しい。総括安全衛生管理者については、衛生管理者のような労働基準監督署長による増員・解任命令の定めがないことも押さえておくこと。

(3)(4) 法令上、正しい。**衛生管理者、産業医も同様の定めがある。**

(5) 法令上、正しい。設問の通り。

問22　　正解（4）

(1) 法令上、正しい。事業の実施を統括管理する者（法人の代表者等）が、自らの事業場の産業医を兼務している場合、労働者の健康管理と事業経営上の利益が一致しない場合が想定される等の理由から、法人の代表者等を産業医として選任することは禁止されている。

(2) 法令上、正しい。産業医が、「事業者から毎月1回以上、所定の情報の提供を受けている場合であって、**事業者の同意を得ているとき**」は作業場等の巡視の頻度を「**毎月1回以上**」から「**2か月に1回以上**」とすることができる。

(3) 法令上、正しい。事業者は、産業医が**辞任**又は産業医を**解任**したときは、遅帯なく、その旨及びその理由を衛生委員会等に**報告**しなければならない。産業医の独立性及び中立性を強化するために定められた規定である。

(4) **法令上、誤り。**産業医は、一定の資格要件が衛生管理者等と異なるため、代理者の選任は義務付けられていない。

(5) 法令上、正しい。事業者が産業医に付与すべき権限として、①事業者又は総括安全衛生管理者に意見を述べること、②労働者から当該労働者の健康管理等の実施に必要な情報を収集すること、③労働者の健康確保のため緊急の必要がある場合、当該労働者に対して必要な措置の指示をすること、が含まれることが明確化されている。

問23　正解（1）

定期健康診断項目のうち、厚生労働大臣が定める基準に基づき、医師が必要でないと認めるときは、省略することができる項目に該当しないものとして、既往歴、業務歴、**自覚症状の有無の検査**、血圧検査、体重検査、尿検査がある。したがって、(1)が正解である。

📖✏️ **定期健康診断における省略可能な検査項目**

検査項目	対象者
身長の検査	20歳以上の者
腹囲の検査	・40歳未満（35歳を除く）の者 ・妊娠中の女性その他の者であって、その腹囲が内臓脂肪の蓄積を反映していないと診断された者 ・BMIが20未満である者、22未満で自己申告した者
胸部エックス線検査	40歳未満の者（20歳、25歳、30歳及び35歳の者を除く）で、次のいずれにも該当しない者 ・感染症法で結核に係る定期健康診断の対象とされている施設等の労働者 ・じん肺法で3年に1回のじん肺健康診断の対象とされている労働者
かくたん検査	・胸部エックス線検査を省略された者 ・胸部エックス線検査で病変の発見されない者又は結核発病のおそれがないと診断された者
貧血検査、肝機能検査、血中脂質検査、血糖検査、心電図検査	40歳未満（35歳を除く）の者

問24　正解（2）

(1) 誤り。面接指導の対象となる労働者の要件は、原則として時間外・休日労働時間が1か月当たり80時間を超え、かつ疲労の蓄積が認められる者である。すべての事業場の事業者に、面接指導の実施義務があることも押さえて

おくこと。

(2) 正しい。事業者は、面接指導を実施するため、タイムカードによる記録、パーソナルコンピュータ等の電子計算機の使用時間の記録等の客観的な方法その他の適切な方法により、労働者の労働時間の状況を把握しなければならないとされている。

(3)(5) 誤り。事業者は、面接指導の結果に基づき、当該面接指導の結果の記録を作成して、これを**5年間保存**しなければならないが、健康診断個人票に記載する必要のあるものではない。

(4) 誤り。面接指導の結果に基づく医師からの意見聴取は、面接指導が行われた後(事業者の指定した医師以外の面接指導を受け、その結果を証明する書面を事業者に提出した場合にあっては、当該労働者がその書面を事業者に提出した後)、**遅滞なく**行わなければならない。

問25　正解（1）

(1) **法令上、誤り。**「6か月以内ごとに1回」ではなく「**2か月以内ごとに1回**」である。

(2) 法令上、正しい。事業者は、事務室の建築、大規模の修繕又は大規模の模様替を行ったときは、当該建築等を行った事務室における空気中のホルムアルデヒドの濃度について、当該建築等を完了し、当該事務室の使用を開始した日以後所定の時期(最初に到来する6月から9月までの期間)に1回、測定しなければならない。

(3) 法令上、正しい。燃焼器具を使用するときは、発熱量が著しく少ないものを除き、**毎日**、異常の有無を点検しなければならない。

(4) 法令上、正しい。事務室において使用する機械による換気のための設備については、**2か月以内ごとに1回**、定期に、異常の有無を点検しなければならない。

(5) 法令上、正しい。空気調和設備内に設けられた排水受けについては、原則として、**1か月以内ごとに1回**、定期に、その汚れ及び閉塞の状況を点検しなければならない。

問26　正解（4）

(1) 法令上、正しい。妊産婦が請求した場合、36協定を締結し、これを所轄労働基準監督署長に届け出ている場合であっても、その者を時間外・休日労働させてはならない。ただし、管理監督者等には当該規定が適用されないため、この制限はない。

(2)(3) 法令上、正しい。妊産婦が請求した場合、変形労働時間制（フレックスタイム制を除く）を採用している場合における、1週間及び1日のそれぞれの法定労働時間を超えた就業は禁止されるが、管理監督者等には、当該規定が適用されないため、この制限はない。

(4) **法令上、誤り。妊娠中の女性が**請求した場合には、**他の軽易な業務に転換**させなければならない。**管理監督者等**の場合でも、**この規定が適用**される。

(5) 法令上、正しい。生理日の就業が著しく困難な女性が休暇を請求したときは、その者を生理日に就業させてはならない。

問27 **正解（2）**

年次有給休暇の**比例付与日数**の計算問題である。

原則として週所定労働時間が30時間未満かつ1週間の所定労働日数が4日以下の者は、以下の算式により年次有給休暇の付与日数が算定される（端数は切り捨て）。

通常の労働者の有給休暇日数×（比例付与対象者の所定労働日数÷5.2）

設問の労働者は、所定労働時間が25時間で週所定労働日数が4日であるので、比例付与対象者となる。入社後3年6か月継続勤務したとあるため、上記算式にあてはめると、14日 × 4/5.2≒10.77 ＝ **10（日）** となる。

労働衛生（有害業務に係るもの以外のもの）

問28 **正解（3）**

厚生労働省「職場における受動喫煙防止のためのガイドライン」において、事業者は、施設内に喫煙専用室、指定たばこ専用喫煙室など喫煙することができる場所を定めようとするときは、当該場所の出入口及び施設の主たる出入口の見やすい箇所に必要な事項を記載した**標識を掲示**しなければならない(5)と定めている。また、喫煙専用室は、次に掲げるたばこの煙の流出を防止するための技術的基準を満たすものでなければならないとしている。

① 出入口において、室外から室内に流入する空気の気流が、**0.2m/s 以上**であること(1)。

② たばこの煙が室内から室外に流出しないよう、**壁、天井等によって区画**されていること(2)。

③ たばこの煙が屋外又は**外部の場所に排気**されていること(4)。

以上により、(3)がガイドラインには定められていない。

喫煙専用室とは、「第二種施設等の屋内又は内部の場所の一部の場所であって、構造及び設備がその室外の場所（第二種施設等の屋内又は内部の場所に限る）へのたばこの煙の流出を防止するための技術的基準に適合した室を、専ら喫煙をすることができる場所として定めたもの」をいいます。

問29　正解（2）

　厚生労働省「事業者が講ずべき快適な職場環境の形成のための措置に関する指針」では、事業者が必要な措置を講ずるに当たり考慮すべき事項として、①継続的かつ計画的な取組、②労働者の意見の反映、③個人差への配慮、④潤いへの配慮の4つが定められている。したがって、ここにない（2）が正解となる。

問30　正解（3）

(1) 誤り。指針によれば、腰部保護ベルトは労働者全員に使用させるものではなく、労働者ごとに効果を確認してから使用の適否を判断して導入するものとされている。

(2) 誤り。「50％以下」ではなく「40％以下」である。

(3) 正しい。指針によれば、満18歳以上の女子労働者が人力のみで取り扱う物の重量は、男性が取り扱うことのできる重量の60％位までとすることとされている。

(4) 誤り。「1年以内ごとに1回」ではなく「6か月以内ごとに1回」である。重量物取扱い作業、介護・看護作業など腰部に著しい負担のかかる作業に常時従事する労働者に対しては、当該作業に配置する際及びその後6か月以内ごとに1回、定期に医師による腰痛の健康診断を実施しなければならないとされている。

(5) 誤り。床面が硬い場合には、立っているだけでも腰部への衝撃が大きいため、クッション性のある作業靴やマットを利用して衝撃を緩和することとされている。

問31　正解（1）

(1) 誤り。虚血性心疾患は、冠動脈が動脈硬化などの原因で狭くなったり、閉塞したりして心筋に血液が行かなくなることで起こる疾患である。

(2) 正しい。危険因子には、高血圧、喫煙、脂質異常症などがある。

(3) 正しい。狭心症とは、胸が締め付けられるような痛み（狭心痛）を生じるが、一過性で比較的軽症のものをいう。心筋梗塞とは心筋の壊死が起きた状

態で、死亡率は35〜50％とされるほどの**重症**である。

(4)(5)　正しい。狭心症は、冠動脈の血液が一時的に滞るために起こる心臓
　　　発作であり、発作は長くても**15分以内**におさまる場合が多い。心筋梗塞は、
　　　冠動脈の動脈硬化により血管が詰まって起こる心臓発作であり、突然の激し
　　　い胸痛、呼吸困難、不整脈などの症状を起こし、突然死に至ることもある。

> 運動負荷心電図検査は、運動中及び運動直後の心電図を記
> 録することで、狭心症や心筋梗塞などの虚血性心疾患の有
> 無を調べることができます。

問32　　**正解（2）**

「日本では、内臓脂肪の蓄積があり、かつ、血中脂質（中性脂肪、ＨＤＬコ
レステロール）、｜A 血圧｜、｜B 空腹時血糖｜の三つのうち｜C 二つ以上｜が基準
値から外れている場合にメタボリックシンドロームと診断される。」

📖 **日本人のメタボリックシンドローム診断基準（日本内科学会等）**

①腹部肥満（内臓脂肪量）
　ウエスト周囲径
　男性 ≧85cm、女性 ≧90cm（内臓脂肪面積 ≧100cm^{2}に相当）
②上記に加え以下のうち2項目以上
　1）トリグリセライド ≧150mg/dl　かつ／又は
　　　HDL コレステロール < 40mg/dl
　2）収縮期血圧 ≧130mmHg　かつ／又は　拡張期血圧 ≧85mmHg
　3）空腹時血糖 ≧110mg/dl

問33　　**正解（4）**

(1)　正しい。二つの事象の間に相関関係がみられたとしても、因果関係がない
　　こともある。因果関係が成立するための五つの条件として、①**時間的先行性**、
　　②**関係の普遍性**、③**関係の強さ**、④**関係の特異性**、⑤**関係の一致性**が必要と
　　されている。

(2)　正しい。集団を比較する際、平均値が明らかに異なっていれば、異なった
　　特徴を有する集団と評価されるが、平均値が等しくても分散（値のばらつき）
　　が異なっていれば、この場合も異なった特徴を有する集団と評価される。

(3)(5)　正しい。**静態データ**とは、ある時点での集団に関するデータをいう。
　　例えば、健康診断の日における受診者数に対する有所見者の割合を有所見率
　　といい、このようなデータのことを静態データと呼んでいる。また、**動態デー**

タとは、一定期間での集団に関するデータをいう。例えば、1年間における有所見等が発生した人の割合を**発生率**といい、このようなデータを動態データと呼んでいる。

(4) 誤り。生体から得られたある指標が正規分布である場合、そのばらつきの程度は**分散や標準偏差**によって表される。

問34　**正解（5）**

(1) 正しい。ボツリヌス菌は、**毒素型**である。熱に強く、神経症状を呈し、致死率が高いのが特徴である。

(2) 正しい。サルモネラ菌は、食物に付着した細菌そのものの感染によって起こる**感染型食中毒**である。

(3) 正しい。O-157やO-111による食中毒は、ベロ毒素を産生する大腸菌による食中毒で、腹痛、出血を伴う水様性の下痢などの症状を呈する。

(4) 正しい。ノロウイルスは、**冬季に集団食中毒**として発生することが多い。潜伏期間は1〜2日間と考えられ、主症状としては吐き気、嘔吐、下痢が起こる。また、腹痛、頭痛、発熱等かぜに似た全身症状を伴うこともある。

(5) 誤り。腸炎ビブリオ菌は、感染型食中毒で、**熱に弱い**のが特徴である。

📖 細菌性食中毒の感染型と毒素型の分類

タイプ	原因菌と特徴	主な食材
感染型 （細菌が 原因）	サルモネラ菌（熱に弱い、急性胃腸炎型の症状）	排泄物で汚染された食肉や卵
	腸炎ビブリオ菌（熱に弱い、好塩性、腹痛、水様性下痢、潜伏期間はおおむね10〜24時間）	近海の海産魚介類（病原性好塩菌）
	カンピロバクター（ニワトリ、ウシ等の腸に住む。下痢、腹痛、発熱等他の感染型細菌性食中毒と酷似。潜伏期間は2〜7日）	食品や飲料水
	ベロ毒素産生性大腸菌（腸管出血性大腸菌）（ベロ毒素により腹痛や出血を伴う水様性の下痢などを起こす。潜伏期間は、3〜5日で、代表的なものにO-26、O-111、O-157がある）	汚染された食肉や野菜などから摂取されることがある
毒素型	ボツリヌス菌（熱に強い、神経症状を呈し、致死率が高い）	缶詰等
	黄色ブドウ球菌（熱に強い、嘔吐、腹痛、比較的症状は軽い）	弁当、あんこ等

問35　　正解 (3)

(1) 誤り。呼吸運動は「横隔膜、肋間筋などの呼吸筋が収縮と弛緩をすること」によって胸腔内の圧力を変化させ、肺を受動的に伸縮させて行われる。

(2) 誤り。設問の内容は、「**外呼吸**」についてである。「**内呼吸**」とは、全身の毛細血管と各細胞組織との間で行われる酸素と二酸化炭素を交換する組織呼吸のことをいう。

(3) **正しい。**成人の呼吸数は、通常、1分間に **16～20回**で、成人の安静時の1回呼吸量は、**500ml** である。呼吸数は食事、入浴や発熱により**増加**する。

(4) 誤り。**チェーンストークス呼吸**とは、呼吸をしていない状態から次第に呼吸が深まり、その後再び浅くなって呼吸が停止する状態を周期的に繰り返す異常呼吸のことをいう。これは、延髄の呼吸中枢の機能が衰えることで生じる現象であり、喫煙が原因となるわけではない。

(5) 誤り。呼吸中枢は脳の延髄にあり、血液中の**二酸化炭素が増加**すると刺激されて呼吸数が**増加**する。窒素分圧の上昇により呼吸中枢が刺激され、呼吸数が増加するのではない。

問36　　正解 (1)

(1) **誤り。**心臓は自律神経に支配され、**右心房にある洞房結節からの電気信号**により収縮と拡張を繰り返す。

(2) 正しい。設問の通り。この体循環のことを「**小循環**」ともいう。

(3) 正しい。大動脈及び肺静脈には、酸素を多く含んだ**動脈血**が流れ、大静脈及び肺動脈には、二酸化炭素や老廃物を多く含んだ**静脈血**が流れる。

(4) 正しい。設問の通り。心臓の拍動は、交感神経（心臓の働きを促進）と副交感神経（心臓の働きを抑制）から成る**自律神経の支配**を受けていることも押さえておくこと。

(5) 正しい。設問の通り。

📖✍ 体循環と肺循環

循環名	循環順路
体循環（大循環）	左心室 → 大動脈（酸素多）…全身…大静脈（酸素少）→ 右心房 → 右心室 ⇒ 肺循環へ
肺循環（小循環）	右心室 → 肺動脈（酸素少）…肺…肺静脈（酸素多）→ 左心房 → 左心室 ⇒ 体循環へ

(1) 誤り。体温調節のための中枢は「脳幹の延髄」ではなく、「間脳の**視床下部**」にある。

(2) 誤り。暑熱な環境では、**体表面**の血流量が増加して体表からの放熱が促進され、また体内の代謝活動を抑制することで**産熱量が減少**する。

(3) 誤り。身体内部の状態を一定に保つ生体の仕組みを**恒常性（ホメオスタシス）**といい、自律神経系とホルモンにより調整されている。

(4) 誤り。「10 g」ではなく「**100 g**」である。皮膚の表面から水1gが蒸発すると、0.58kcal の気化熱が奪われるとされている。人体の比熱（体温を1℃上昇させるのに必要な熱量）は約0.83であるため、体重70kg の人の熱容量（単位質量（1kg）当たり1℃上げるのに必要な熱量）は58.1kcal（0.83×70）となり、58.1÷0.58≒100（g）で算出される。したがって、100 g の水分が体表面から蒸発すると体温が約1℃下がる。

(5) **正しい。**発汗していない状態でも、皮膚及び呼吸器から若干（1日約850 g）の水分の蒸発がある。これを**不感蒸泄**というが、この不感蒸泄にともなう放熱は全放熱量の約**25**％である。

(4) 誤り。コルチゾールの内分泌器官は副腎皮質で、そのはたらきは、グリコーゲンの合成促進である。設問に該当するホルモンは、グルカゴンである。

主なホルモンの種類

分泌物質	内分泌器官		働き
メラトニン	松果体		睡眠の促進
ノルアドレナリン	副腎	副腎髄質	血圧上昇、血管収縮
アドレナリン			血糖量、心拍数の増加
コルチゾール		副腎皮質	グリコーゲン合成促進（血糖量の増加）
アルドステロン			血中の塩類バランスの調節
インスリン	膵臓		血糖量の減少
グルカゴン			血糖量の増加
甲状腺ホルモン	甲状腺		酸素消費促進、体温上昇
パラソルモン	副甲状腺		血中カルシウムバランスの調節
ガストリン	胃		胃酸分泌刺激
セクレチン	十二指腸		消化液分泌促進

（1）誤り。血液中の老廃物は、**糸球体からボウマン嚢**に濾し出される。

（2）誤り。血液中の**蛋白質は分子が大きいためボウマン嚢を通過できず**、毛細血管へ戻される。

（3）**正しい。血液中のグルコース（糖の一種）は、糸球体からボウマン嚢**に濾し出される。その後、原尿中に濾し出され**尿細管で再吸収**される。

（4）誤り。原尿中に濾し出された電解質の多くは、**尿細管で血中に再吸収**される。

（5）誤り。原尿中に濾し出された水分の大部分は、**尿細管で血中に再吸収**される。

問40　正解（4）

（1）（3）　正しい。耳は**聴覚と平衡感覚（＝前庭感覚）**をつかさどる器官であり、**外耳・中耳・内耳**の三つの部位がある。内耳は**前庭、半規管、蝸牛**の三つの部位から構成され、前庭と半規管が平衡感覚、蝸牛が聴覚を分担している。

（2）正しい。聴覚の経路は、**外耳⇒鼓膜⇒耳小骨⇒前庭⇒蝸牛⇒蝸牛神経⇒聴覚中枢**となる。

（4）**誤り。「前庭」と「半規管」の内容が逆である。半規管は、体の回転の方向や速度を感じ、前庭は、体の傾きの方向や大きさを感じる。**

（5）正しい。鼓室の内圧は外気圧と等しく保たれているが、圧力が変化すると鼓膜の振動が制限され、一時的な難聴となる。航空機やエレベーターで感じる耳の違和感がこの作用に当たる。

耳の構造

外耳		音を集める
中耳		鼓室の耳小骨によって鼓膜の振動を内耳に伝える
内耳	前庭	体の傾きの方向や大きさを感じる
	半規管	体の回転方向や速度を感じる
	蝸牛	聴覚を担当している

問41　正解（5）

（1）正しい。神経系を構成する基本的単位は神経細胞であり、ニューロンという。通常、核を持つ1個の細胞体と1本の軸索及び複数の樹状突起から成る。

（2）正しい。設問の通り、脊髄の**中心部は灰白質**であり、その**外側は白質**である。

（3）正しい。大脳の**内側は白質**で大脳辺縁系と呼ばれる部位があり、情動、意

欲等や自律神経の活動に関わっている。また、大脳の**外側**の皮質は、神経細胞の細胞体が集まっている**灰白質**であり、感覚、思考などの作用を支配する中枢として機能している。

(4) 正しい。**体性神経**は、設問にあるように**運動及び感覚**に関与している。また、自律神経は、呼吸、循環などに関与することも押さえておくこと。

(5) 誤り。**交感神経**は、消化管の運動を「亢進」ではなく「**抑制**」させる。

問42 　**正解（4）**

(1) 正しい。血液の約**55％は血漿**とされ、残りの約**45％は有形成分**である。

(2) 正しい。**アルブミン**は血漿中に最も多く含まれる**蛋白質**であり、さまざまな物質を血液中で運搬するとともに**浸透圧**を維持する。

(3) 正しい。白血球は、形態や機能などの違いにより、好中球、好酸球、好塩基球、リンパ球、単球などに分類される。**好中球**は、白血球の約**60％**を占めている。好中球や単球等は偽足を出し、アメーバ運動を行い、体内に侵入した細菌やウイルスを貪食する。

(4) 誤り。**B細胞（Bリンパ球）、T細胞（Tリンパ球）**などのリンパ球は、**白血球の一部**である。

(5) 正しい。**血液の凝固**とは、血漿に含まれるフィブリノーゲンがフィブリンに変化することをいう。

問43 　**正解（3）**

　肝臓の機能には、(1)コレステロールの合成、(2)尿素の合成、(4)胆汁の生成、(5)血液凝固物質や血液凝固阻止物質の合成、また、グリコーゲンの合成及び分解があるが、(3)「**ビリルビンの分解**」はない。

問44 　**正解（2）**　　　　　　　　　　　　　　　　　　　法改正

(1) 正しい。**胆汁**はアルカリ性の消化液で、消化酵素を含まないが、**脂肪分解作用**がある。

(2) 誤り。「膵アミラーゼ」ではなく「**膵リパーゼ**」である。

(3) 正しい。肝臓は、過剰な蛋白質と糖質（炭水化物）を脂肪に変換する。

(4) 正しい。肝臓は、コレステロールとリン脂質を合成するが、これらは神経組織の構成成分となる。

(5) 正しい。体内のエネルギー源となる**ATP**は、脂質、糖質、蛋白質を分解して産生される。脂質は糖質や蛋白質と比べて**2倍のエネルギー**を発生するため、エネルギー源として優れている。

令和４年４月公表試験問題の解答・解説

問 1	① ② ③ ❹ ⑤	問 23	① ❷ ③ ④ ⑤
問 2	① ② ❸ ④ ⑤	問 24	① ② ③ ④ ❺
問 3	① ② ③ ④ ❺	問 25	① ② ❸ ④ ⑤
問 4	❶ ② ③ ④ ⑤	問 26	① ❷ ③ ④ ⑤
問 5	① ② ③ ④ ❺	問 27	① ② ③ ❹ ⑤
問 6	① ② ❸ ④ ⑤	問 28	① ❷ ③ ④ ⑤
問 7	① ② ❸ ④ ⑤	問 29	① ❷ ③ ④ ⑤
問 8	① ② ③ ❹ ⑤	問 30	① ② ❸ ④ ⑤
問 9	① ② ③ ④ ❺	問 31	① ② ③ ④ ❺
問 10	① ❷ ③ ④ ⑤	問 32	❶ ② ③ ④ ⑤
問 11	❶ ② ③ ④ ⑤	問 33	① ② ❸ ④ ⑤
問 12	① ② ❸ ④ ⑤	問 34	❶ ② ③ ④ ⑤
問 13	① ② ❸ ④ ⑤	問 35	① ② ③ ④ ❺
問 14	① ② ③ ❹ ⑤	問 36	❶ ② ③ ④ ⑤
問 15	① ❷ ③ ④ ⑤	問 37	① ❷ ③ ④ ⑤
問 16	① ❷ ③ ④ ⑤	問 38	① ② ❸ ④ ⑤
問 17	① ❷ ③ ④ ⑤	問 39	① ② ③ ❹ ⑤
問 18	① ② ③ ❹ ⑤	問 40	① ❷ ③ ④ ⑤
問 19	① ❷ ③ ④ ⑤	問 41	① ② ③ ④ ❺
問 20	① ❷ ③ ④ ⑤	問 42	① ② ❸ ④ ⑤
問 21	① ② ③ ❹ ⑤	問 43	① ② ③ ④ ❺
問 22	① ② ③ ❹ ⑤	問 44	① ② ③ ④ ❺

問1 **正解（4）**

(1) 法令上、正しい。常時60人の労働者を使用する医療業の事業場は、常時使用する労働者数が50人以上となるため衛生管理者を選任しなければならない。また、選任される衛生管理者は、第二種衛生管理者以外の者（第一種衛生管理者免許若しくは衛生工学衛生管理者免許を有する者、医師、歯科医師又は労働衛生コンサルタント）でなければならない。

(2) 法令上、正しい。衛生管理者は、その事業場に専属の者を選任しなければならない。ただし、2人以上選任する場合において、その中に労働衛生コンサルタントがいるときは、当該労働衛生コンサルタントのうち1人については、事業場に専属の者である必要はないと定められている。

(3) 法令上、正しい。産業医の専属要件は、①常時1,000人以上の労働者を使用する事業場又は②一定の有害な業務に常時500人以上の労働者を従事させる事業場と定められている。

> 「一定の有害な業務」は、半年に1回の定期健康診断が必要とされる特定業務従事者に係る有害業務と同じです。具体的には、坑内における業務、多量の高熱物体を取り扱う業務及び深夜業を含む業務等が該当します。

(4) **法令上、誤り。**「常時500人を**超える**労働者を使用する事業場で、坑内労働又は一定の健康上有害な業務に常時30人以上の労働者を従事させる事業場」のうち、坑内労働、多量の高熱物体を取り扱う業務及び著しく暑熱な場所における業務又は有害放射線にさらされる業務等一定の業務に常時30人以上の労働者を従事させる事業場では、衛生管理者のうち1人を衛生工学衛生管理者免許を受けた者のうちから選任しなければならない。設問の「多量の低温物体を取り扱う業務」は、衛生工学衛生管理者免許を有する者を選任しなければならない業務に該当しない。

(5) 法令上、正しい。常時3,000人を**超える**労働者を使用する事業場においては産業医を2人以上選任しなければならないと定められている。

問2 **正解（3）**

A「乾性油を入れてあるタンクの内部における作業」は、酸素欠乏危険場所における作業に、D「圧気工法により、大気圧を超える気圧下の作業室の内部において行う作業」は、高圧室内作業に該当するため、法令上、作業主任者の選任が義務付けられている。よって、(3)が正解である。

📖 作業主任者の選任が必要・不要な作業

必要な作業	不要な作業
①高圧室内作業 ②エックス線装置を使用する放射線業務（医療用を除く） ③ガンマ線照射装置を用いて行う透過写真撮影作業 ④特定化学物質を製造し、又は取り扱う作業（金属アーク溶接等作業） ⑤鉛業務に係る作業（換気が不十分な場所におけるはんだ付け作業、溶融した鉛を用いて行う金属の焼入れの業務に係る作業等を除く） ⑥四アルキル鉛等業務 ⑦酸素欠乏危険場所（ドライアイスを使用している冷蔵庫の内部の作業等）における作業 ⑧有機溶剤等を製造し又は取り扱う業務 ⑨石綿等を取り扱う作業（試験研究のため取り扱う作業を除く）又は試験研究のため石綿等を製造する作業	①特定粉じん作業 ②強烈な騒音を発する場所における作業 ③レーザー光線による金属加工作業 ④廃棄物焼却作業 ⑤立木の伐採（チェーンソーを用いる）作業 ⑥潜水作業 ⑦試験研究の目的で特定化学物質・有機溶剤等を取り扱う作業 ⑧自然換気が不十分な、はんだ付け作業等 ⑨セメント製造工程においてセメントを袋詰めする作業

問3　正解（5）

　譲渡等の制限の対象となる主な装置（労働安全衛生法別表2に掲げる器具等）は、①防じんマスク（ろ過材及び面体を有するもの）、②防毒マスク（ハロゲンガス用、有機ガス用、一酸化炭素用、アンモニア用、亜硫酸ガス用。ただし、酸性ガス用防毒マスクは該当しない）、③交流アーク溶接機用自動電撃防止装置、④絶縁用保護具、⑤絶縁用防具、⑥保護帽、⑦防じん又は防毒機能を有する電動ファン付き呼吸用保護具、⑧再圧室、⑨潜水器、⑩特定エックス線装置、⑪工業用ガンマ線照射装置、⑫安全帯、⑬排気量40cm^{3}以上の内燃機関を内蔵するチェーンソー等がある。よって、(5)が正解である。

問4　正解（1）

　設問は、製造許可物質に関する問題である。製造許可物質とは、次に掲げる物質のことで、労働者に重度の健康障害を生ずるおそれのあるものであるため、あらかじめ、厚生労働大臣の許可を受けなければならないとされている。(1)のインジウム化合物は製造許可物質に該当しない。

製造許可物質（特定化学物質第一類）

①ジクロルベンジジン及びその塩
②アルファ - ナフチルアミン及びその塩
③塩素化ビフェニル（PCB）
④オルト - トリジン及びその塩
⑤ジアニシジン及びその塩
⑥ベリリウム及びその化合物
⑦ベンゾトリクロリド
⑧①～⑥までに掲げる物質をその重量の1％を超えて含有し、又は⑦に掲げる物質をその重量の0.5％を超えて含有する製剤その他の物

問5 　**正解（5）**

(1) 正しい。石綿等を取り扱う**屋内作業場**については、**6か月以内ごとに1回**、定期に、空気中の**石綿の濃度**を測定するとともに、測定結果等を記録し、これを**40年間**保存しなければならない。

(2) 正しい。事業者は、**局所排気装置及びプッシュプル型換気装置**について、**1年以内ごとに1回**、定期に、所定の事項について自主検査を行わなければならない。また、その結果を記録し、**3年間**保存しなければならない。

(3) 正しい。石綿健康診断についての出題である。事業者は、石綿等を取り扱う業務や試験研究のため製造する業務に常時従事する労働者や周辺業務に従事する労働者に対して石綿健康診断を実施しなければならない。これらの業務に従事させたことがあり、現に使用している労働者についても同様である。

(4) 正しい。作業記録の保存についての出題である。石綿等を取り扱う作業場に従事した労働者について記録する内容は、①労働者の氏名、②従事した作業の概要及び当該作業に従事した期間（直接石綿を取り扱わない者にあっては、当該場所において他の労働者が従事した石綿を取り扱う作業の概要及び作業に従事した期間）、③石綿の粉じんにより著しく汚染された事態が生じたときは、その概要及び事業者が講じた応急の措置の概要、となることも押さえておくこと。

(5) **誤り**。「作業の記録及び局所排気装置、除じん装置等の定期自主検査の記録」ではなく、「作業の記録、作業環境測定の記録及び石綿健康診断の個人票」である。

(1) 違反していない。空気清浄装置を設けていない屋内作業場の局所排気装置、プッシュプル型換気装置などの排気口は、屋根上から 1.5m 以上としなければならない。

(2) 違反していない。事業者は、**第一種有機溶剤等及び第二種有機溶剤等に係る**有機溶剤業務を行う屋内作業場では、6か月以内ごとに1回、定期に、当該有機溶剤等の濃度を測定（**作業環境測定**）しなければならないが、設問は「**第三種有機溶剤等**」とあるため**作業環境測定を行わなくてよい**。

(3) **違反している。**作業場所に設ける局所排気装置について、外付け式フードの場合、制御風速に必要な能力は側方吸引型と**下方吸引型で0.5m/s、上方吸引型で1.0m/s**とされている。設問の場合、0.4m/s とあるので制御風速が不足している。

(4) 違反していない。事業者は、有機溶剤等を製造し、又は取り扱う業務については、有機溶剤作業主任者技能講習を修了した者のうちから有機溶剤作業主任者を選任しなければならないが、「**試験の業務に労働者を従事**」させるときは**選任しなくてもよい**。

(5) 違反していない。事業者は、有機溶剤等を入れてあった空容器で有機溶剤の蒸気が発散するおそれのある容器については、当該容器を密閉するか、又は当該容器を屋外の一定の場所に集積しておかなければならない。

(1) 正しい。坑内における気温は、37℃以下にしなければならないと法定されている。

(2) 正しい。ふく射熱から労働者を保護する措置とは、隔壁、保護眼鏡、頭巾類、防護衣などを使用させることをいう。

(3) 誤り。「0.15%」ではなく、「1.5%」である。炭酸ガス（二酸化炭素）濃度が1.5% を超える場所には、関係者以外の者が立ち入ることについて、禁止する旨を見やすい箇所に表示すること等の方法により禁止するとともに、表示以外の方法により禁止したときは、当該場所が立入禁止である旨を見やすい箇所に表示しなければならない。

(4) 正しい。著しく暑熱、寒冷、多湿の作業場や有害ガス、蒸気、粉じんを発散する作業場等においては坑内などの特殊な作業場でやむを得ない事由がある場合を除き、休憩の設備を**作業場外**に設けなければならない。

(5) 正しい。「ダイオキシン類」とは、ポリ塩化ジベンゾフラン、ポリ塩化ジ

ベンゾ - パラ - ジオキシン及びコプラナ - ポリ塩化ビフェニルをいう。

問8　正解（4）

　放射線量が一定以上になるおそれのある区域を「管理区域」といい、標識によって明示され、関係者以外の立ち入りを禁止することが定められている。「①管理区域とは、外部放射線による実効線量と空気中の放射性物質による実効線量との合計が　A 3か月　につき　B 1.3mSv　を超えるおそれのある区域又は放射性物質の表面密度が法令に定める表面汚染に関する限度の10分の1を超えるおそれのある区域をいう。

　②①の外部放射線による実効線量の算定は　C 1cm　線量当量によって行う。」

問9　正解（5）

(1) 法令上、誤り。有機溶剤業務に常時従事する労働者に対しては、溶剤の種類別に定められた項目（例えば、トルエン→尿中の馬尿酸の量）等が義務付けられているが、尿中のデルタアミノレブリン酸の量の検査は、義務付けられていない。

(2) 法令上、誤り。放射線業務に常時従事する労働者に対しては、白血球数や白血球百分率の検査が義務付けられているが、尿中の潜血の有無の検査は義務付けられていない。

(3) 法令上、誤り。鉛業務に常時従事する労働者に対しては、血液中の鉛量の検査及び尿中のデルタアミノレブリン酸の量の検査が義務付けられているが、尿中のマンデル酸の量の検査は義務付けられていない。

(4) 法令上、誤り。石綿等を取り扱う業務に常時従事する労働者に対しては、胸部エックス線直接撮影による検査が義務付けられているが、尿中又は血液中の石綿の量の検査は義務付けられていない。

(5) **法令上、正しい。**潜水業務（高圧業務）に常時従事する労働者に対しては、耳鳴り等の自覚症状又は他覚症状の有無の検査、鼓膜・聴力の検査、肺活量の測定、四肢の運動機能検査等が義務付けられている。

問10　正解（2）

　超音波にさらされる業務は、労働基準法に基づき、満18歳に満たない者を就かせてはならない業務に該当しない。よって、(2)が正解である。

危険有害業務（就業制限業務）の範囲（抜粋）

① 水銀、砒素、黄りん、弗化水素酸、塩酸、硝酸等その他これらに準ずる有害物を取り扱う業務
② 鉛、水銀、クロム、砒素、黄りん、弗素、塩素、シアン化水素等その他これらに準ずる有害物のガス、蒸気又は粉じんを発散する場所における業務
③ 土石、獣毛等のじんあい又は粉末を著しく飛散する場所における業務
④ ラジウム放射線、エックス線その他の有害放射線にさらされる業務
⑤ 多量の高熱物体を取り扱う業務及び著しく暑熱な場所における業務
⑥ 多量の低温物体を取り扱う業務及び著しく寒冷な場所における業務
⑦ 異常気圧下における業務
⑧ さく岩機、鋲打機等身体に著しい振動を与える機械器具を用いて行う業務
⑨ 強烈な騒音を発する場所における業務
⑩ 病原体によって著しく汚染のおそれのある業務
⑪ 焼却、清掃又はと殺の業務　等

労働衛生（有害業務に係るもの）

問11　正解（1）　法改正

「化学物質等による危険性又は有害性等の調査等に関する指針」によれば、対策の優先順位が次のように記載されている。

①危険性又は有害性のより低い物質への代替、化学反応のプロセス等の運転条件の変更、取り扱うリスクアセスメント対象物の形状の変更等又はこれらの併用によるリスクの低減

②リスクアセスメント対象物に係る機械設備等の防爆構造化、安全装置の二重化等の工学的対策又はリスクアセスメント対象物に係る機械設備等の密閉化、局所排気装置の設置等の衛生工学的対策

③作業手順の改善、立入禁止等の管理的対策

④リスクアセスメント対象物の有害性に応じた有効な保護具の選択及び使用

以上により、「ア―ウ―イ―エ」となる（1）が正しい。

問12　正解（3）

（1）誤り。A測定における測定点の高さの範囲は、原則としてその交点の「床上50cm以上150cm以下」（騒音の場合は、「床上120cm以上150cm以下」）である。

（2）誤り。「許容濃度」ではなく「管理濃度」である。

（3）正しい。設問のほか、第一評価値とは、「単位作業場所において考えられる

全ての測定点の作業時間内における気中有害物質濃度の実現値を母集団として分布図を描いたときに、高濃度から面積で5％に相当する濃度の推定値」であることも押さえておくこと。

(4) 誤り。A測定の「第二評価値」ではなく「第一評価値」である。

(5) 誤り。正しくは、「算術平均値」は「幾何平均値」、「算術標準偏差」は「幾何標準偏差」となる。

問13 **正解(3)**

(1) 正しい。設問のほか、一酸化炭素は**空気**とほぼ**同じ重さ**であることも押さえておくこと。

(2) 正しい。設問の通り。

(3) **誤り**。「グロブリン」ではなく「**ヘモグロビン**」である。

(4) 正しい。設問のほか、一酸化炭素は、湯沸かし器等の不完全燃焼やコンクリート施工における養生に使用する練炭によって発生することがある。

(5) 正しい。一酸化炭素の急性中毒が治療によって回復した場合でも、設問のような後遺症が残ることがある。

問14 **正解(4)**

(1) 誤り。有機溶剤の多くは、揮発性が高く、空気より**重い**。

(2) 誤り。有機溶剤は、脂溶性が大きく、皮膚や呼吸器、粘膜から吸収されることがある。脂溶性が大きいほど脂肪組織や脳等の神経系に取り込まれやすい。

(3) 誤り。メタノールによる健康障害として顕著なものは、「脳血管障害」ではなく「**視神経障害**」である。

(4) **正しい**。設問のテトラクロロエチレンは、代替フロンの原料として使用され、慢性ばく露により、肝臓と腎臓が害される。

(5) 誤り。二硫化炭素による中毒では、「**精神障害**」を起こすことがある。

問15 **正解(2)**

(1) 正しい。じん肺とは、ある種の粉じんを吸収することによって**肺の組織**が**線維化**する疾患であり、けい肺、石綿肺などがある。

(2) 誤り。遊離けい酸（SiO_2）を含有している粉じんを吸入することで生じるのがけい肺で、症状には咳、痰、呼吸困難、倦怠感があり、ひどくなると呼吸困難となる。また、結核や気管支拡張症、気胸など合併症を引き起こすおそれもある。

(3) 正しい。じん肺の合併症には、続発性気管支炎や肺結核のほかに結核性胸膜炎、続発性気管支拡張症、続発性気胸、原発性肺がんがある。

(4) 正しい。溶接工肺は、溶接作業で生じる酸化鉄ヒュームを吸入することによって発生する職業性疾病で、じん肺の一種である。

(5) 正しい。設問以外に、遊離けい酸によるじん肺（けい肺）、炭素によるじん肺（炭素肺、黒鉛肺）、石綿によるじん肺（石綿肺）がある。

問16　正解（2）

(1) 誤り。振動による健康障害は、全身振動障害と局所振動障害に分類される。レイノー現象などの末梢循環障害や手指のしびれ感などの末梢神経障害がみられるのは、局所振動障害である。

(2) 正しい。減圧症は、高圧の環境下で大量に体内組織に吸収されていた窒素ガスが、減圧によって血中で気化し、気泡が血管を詰まらせることにより発生する症状である。

(3) 誤り。皮膚組織の凍結壊死を伴うのは「凍傷」である。凍瘡は、寒冷に伴う「しもやけ」のことである。

(4) 誤り。電離放射線の被ばくによる影響には、身体的影響と遺伝的影響がある。身体的影響には、被ばく線量が一定のしきい値以上で発現する確定的影響（脱毛、白内障、中枢神経障害等）と、しきい値がなく被ばく線量が多くなるほど発生率が高まる確率的影響（白血病、甲状腺がん等）がある。被ばく後、数週間以内に起こるものを急性（早期）障害、それ以降数年又は数十年にわたる潜伏期間を経て発生する障害を晩発障害という。

(5) 誤り。金属熱は、高温環境下により発生するものではなく、亜鉛や銅等の金属ヒューム吸入により発生する症状である。

問17　正解（2）

A　作業環境管理に該当する。

B　作業管理に該当する。

C　健康管理に該当する。

D　作業管理に該当する。

E　作業環境管理に該当する。

よって、作業環境管理に該当するものの組合せは、(2)となる。

問18　正解（4）

(1) 誤り。空気の流れを阻害する要因を圧力損失という。断面積が細過ぎると

ダクトの抵抗により**圧力損失が増大**する。断面積を**大きく**するほど**圧力損失**は**減少**するが、ダクト管内の風速が不足し、ダクト内の粉じんなどの堆積の原因となる。

(2) 誤り。フード開口部の周囲にフランジを設けると吸引範囲は「狭く」なるが、所要の効果を得るために必要な排風量は「減少」する。

(3) 誤り。スロット型フードは、「レシーバ式フード」ではなく「**外付け式フード**」である。

(4) 正しい。設問の通り。

(5) 誤り。排風機に有害物質が付着しないようにするため、排風機は、空気清浄装置の後の清浄空気が通る位置に設置する。

問19   正解（2）

(1) 誤り。一酸化炭素用は赤色で、硫化水素用は黄色である。

📖✍ **防毒マスクの吸収缶の色別標記**

区分	吸収缶の色	区分	吸収缶の色
有機ガス用	黒	アンモニア用	緑
硫化水素用	黄	シアン化水素用	青
一酸化炭素用	赤	ハロゲンガス用	灰／黒

(2) 正しい。設問の通りである。

(3) 誤り。型式検定合格標章のある防じんマスクは、ヒュームのような微細な粒子についても効果がある。

(4) 誤り。防じんマスクのろ過材に付着した粉じんは、有害物質等が再飛散しないようにするため、圧搾空気で吹き飛ばしたり、払い落としたりしてはいけない。

(5) 誤り。防毒マスクは隔離式の方が、直結式よりも有害ガスの濃度が高い大気中で使用することができる。

📖✍ **防毒マスクの使用区分**

種類	ガス又は蒸気の濃度
隔離式	2％（アンモニアにあっては3％）以下の大気中で使用するもの
直結式	1％（アンモニアにあっては1.5％）以下の大気中で使用するもの
直結式小型	0.1％以下で大気中で使用する非緊急用のもの

(1) 誤り。有害物質による健康障害は、他覚的所見より自覚症状が先に出現するとは限らない。

(2) 正しい。設問の通り。

(3) 誤り。鉛の生物学的半減期は長い。設問は有機溶剤の内容である。

(4) 誤り。振動障害の有無を評価するためには、冬季が適している。

(5) 誤り。「上肢及び下肢」ではなく「上肢」である。

関係法令（有害業務に係るもの以外のもの）

問21　正解（4）

(1) 法令上、誤り。衛生委員会の議長は、「衛生管理者である委員」のうちから事業者が指名するのではなく、「総括安全衛生管理者又は総括安全衛生管理者以外の者で当該事業場においてその事業の実施を統括管理するもの若しくはこれに準ずる者（副所長、副工場長等)」のうちから事業者が指名した者である。

(2) 法令上、誤り。議長を除く半数の委員については、当該事業場の労働者の過半数で組織する労働組合（労働組合がない場合は、労働者の過半数を代表する者）の推薦に基づいて事業者が指名しなければならない。

(3) 法令上、誤り。衛生委員会の委員として指名する衛生管理者や産業医は、事業場の規模にかかわらず、その事業場に専属の者でなくとも構わない。外部の労働衛生コンサルタントが衛生委員会の委員となっても問題はない。

(4) 法令上、正しい。衛生委員会の付議事項（調査審議事項）には、①労働者の健康障害を防止するための基本となるべき対策、②労働者の健康の保持増進を図るための基本となるべき対策、③労働災害の原因及び再発防止対策で、衛生に係るもの、④ ①～③に掲げるもののほか、労働者の健康障害の防止及び健康の保持増進に関する重要事項があげられる。④に含まれるものとして設問の内容が定められている。

(5) 法令上、誤り。議事録の保存期間は、「5年間」ではなく「3年間」である。

問22　正解（4）

(1) 法令上、正しい。総括安全衛生管理者は、事業者が事業場ごとにその事業の実施を統括管理する者（工場長、支社長、支店長等）から選任することとなっている。

(2) 法令上、正しい。衛生管理者のような労働基準監督署長による増員・解任命令の定めがないことも押さえておくこと。

(3) 法令上、正しい。衛生管理者にも代理者の規定があるが、産業医には規定がないことも押さえておくこと。

(4) **法令上、誤り**。産業医が「事業者から毎月1回以上、所定の情報の提供を受けている場合であって、**事業者の同意を得ているとき**」は、作業場等の巡視の頻度を**毎月1回以上から2か月に1回以上**とすることができる。

(5) 法令上、正しい。産業医は、自己の職務に関する事項について、**総括安全衛生管理者**に対して勧告し、又は衛生管理者に対して指導し、若しくは**助言**ができることも押さえておくこと。

問23 正解（2）

(1) 正しい。入社前3か月以内に医師による健康診断を受け、当該健康診断の結果を証明する書面を提出したときは、健康診断の重複項目について省略できる。

(2) 誤り。雇入時の健康診断では、設問のような「医師が必要でないと認めるときは、一定の検査項目を省略できる」という規定はない。定期健康診断と混同しないこと。

(3) 正しい。健康診断実施後の措置として、事業者は一般健康診断及び特殊健康診断の結果、異常の所見があると診断された労働者については、その結果に基づき、健康を保持するために必要な措置について健康診断が行われた日から3か月以内に医師又は歯科医師の意見を聴かなければならないとされている。

(4) 正しい。事業者は、一般健康診断及び特殊健康診断の結果に基づき、健康診断個人票を作成して、これを5年間保存しなければならないことも押さえておくこと。

(5) 正しい。常時50人以上の労働者を使用する事業者は、定期の一般健康診断を行ったときは、**遅滞なく**、定期健康診断結果報告書を所轄労働基準監督署長に提出しなければならないが、雇入時の健康診断について報告書の提出義務はない。

問24 正解（5）

(1) 違反している。大掃除は、日常行う清掃のほか6か月以内ごとに1回、定期的かつ統一的に行わなければならない。

(2) 違反している。事業者は、**常時50人以上又は常時女性30人以上**の労働者を使用するときは、労働者が臥床することのできる休養室又は休養所を、男性用と女性用に区別して設けなければならない。設問の場合、「常時50人（男性25人＋女性25人）以上の労働者を使用するとき」に該当するため、男女別の休養室又は休養所を設けなければならない。

(3) 違反している。衛生基準は**10m³以上**とされているが、500m³／60人≒8.33m³となり、基準に満たない。

(4) 違反している。食堂の床面積は、食事の際の1人について、**1m²以上**としなければならない。

(5) **違反していない。**労働者を常時就業させる屋内作業場では、直接外気に向かって開放することができる部分の面積が、床面積の**20分の1以上**でなければならない。

> 「15分の1」でよく問われる問題ですが、15分の1（≒0.067）は20分の1（0.05）以上となりますので、衛生基準に則っています。

問25　正解（3）

(1) 法令上、誤り。「6か月以内ごとに1回」ではなく「**1年以内ごとに1回**」である。

(2) 法令上、誤り。ストレスチェックの結果は個人情報となるため、ストレスチェックを受けた労働者に直接通知されなければならず、衛生管理者等本人以外の者に通知を行ってはならない。

(3) **法令上、正しい。**ストレスチェックは、設問の3領域に関する項目により検査を行う。

(4) 法令上、誤り。事業者は、面接指導対象者から申出があった場合のみ面接指導を行わなければならない。

(5) 法令上、誤り。「3年間」ではなく「**5年間**」である。

問26　正解（2）

年次有給休暇の**比例付与日数**に関する計算問題である。

原則として、週所定労働時間が30時間未満かつ1週間の所定労働日数が4日以下の者は、以下の算式により年次有給休暇の付与日数が算定される（端数は切り捨て）。

通常の労働者の有給休暇日数×（比例付与対象者の所定労働日数÷5.2）

　設問の労働者は、所定労働時間が25時間で週所定労働日数が4日であるので、比例付与対象者となる。入社後3年6か月継続勤務したとされているので、上記算式にあてはめると、14日 × 4/5.2≒10.77 ＝ 10（日）となる。

問27　正解（4）

(1) 法令上、正しい。設問の通り。

(2) 法令上、正しい。設問の定めは、「妊娠中の女性」であって「妊産婦」ではないことに注意すること。

(3) 法令上、正しい。設問の通り。

(4) **法令上、誤り**。1か月単位、1年単位、1週間単位の変形労働時間制の場合は、設問のような制限が設けられているが、**フレックスタイム制**には設問のような制限は設けられていない。

(5) 法令上、正しい。生理日の就業が著しく困難な女性が休暇を請求したときは、その者を生理日に就業させてはならない。また、生理休暇中の賃金については、労働契約、労働協約又は就業規則で定めるところにより、支給してもしなくても差し支えないこととされている。

労働衛生（有害業務に係るもの以外のもの）

問28　正解（2）

　厚生労働省「職場における受動喫煙防止のためのガイドライン」において、事業者は、施設内に喫煙専用室、指定たばこ専用喫煙室など喫煙することができる場所を定めようとするときは、当該場所の出入口及び施設の主たる出入口の見やすい箇所に必要な事項を記載した標識を掲示しなければならない(5)と定められている。また、喫煙専用室は、次に掲げるたばこの煙の流出を防止するための技術的基準を満たすものでなければならないとしている。

① 出入口において、室外から室内に流入する空気の気流が、**0.2m/s 以上**であること(1)。

② たばこの煙が室内から室外に流出しないよう、**壁、天井等によって区画**されていること(3)。

③ たばこの煙が**屋外又は外部の場所に排気**されていること(4)。

　以上により、(2)がガイドラインには定められていない。

喫煙専用室とは、「第二種施設等の屋内又は内部の場所の一部の場所であって、構造及び設備がその室外の場所（第二種施設等の屋内又は内部の場所に限る）へのたばこの煙の流出を防止するための技術的基準に適合した室を、専ら喫煙をすることができる場所として定めたもの」をいいます。

問29 **正解（2）**

(1) 正しい。対象人数など個数を数えることができる要素のデータを「計数データ」、身長・体重や摂取カロリーのように各要素の何らかの量に関するデータを「計量データ」という。

(2) 誤り。生体から得られたある指標が正規分布である場合、そのばらつきの程度は分散や標準偏差によって表される。

(3) 正しい。集団を比較する際、平均値が明らかに異なっていれば、異なった特徴を有する集団と評価されるが、平均値が等しくても分散（値のばらつき）が異なっていれば、この場合も異なった特徴を有する集団と評価される。

(4) 正しい。二つの事象の間に相関関係がみられたとしても、因果関係がないこともある。因果関係が成立するための五つの条件として、①時間的先行性、②関係の普遍性、③関係の強さ、④関係の特異性、⑤関係の一致性が必要とされている。

(5) 正しい。静態データとは、ある時点での集団に関するデータをいう。例えば、健康診断の日における受診者数に対する有所見者の割合を有所見率といい、このようなデータのことを静態データと呼んでいる。動態データとは、一定期間での集団に関するデータをいう。例えば1年間における有所見等が発生した人の割合を発生率といい、このようなデータを動態データと呼んでいる。

問30 **正解（3）**

(1) 誤り。指針によれば、腰痛の発生要因を排除又は低減できるよう、作業動作、作業姿勢、作業手順、作業時間等について、作業標準を策定することとされている。

(2) 誤り。「50％以下」ではなく「40％以下」である。

(3) 正しい。指針によれば、満18歳以上の女子労働者が人力のみにより取り扱う物の重量は、男性が取り扱うことのできる重量の60％位までとすることとされている。

(4) 誤り。「1年以内ごとに1回」ではなく「6か月以内ごとに1回」である。

重量物取扱い作業、介護・看護作業など腰部に著しい負担のかかる作業に常時従事する労働者に対しては、当該作業に配置する際及びその後6か月以内ごとに1回、定期に医師による腰痛の健康診断を実施しなければならないとされている。

(5) 誤り。腰部保護ベルトは、労働者全員に使用させるものではなく、労働者ごとに効果を確認してから使用の適否を判断して導入するものとされている。

(1) 正しい。労働安全衛生マネジメントシステムに関する指針（以下「指針」という）によれば、当該システムは、労働安全衛生法の規定に基づき機械、設備、化学物質等による危険又は健康障害を防止するため事業者が講ずべき具体的な措置を定めるものではないと定めている。**自主的な安全衛生活動を組織的に進めていくためのガイド**とされる。

(2) 正しい。指針によれば、労働安全衛生マネジメントシステムは、**生産管理等事業実施に係る管理と一体となって運用される**ものであるとしている。当該マネジメントシステムは、事業場の日常業務の中で運用するものとされている。

(3) 正しい。指針によれば、事業者は、安全衛生方針を表明し、労働者及び関係請負人その他の関係者に周知させるものとするとしている。労働安全衛生マネジメントシステムを運用する上での**事業者の強いリーダーシップの表明**を求めるものである。

(4) 正しい。指針によれば、事業者は、安全衛生目標を達成するため、事業場における危険性又は有害性等の調査の結果等に基づき、一定の期間を限り、**安全衛生計画を作成する**ものと定めている。

(5) 誤り。指針によれば、労働安全衛生マネジメントシステムに従って行う措置が適切に実施されているかどうかについて、安全衛生計画の期間を考慮して事業者が行う調査及び評価をシステム監査と定めているが、外部の機関による監査を受けなければならないとは定めていない。

「日本人のメタボリックシンドローム診断基準で、腹部肥満（**A 内臓**脂肪の蓄積）とされるのは、腹囲が男性では**B 85** cm 以上、女性では**C 90** cm 以上の場合であり、この基準は、男女とも**A 内臓**脂肪面積が**D 100** cm² 以上に相当する。」

①腹部肥満（内臓脂肪量）
　ウエスト周囲径
　男性 ≧85cm、女性 ≧90cm（内臓脂肪面積 ≧100cm^2 に相当）
②上記に加え以下のうち2項目以上
　1）トリグリセライド ≧150mg/dl　かつ/又は
　　　HDL コレステロール ＜40mg/dl
　2）収縮期血圧 ≧130mmHg　かつ/又は　拡張期血圧 ≧85mmHg
　3）空腹時血糖 ≧110mg/dl

問33　正解（3）

(1) 誤り。サルモネラ菌は、食物に付着した細菌そのものの感染によって起こる食中毒である。毒素型ではなく、感染型である。

(2) 誤り。黄色ブドウ球菌は、食物に付着した細菌により産生された毒素によって起こる食中毒（毒素型）である。熱に強く、症状は嘔吐、腹痛など比較的軽いのが特徴である。

(3) 正しい。O-157やO-111による食中毒は、ベロ毒素を産生する大腸菌による食中毒であり、腹痛、出血を伴う水様性の下痢などの症状を呈する。

(4) 誤り。ボツリヌス菌は、毒素型で熱に強く、神経症状を呈し、致死率が高いのが特徴である。

(5) 誤り。ノロウイルスは、冬季に集団食中毒として発生することが多い。潜伏期間は1～2日間と考えられ、主症状としては吐き気、嘔吐、下痢が起こる。また腹痛、頭痛、発熱等かぜに似た全身症状を伴うこともある。

📖✍ 細菌性食中毒の感染型と毒素型の分類

タイプ	原因菌と特徴	主な食材
感染型（細菌が原因）	サルモネラ菌（熱に弱い、急性胃腸炎型の症状）	排泄物で汚染された食肉や卵
	腸炎ビブリオ菌（熱に弱い、好塩性、腹痛、水様性下痢、潜伏期間はおおむね10～24時間）	近海の海産魚介類（病原性好塩菌）
	カンピロバクター（ニワトリ、ウシ等の腸に住む。下痢、腹痛、発熱等他の感染型細菌性食中毒と酷似。潜伏期間は2～7日）	食品や飲料水
	ベロ毒素産生性大腸菌（腸管出血性大腸菌）（ベロ毒素により腹痛や出血を伴う水様性の下痢などを	汚染された食肉や野菜などから摂取

	起こす。潜伏期間は、3〜5日で、代表的なものに O-26、O-111、O-157がある）	されることがある
毒素型	ボツリヌス菌（熱に強い、神経症状を呈し、致死率が高い）	缶詰等
	黄色ブドウ球菌（熱に強い、嘔吐、腹痛、比較的症状は軽い）	弁当、あんこ等

問34　正解（1）

(1) 誤り。設問の内容は、**日和見感染**に関するものである。微生物の感染が成立し症状が現れるまでの期間を潜伏期間と呼ぶが、**不顕性感染**とは、この症状が現れない状態が継続することをいう。

(2) 正しい。設問の通り。

(3) 正しい。結核、麻疹（はしか）、水痘（みずぼうそう）などは**空気感染**することがある。

(4) 正しい。平成20年以降風しんの流行が続いており、成人男性に感染が多くみられる。

(5) 正しい。インフルエンザウイルスのA型は抗原性の異なる亜型が存在し、人間以外にもブタやトリ等の宿主に広く分布している**人獣共通感染症**である。

労働生理

問35　正解（5）

(1) 正しい。呼吸運動は「横隔膜、肋間筋などの呼吸筋が収縮と弛緩をすること」によって胸腔内の圧力を変化させ、肺を受動的に伸縮させて行われる。

(2) 正しい。**吸気**とは、胸腔内容積が増して（＝胸腔が広がる）内圧が低くなるにつれ、鼻腔、気管などの気道を経て肺内に流れ込む空気のことをいう。**呼気**とは、胸腔が締め付けられることにより内圧が高くなり、肺の中から押し出される空気のことをいう。

(3) 正しい。**外呼吸**とは、肺の内部で空気中の酸素と血液中の二酸化炭素を交換することをいう。**内呼吸**とは、全身の毛細血管と各細胞組織との間で行われる酸素と二酸化炭素を交換する組織呼吸のことをいう。

(4) 正しい。成人の呼吸数は、通常、1分間に16〜20回で、成人の安静時の1回呼吸量は、約500ml である。呼吸数は食事、入浴や発熱により増加する。

(5) 誤り。呼吸中枢は脳の延髄にあり、血液中の二酸化炭素が増加すると刺激

87

されて呼吸数が増加する。

(1) 誤り。「肺動脈」ではなく「肺静脈」である。大動脈及び肺静脈には、酸素を多く含んだ**動脈血**が流れ、大静脈及び肺動脈には、二酸化炭素や老廃物を多く含んだ**静脈血**が流れる。

(2) 正しい。この体循環のことを**大循環**ともいう。身体の各細胞をめぐる循環である。

(3) 正しい。心筋は、内臓に存在しながら**横紋筋**でもあり、意思によって動かすことのできない**不随意筋**である。

(4) 正しい。心臓は自律神経に支配され、**右心房にある洞房結節からの電気信号**により収縮と拡張を繰り返す。心臓は脳からの指令がなくても動くことができる。これを心臓の自律性という。

(5) 正しい。設問の通り。

(1) 正しい。寒冷にさらされ体温が正常以下になると、脳が皮膚の血管を収縮させて、体表面の血流を減らし、熱の放散を減らす。

(2) 誤り。暑熱な環境では、**体表面の血流量が増加**して体表からの放熱が促進され、また体内の代謝活動を抑制することで**産熱量が減少**する。

(3) 正しい。身体内部の状態を一定に保つ生体の仕組みを**恒常性（ホメオスタシス）**といい、自律神経系とホルモンにより調整されている。

(4) 正しい。皮膚の表面から水1gが蒸発すると、**0.58kcal**の気化熱が奪われるとされている。人体の比熱（体温を1℃上昇させるのに必要な熱量）は約0.83であるため、体重70kgの人の熱容量（単位質量（1kg）当たり1℃上げるのに必要な熱量）は58.1kcal（0.83×70）であるので、58.1÷0.58≒100（g）となる。したがって、100gの水分が体表面から蒸発すると、体温が約1℃下がる。

(5) 正しい。発汗していない状態でも皮膚及び呼吸器から若干（1日約850g）の水分の蒸発がある。これを**不感蒸泄**というが、この不感蒸泄にともなう放熱は、全放熱量の約25％である。

肝臓の機能として、(1)血液中の身体に有害な物質を分解する（解毒作用）、(2)ブドウ糖をグリコーゲンに変えて蓄える（炭水化物の代謝）、(4)血液凝固物質

を合成する（蛋白質の代謝）、(5)血液凝固阻止物質を合成する（蛋白質の代謝）
はあるが、(3)ビリルビンの分解（脾臓の作用）はない。

問39　正解（4）

(1) 差がある。赤血球数は、女性の約450万/μL に対して、男性が約500万/
μL とされている。

(2) 差がある。ヘモグロビン濃度は、男性の方が多いとされている。

(3) 差がある。ヘマトクリット値は、女性の約40%に対し、男性が約45%
とされている。

(4) 差がない。白血球数は、正常時に男女差がないとされている。

(5) 差がある。基礎代謝量は、年齢、性別、身長、体重によって算出されるため、
男女差がある。

問40　正解（2）

(1) 正しい。蛋白質とは、約20種類のL・アミノ酸が鎖上に多数連結してで
きた高分子化合物であり、人体の重要な構成成分の一つである。

(2) 誤り。「膵リパーゼ」ではなく「トリプシノーゲン」である。膵リパーゼは、
脂肪を分解する消化酵素である。

(3) 正しい。蛋白質がアミノ酸に分解され、血液の流れに乗って各組織に運ば
れ、そこで蛋白質に再合成される。

(4) 正しい。肝臓は、アミノ酸からアルブミンや血液凝固物質、血液凝固阻止
物質等の蛋白質に再合成（肝臓の蛋白質の代謝機能）される。

(5) 正しい。飢餓時には、肝臓で血中のアミノ酸等からブドウ糖を生成する。
これを糖新生という。

問41　正解（5）

(1) 正しい。周りが明るい場合は瞳孔が狭くなり、暗い場合は瞳孔が広がる。

(2) 正しい。また、眼軸が長すぎることなどにより、平行光線が網膜の前方で
像を結ぶものを近視ということも押さえておくこと。

(3) 正しい。乱視は、角膜が歪んでいたり、表面に凹凸があるため、網膜上に
正しく像が結ばれないものをいう。

(4) 正しい。網膜は、視神経の感覚器であり、明るい光と色を感じる細胞（錐
状体）と弱い光、明暗を感じる細胞（杆状体）の2種類の視細胞がある。

(5) 誤り。暗いところに入って次第に見えやすくなるのは、「明順応」ではな
く「暗順応」である。

（3）メラトニンの内分泌器官は「松果体」で、そのはたらきは、「睡眠の促進」である。設問の内容に該当するホルモンは「パラソルモン」である。その他の組合せは正しい。

（1）誤り。代謝において、細胞に取り入れられた体脂肪やグリコーゲンなどが分解されてエネルギーを発生し、ATPが合成されることを異化という。

（2）誤り。代謝において、体内に摂取された栄養素が種々の化学反応によって、ATPに蓄えられたエネルギーを用いて、細胞を構成する蛋白質などの生体に必要な物質に合成されることを同化という。

（3）誤り。基礎代謝量は、覚醒中の測定値で表される。

（4）誤り。エネルギー代謝率（RMR）は、作業（＝仕事）に要したエネルギー量が、基礎代謝量の何倍に当たるかを表す数値のことである。

$$RMR = \frac{（作業中の総消費エネルギー）－（その時間の安静時消費エネルギー）}{基礎代謝量}$$

（5）正しい。エネルギー代謝率は、性別、年齢、体格等の差による影響を受けにくく、同じ作業ならほぼ同じ数値が得られるため、動的筋作業の強度を表す指標として役立つ。一方、エネルギーをあまり消費しない精神的作業や静的筋作業には適用できないとされている。

（1）正しい。設問の通り。血液中の蛋白質は、分子が大きいためボウマン嚢を通過できず、毛細血管へ戻されることも押さえておくこと。

（2）正しい。原尿中に濾し出された水分の大部分は、そのまま尿として放出されるのではなく、尿細管から血中に再吸収される。

（3）正しい。設問の通り。また、1日の尿量は1,500mlで、正常な尿には通常糖や蛋白質は含まれていない。

（4）正しい。設問の通り。

（5）誤り。腎機能が低下すると、血液中の尿素窒素（BUN）は上昇する。尿素は肝臓で合成されて腎臓から排泄される。尿素窒素は、体内の蛋白質が分解された最終的な形である。

解答一覧

問 1	①	②	③	**④**	⑤	問 23	①	**②**	③	④	⑤
問 2	①	②	③	**④**	⑤	問 24	①	②	**③**	④	⑤
問 3	①	②	③	④	**⑤**	問 25	①	②	③	④	**⑤**
問 4	①	②	**③**	④	⑤	問 26	①	②	③	**④**	⑤
問 5	①	②	③	④	**⑤**	問 27	①	②	**③**	④	⑤
問 6	①	**②**	③	④	⑤	問 28	**①**	②	③	④	⑤
問 7	①	②	③	**④**	⑤	問 29	①	②	③	④	**⑤**
問 8	①	②	**③**	④	⑤	問 30	①	②	③	**④**	⑤
問 9	①	②	**③**	④	⑤	問 31	**①**	②	③	④	⑤
問 10	①	②	③	④	**⑤**	問 32	①	②	③	**④**	⑤
問 11	①	**②**	③	④	⑤	問 33	①	②	**③**	④	⑤
問 12	①	②	**③**	④	⑤	問 34	①	②	③	④	**⑤**
問 13	①	②	③	**④**	⑤	問 35	①	②	③	④	**⑤**
問 14	①	②	③	**④**	⑤	問 36	**①**	②	③	④	⑤
問 15	①	**②**	③	④	⑤	問 37	①	②	**③**	④	⑤
問 16	①	**②**	③	④	⑤	問 38	**①**	②	③	④	⑤
問 17	①	②	**③**	④	⑤	問 39	①	②	③	④	**⑤**
問 18	**①**	②	③	④	⑤	問 40	①	②	③	④	**⑤**
問 19	**①**	②	③	④	⑤	問 41	①	②	③	**④**	⑤
問 20	①	**②**	③	④	⑤	問 42	①	②	③	**④**	⑤
問 21	①	②	③	④	**⑤**	問 43	①	**②**	③	④	⑤
問 22	①	②	③	**④**	⑤	問 44	①	②	③	**④**	⑤

関係法令（有害業務に係るもの）

問1 　**正解（4）**

(1) 法令上、定められている。衛生管理者の専任要件は、①常時1,000人を超える労働者を使用する事業場又は、②常時500人を超える労働者を使用する事業場で、坑内労働又は一定の健康上有害な業務に常時30人以上の労働者を従事させる事業場である。「一定の健康上有害な業務」には、「多量の高熱物体を取り扱う業務及び著しく暑熱な場所における業務」が含まれている。

(2) 法令上、定められている。産業医の専属要件は、①常時1,000人以上の労働者を使用する事業場又は、②一定の有害な業務に、常時500人以上の労働者を従事させる事業場である。

> 「一定の健康上有害な業務」とは、半年に1回の定期健康診断が必要とされる特定業務従事者に係る有害業務と同じです。具体的には、坑内における業務、多量の高熱物体を取り扱う業務及び深夜業を含む業務等が該当します。

(3) 法令上、定められている。常時3,000人を超える労働者を使用する事業場においては、産業医を2人以上選任しなければならない。

(4) **法令上、定められていない。**「多量の低温物体を取り扱う業務」は、衛生工学衛生管理者免許を有する者のうちから衛生管理者を選任しなければならない業種に該当しない。専任要件である(1)②の「一定の健康上有害な業務」には「多量の低温物体を取り扱う業務」が含まれる。混同しやすいので注意すること。

(5) 法令上、定められている。衛生管理者は、その事業場に専属の者を選任しなければならない。ただし、2人以上選任する場合において、その中に労働衛生コンサルタントがいるときは、当該労働衛生コンサルタントのうち1人については、事業場に専属の者である必要はない。

問2 　**正解（4）**

(1) 規定されていない。木工用丸のこ盤を使用する屋内の作業（粉じん作業）場所に設けた局所排気装置は、定期自主検査を行わなくてもよい。

(2) 規定されていない。塩酸は特定化学物質の第三類物質である。特定化学物質の第三類物質を使用する作業場所に設けた局所排気装置は、定期自主検査を行わなくてもよい。

(3) 規定されていない。全体換気装置は、定期自主検査を行わなくてもよい。

(4) 規定されている。特定化学設備は、定期自主検査を行わなければならない。

(5) 規定されていない。アンモニアは特定化学物質の第三類物質である。特定化学物質の第三類物質を使用する作業場所に設けたプッシュプル型換気装置は、定期自主検査を行わなくてもよい。

問3 正解 (5)

　Aの潜水作業及びBのセメント製造工程においてセメントを袋詰めする作業（特定粉じん作業）は、作業主任者の選任は不要である。

　Cの硫酸を用いて行う洗浄の作業は特定化学物質を取り扱う作業に、Dの石炭を入れてあるホッパーの内部における作業は酸素欠乏危険場所における作業に該当するため、作業主任者の選任が義務付けられている。

📖 作業主任者の選任が必要・不要な作業

必要な作業	不要な作業
①高圧室内作業 ②エックス線装置を使用する放射線業務（医療用を除く） ③ガンマ線照射装置を用いて行う透過写真撮影作業 ④特定化学物質を製造し、又は取り扱う作業（金属アーク溶接等作業） ⑤鉛業務に係る作業（換気が不十分な場所におけるはんだ付け作業、溶融した鉛を用いて行う金属の焼入れの業務に係る作業等を除く） ⑥四アルキル鉛等業務 ⑦酸素欠乏危険場所（ドライアイスを使用している冷蔵庫の内部の作業等）における作業 ⑧有機溶剤等を製造し又は取り扱う業務 ⑨石綿等を取り扱う作業（試験研究のため取り扱う作業を除く）又は試験研究のため石綿等を製造する作業	①特定粉じん作業 ②強烈な騒音を発する場所における作業 ③レーザー光線による金属加工作業 ④廃棄物焼却作業 ⑤立木の伐採（チェーンソーを用いる）作業 ⑥潜水作業 ⑦試験研究の目的で特定化学物質・有機溶剤等を取り扱う作業 ⑧自然換気が不十分な、はんだ付け作業等 ⑨セメント製造工程においてセメントを袋詰めする作業

問4 正解 (3)

　設問は、製造許可物質に関する問題である。次の表に掲げるものが製造許可物質である。労働者に重度の健康障害を生ずるおそれがあるため、あらかじめ厚生労働大臣の許可を受けなければならないとされている。(3)のオルト - フタロジニトリルは製造許可物質に該当しない。

製造許可物質（特定化学物質第一類）

①ジクロロベンジジン及びその塩
②アルファ - ナフチルアミン及びその塩
③塩素化ビフェニル（PCB）
④オルト - トリジン及びその塩
⑤ジアニシジン及びその塩
⑥ベリリウム及びその化合物
⑦ベンゾトリクロリド
⑧①～⑥までに掲げる物質をその重量の1％を超えて含有し、又は⑦に掲げる物質をその重量の0.5％を超えて含有する製剤その他の物

問5　正解（5）　　　　　　　　　　　　　　　　　　　　**法改正**

譲渡等の制限の対象となる主な装置（労働安全衛生法別表2に掲げる器具等）は、①**防じんマスク**（ろ過材及び面体を有するもの）、②**防毒マスク**（ハロゲンガス用、有機ガス用、一酸化炭素用、アンモニア用、亜硫酸ガス用。ただし、酸性ガス用防毒マスクは該当しない）、③交流アーク溶接機用自動電撃防止装置、④絶縁用保護具、⑤絶縁用防具、⑥保護帽、⑦**防じん又は防毒機能を有する電動ファン付き呼吸用保護具**、⑧再圧室、⑨潜水器、⑩特定エックス線装置、⑪工業用ガンマ線照射装置、⑫安全帯、⑬排気量40cm^{3}以上の内燃機関を内蔵するチェーンソー等がある。よって、CとDが該当する。

問6　正解（2）

（1）義務付けられていない。雇入時の健康診断の結果は、定期のものではないため、結果についての報告義務は課されていない。

（2）**義務付けられている。**常時50人以上の労働者（設問の特殊健康診断を行ったときは、その使用する労働者数にかかわらず）を使用する事業場の事業者は、定期健康診断の結果を遅滞なく、所轄労働基準監督署長に提出（報告）しなければならない。

（3）義務付けられていない。定期自主検査を行ったときは、その結果を記録し、保存しなければならないが、その結果についての報告義務は課されていない。

（4）義務付けられていない。**作業主任者**については、選任報告書の提出義務は課されていない。

（5）義務付けられていない。**作業環境測定**を行ったときは、その結果について記録し一定期間保存する義務は課されているが、**報告義務は課されていない。**

(1) 誤り。作業場所に設ける局所排気装置について、**外付け式フードの場合**、制御風速に必要な能力は**側方吸引型**と**下方吸引型で0.5m/s**、**上方吸引型で1.0m/s** とされている。設問の場合、0.4m/s とあるため制御風速が不足している。

(2) 誤り。第二種有機溶剤等の区分による色分けは黄色である。なお、第一種有機溶剤等は赤色、第三種有機溶剤等は青色とされている。

(3) 誤り。第一種又は第二種有機溶剤業務を行う屋内作業場（「指定作業場」という）に係る作業環境測定は、原則としてその使用する**作業環境測定士**（できない場合は、委託した作業環境測定機関）が行わなければならない。

(4) **正しい。** 事業者は、局所排気装置及びプッシュプル型換気装置は、原則として1年以内ごとに1回、定期に、所定の事項について自主検査を行わなければならない。また、その結果を記録し、3年間保存しなければならない。

(5) 誤り。「1年以内ごとに1回」ではなく、「6か月以内ごとに1回」である。

> 有機溶剤等健康診断の結果に基づき作成した健康診断個人票は5年間保存しなければならないことも押さえておきましょう。

問8　正解（3）

　特定化学物質や有機溶剤等を用いて行う業務は、特別教育の対象とならない。次の表を参照のこと。

特別教育が必要・不要な業務

特別教育が必要な業務	特別教育が不要な業務
①高圧室内業務 ②廃棄物焼却炉を有する廃棄物の焼却施設において焼却灰等を取り扱う業務 ③特定粉じん作業に係る業務 ※屋内でセメントを袋詰めする箇所における作業、屋内において、研磨材を用いて動力（手持式又は可搬式動力工具によるものを除く）により金属を研磨する作業、陶磁器を製造する工程で原料を混合する作業等に係る業務等	①水深10m以上の場所の潜水業務 ②ボンベから給気を受けて行う潜水業務 ※潜水作業者への送気の調節を行うためのバルブ又はコックを操作する業務は、特別教育を行う必要がある ③特定化学物質を用いて行う製造等業務

④酸素欠乏危険作業（しょう油やもろみその他発酵する物の醸造槽の内部における作業等） ⑤石綿等が使用されている建築物の解体等作業 ⑥エックス線・ガンマ線照射装置を用いた透過写真撮影業務 ⑦チェーンソーを用いて行う造材の業務 ⑧東日本大震災により生じた放射性物質により汚染された土壌等を除染するための業務	④有機溶剤等を用いて行う接着等の業務 ※有機溶剤等（及び特定化学物質）を用いて行う業務は、第一種、第二種、第三種（特定化学物質の場合は、第一類、第二類、第三類物質）のいずれであっても特別教育の対象とならない ⑤紫外線又は赤外線にさらされる業務 ⑥超音波にさらされる業務 ⑦削岩機、チッピングハンマー等のチェーンソー以外の振動工具を取り扱う業務 ⑧強烈な騒音を発する場所における業務

問9　正解（3）

(1) 正しい。特定粉じん発生源における粉じんの発散を防止する方法については、その区分に応じて密閉する設備、局所排気装置、プッシュプル型換気装置若しくは湿潤な状態に保つための設備の設置又はこれらと同等以上の措置を講じなければならないと定められている。

(2) 正しい。特定粉じん作業以外の粉じん作業が行われる屋内作業場では、作業環境測定は不要であることも押さえておくこと。

(3) 誤り。粉じんの種類がヒュームである場合には、サイクロンによる除じん方式のものは認められておらず、ろ過除じん方式、電気除じん方式でなければならない。

(4)(5)　正しい。設問の通り。

問10　正解（5）

　重量物を取り扱う業務は、全ての女性労働者について就業が制限されており、具体的には次表の重量物の取扱いが禁止される。

年齢	重量（単位kg）	
	断続作業の場合	継続作業の場合
満16歳未満	12	8
満16歳以上 満18歳未満	25	15
満18歳以上	30	20

労働衛生（有害業務に係るもの）

問11　正解（2）

　職場における労働者の健康の保持増進を図るためには作業環境管理、作業管理、健康管理の三つの管理が適切に実施されなければならない。設問で問われている作業管理は、身体的・精神的負荷等や有害物質を扱う作業に伴う有害要因を排除したりする等作業を適正に管理し、労働者と作業とを調和させることを目的とした管理をいう。作業管理の内容は、作業条件、有害作業、**保護具の使用状況**等の管理や作業強度、作業密度、**作業時間**、作業姿勢など広範囲にわたる。

A　**作業管理に該当する。作業時間を管理している。**
B　作業環境管理に該当する。
C　**作業管理に該当する。保護具の使用状況を管理している。**
D　作業環境管理に該当する。
E　健康管理に該当する。

問12　正解（3）

(1) 蒸気として存在しない。塩化ビニルの常温・常圧の空気中の状態はガスである。
(2) 蒸気として存在しない。ホルムアルデヒドの常温・常圧の空気中の状態はガスである。
(3) **蒸気として存在する。二硫化炭素は常温・常圧の空気中で蒸気として存在する。**
(4) 蒸気として存在しない。二酸化硫黄の常温・常圧の空気中の状態はガスである。
(5) 蒸気として存在しない。アンモニアの常温・常圧の空気中の状態はガスである。

📖 有害化学物質の存在様式

状態	分類	生成原因と物質例
固体	粉じん	・研磨や摩擦により粒子となったもの ・大きな粒の場合有害性は低いが、粒子が小さいほど有害性が高い ・米杉やラワン等の植物性粉じんも喘息やじん肺の原因となる 例）石綿、無水クロム酸、ジクロロベンジジン、オルト‐トリジン、二酸化マンガン等
	ヒューム	・固体が加熱により溶解し、気化し冷やされて微粒子となったもの ・一般に粉じんより小さく、有害性が高い 例）酸化亜鉛、銅、酸化ベリリウム等
液体	ミスト	液体の微粒子が空気中に浮遊しているもの 例）硫酸、硝酸、クロム塩酸等
気体	蒸　気	常温・常圧で液体又は固体の物質が蒸気圧に応じて気体となったもの 例）アクリロニトリル、水銀、アセトン、ニッケルカルボニル、ベンゾトリクロリド、トリクロロエチレン、二硫化炭素、硫酸ジメチル等
	ガ　ス	常温・常圧で気体のもの 例）塩素、一酸化炭素、ホルムアルデヒド、二酸化硫黄、塩化ビニル、アンモニア、硫化水素、エチレンオキシド等

令和3年10月
解答・解説

問13 **正解（4）**

（1）誤り。「確率的影響」ではなく「確定的影響」である。電離放射線の被ばくによる影響には、身体的影響と遺伝的影響がある。身体的影響には被ばく線量が一定のしきい値以上で発現する「**確定的影響**」（脱毛、白内障、中枢神経障害等）と、しきい値がなく被ばく線量が多くなるほど発生率が高まる「**確率的影響**」（白血病、甲状腺がん等）がある。被ばく後数週間以内に起こるものを**急性（早期）障害**、それ以降数年又は数十年にわたる潜伏期間を経て発生する障害を**晩発障害**という。

（2）誤り。金属熱は、高温環境下により発生するものではなく、亜鉛や銅等の**金属ヒューム吸入**により発生する症状である。

（3）誤り。減圧症は、高圧の環境下において、大量に体内組織に吸収されていた「**窒素ガス**」が、減圧によって血中で気化し、気泡が血管を詰まらせることにより発生する症状である。

（4）**正しい**。振動による健康障害は、全身振動障害と局所振動障害に分類され、レイノー現象（白指症・白指発作）は、削岩機やチェーンソー等の振動工具

の長時間使用による局所振動障害の一つであり、冬季に発生しやすい。他覚所見よりも、自覚症状の方が先行して発症する。

(5) 誤り。皮膚組織の凍結壊死を伴うのは「凍傷」である。凍瘡は、寒冷に伴う「しもやけ」のことである。

問14　正解（4）

(1) 正しい。カドミウム中毒では、**急性症例**としては、**上気道炎、肺炎**などによる**呼吸困難、慢性症例**としては、**肺気腫、腎機能障害**などがみられる。

(2) 正しい。鉛中毒の症状としては、**貧血、腹痛（鉛疝痛）、末梢神経障害、伸筋麻痺、腎障害、生殖毒性等**がみられる。

(3) 正しい。マンガン中毒の症状としては、**筋のこわばり、震え、歩行困難等**がみられる。

(4) 誤り。ベリリウム中毒の症状としては、**皮膚障害**がみられる。

(5) 正しい。金属水銀中毒の症状としては、**脳疾患（手指の震え、精神障害）**がみられる。

問15　正解（2）　　法改正

(1)(3)(4)　適切である。リスクの見積りについて「発生可能性」及び「重篤度」を考慮する方法には、①(1)のマトリクス法、②**数値化法**（発生可能性と重篤度を一定の尺度で数値化し、それらを加算又は乗算などする）、③(3)の**枝分かれ図を使用**（発生可能性と重篤度を段階的に分岐）、④(4)の**ILO の化学物質リスク簡易評価法**（コントロール・バンディング）、⑤化学プラント等の化学反応のプロセス等による災害のシナリオを仮定して、その事象の発生可能性と重篤度を考慮する方法を用いてリスクを見積もる方法がある。

(2) **適切でない。**「年間の取扱量及び作業時間を一定の尺度によりそれぞれ数値化」ではなく「発生可能性と重篤度を一定の尺度で数値化」である。

(5) 適切である。リスクの見積りについて「ばく露の程度」及び「有害性の程度」を考慮する方法として(5)のあらかじめ尺度化した表を使用する方法のほか次のものがある。

・管理濃度と比較する方法（管理濃度が定められている物質について、作業環境測定により測定した当該物質の第一評価値を当該物質の管理濃度と比較）

・濃度基準値と比較する方法（濃度基準値が設定されている物質について、個人ばく露測定により測定した当該物質の濃度を当該物質の濃度基準値と比較）

- 実測値による方法（作業環境測定などによって測定した気中濃度などを、その物質等のばく露限界と比較）
- 使用量などから推定する方法（数理モデルを使用して気中濃度を推定し、濃度基準値又はばく露限界と比較）

問16　正解（2）

(1) 正しい。音圧レベルとは音の圧力のことであり、通常、その音圧と人間が聴くことができる最も小さな音圧（20μPa）との比の常用対数を20倍して求められ、その単位はデシベル（dB）で表される。

(2) 誤り。等価騒音レベルとは、時間とともに変動する騒音について、一定時間内の平均的な騒音の程度を表す指標の一つをいう。

(3) 正しい。騒音レベルの測定は、通常、騒音計の周波数重み付け特性Aで行い、その大きさは dB（A）と表される。

(4) 正しい。騒音性難聴は、通常、会話音域より高い音域（4,000Hz 付近の高音域）から始まる。この聴力低下の型を c^5dip という。

(5) 正しい。騒音はストレス反応を引き起こし、自律神経系や内分泌系へも影響を与える。

問17　正解（3）

(1) 正しい。電離放射線は、電離作用（放射線によって与えられたエネルギーにより通り道に当たる物質の電子が弾き飛ばされる作用）を有する放射線のことである。物質を透過したり、電離させたりする性質があり、電磁波と粒子線に大別される。

(2) 正しい。エックス線やガンマ線は電磁波、アルファ線、ベータ線、中性子線、電子線等は粒子線である。

(3) 誤り。エックス線は紫外線より波長の短い電磁波である。

(4) 正しい。晩発障害には、他に発がんや白血病がある。

(5) 正しい。設問の通り。

問18　正解（1）

(1) 正しい。管理濃度は、有害物質に関する作業環境の状態を単位作業場所の作業環境測定結果から評価するための指標として設定されたものである。

管理濃度は、ばく露限界を示すものではないことに注意しましょう。

(2) 誤り。設問は B 測定についての内容である。A 測定とは、単位作業場所全体の有害物質の濃度の平均的な分布を知るために行う測定のことである。

(3) 誤り。設問は A 測定についての内容である。

(4) 誤り。A 測定の第一評価値及び B 測定の測定値がいずれも管理濃度に満たない単位作業場所が第一管理区分となる。

(5) 誤り。A 測定の結果に関係なく第三管理区分となるのは、B 測定の結果が、管理濃度の 1.5 倍を超えている場合である。

作業環境測定の結果評価

①A測定のみを実施した場合

第一評価値＜管理濃度	第二評価値≦管理濃度 ≦第一評価値	管理濃度＜第二評価値
第一管理区分	第二管理区分	第三管理区分

②A測定及びB測定を実施した場合

		A測定		
		第一評価値 ＜管理濃度	第二評価値≦管理 濃度≦第一評価値	管理濃度＜ 第二評価値
B 測 定	B測定値＜管理濃度	第一管理区分	第二管理区分	第三管理区分
	管理濃度≦B測定値 ≦管理濃度×1.5	第二管理区分		
	管理濃度×1.5＜ B測定値	第三管理区分		

問19 **正解（1）**

「特殊健康診断において有害物の体内摂取量を把握する検査として、生物学的モニタリングがあり、トルエンについては、尿中の A 馬尿酸 を測定し、B 鉛 については、C 尿 中のデルタアミノレブリン酸を測定する。」

有機溶剤等の有害物にばく露すると、体内に取り込まれ、体内で化学的な変化（代謝）を受けてほとんどが尿などになって排泄されるが、一部が体内に蓄積される。したがって、体内に摂取された有害物の量と、排泄された量との関係が明らかな場合は、排泄された物質の量を分析することにより、体内に蓄積された有害物の量をある程度推定することができる。このような方法により、有害物へのばく露の程度を把握する手法を生物学的モニタリングという。

問20 　正解（2）

(1) 誤り。一酸化炭素用は赤色で、有機ガス用は黒色である。

防毒マスクの吸収缶の色別標記

区分	吸収缶の色	区分	吸収缶の色
有機ガス用	黒	アンモニア用	緑
硫化水素用	黄	シアン化水素用	青
一酸化炭素用	赤	ハロゲンガス用	灰／黒

(2) 正しい。高濃度の有害ガスに対しては、防毒マスクでは吸収缶が短時間で除毒能力を失ってしまうおそれがあるため、送気マスクか自給式呼吸器を使用する。

(3) 誤り。防じんマスクや特定の防毒マスク及び電動ファン付き呼吸用保護具については、ヒュームのような微細な粒子についても有効な型式検定合格標章のあるものを使用しなければならない。

(4) 誤り。防じんマスクのろ過材に付着した粉じんは圧縮空気で吹き飛ばしたり払い落としたりするなど、有害物質等が再飛散する方法をとってはならない。

(5) 誤り。防じんマスクは、顔面とマスクの面体との高い密着性が要求される有害性の高い物質を取り扱う作業については、取り替え式のものを選ばなければならない。

関係法令（有害業務に係るもの以外のもの）

問21 　正解（5）

医療業の事業場では、常時使用する労働者数が1,000人以上の場合に総括安全衛生管理者の選任が義務付けられるため、誤りとなる。

	業種の区分	労働者数
①屋外産業的業種	林業、鉱業、建設業、運送業、清掃業	常時100人以上
②屋内産業的業種 工業的業種	製造業（物の加工業を含む）、電気業、ガス業、熱供給業、水道業、通信業、各種商品卸売業、家具・建具・じゅう器等卸売業、各種商品小売業（百貨店）、家具・建具・じゅう器小売業、燃料小売業、旅館業、ゴルフ場業、自動車整備業、機械修理業	常時300人以上
③屋内産業的業種 非工業的業種	その他の業種（金融業、保険業、医療業等）	常時1,000人以上

問22 正解（4）

(1) 法令上、正しい。産業医を選任した事業者は、産業医に対し、労働者の労働時間に関する情報その他の産業医が労働者の健康管理等を適切に行うために必要な情報を提供し、労働者の健康管理等に関する措置を行うことができる権限を付与しなければならない。

(2) 法令上、正しい。産業医を選任した事業者は、その事業場における産業医の業務の内容その他の産業医の業務に関する事項（①事業場における産業医の業務の具体的な内容、②産業医に対する健康相談の申出の方法、③産業医による労働者の心身の状態に関する情報の取扱いの方法）を常時各作業場の見やすい場所に掲示し、又は備え付ける等の方法により労働者に周知させなければならない（常時使用労働者数50人未満の事業場は努力義務）。

(3) 法令上、正しい。産業医は、衛生委員会又は安全衛生委員会に対して労働者の健康を確保する観点から必要な調査審議を求めることができる。

(4) **法令上、誤り**。産業医が、「事業者から毎月1回以上、所定の情報の提供を受けている場合であって、**事業者の同意を得ているとき**」は作業場等の巡視の頻度を**毎月1回以上**から**2か月に1回以上**とすることができる。

(5) 法令上、正しい。産業医は設問のほか、自己の職務に関する事項について、**総括安全衛生管理者**に対して勧告し、又は**衛生管理者**に対して指導し、若しくは**助言**ができることも押さえておくこと。

問23 正解（2）

(1) 法令に違反していない。入社前3か月以内に医師による健康診断を受け、

当該健康診断の結果を証明する書面を提出したときは、健康診断の重複項目につき省略できる。

(2) **法令に違反している。**雇入時の健康診断では、設問のような「医師が適当と認めるその他の方法により行う」という規定はないので注意すること。

(3) 法令に違反していない。事業者は、**深夜業等の特定業務に常時従事する労働者**に対し、当該業務への配置替えの際及び**6か月以内ごとに1回**、定期に、定期健康診断の項目について医師による健康診断を行わなければならないが、胸部エックス線検査及びかくたん検査は、1年以内ごとに1回、定期に行えば足りる。

(4) 法令に違反していない。健康診断実施後の措置として事業者は、一般健康診断及び特殊健康診断の結果、異常の所見があると診断された労働者については、その結果に基づき、健康を保持するために必要な措置について、健康診断が行われた日から**3か月以内**に、医師又は歯科医師の意見を聴かなければならないとされている。

(5) 法令に違反していない。常時50人以上の労働者を使用する事業者は、定期の一般健康診断を行ったときは、**遅滞なく、**定期健康診断結果報告書を所轄労働基準監督署長に提出しなければならないが、雇入時の健康診断については報告書の提出義務はない。

問24　正解（3）

(1) 法令上、誤り。「6か月以内ごとに1回」ではなく「1年以内ごとに1回」である。

(2) 法令上、誤り。ストレスチェックの結果は個人情報となるため、ストレスチェックを受けた労働者に直接通知されなければならない。衛生管理者など本人以外の者に通知を行ってはならない。

(3) **法令上、正しい。**ストレスチェックは、「職場における当該労働者の心理的な負担の原因」「当該労働者の心理的な負担による心身の自覚症状」「職場における他の労働者による当該労働者への支援」の3領域に関する項目により検査を行う。

(4) 法令上、誤り。事業者は、面接指導対象者から申出があった場合のみ面接指導を行わなければならない。

(5) 法令上、誤り。「3年間」ではなく「**5年間**」である。

問25　正解（5）

(1) 違反している。大掃除は、日常行う清掃のほか**6か月以内ごとに1回**、定

期的かつ統一的に行わなければならない。

(2) 違反している。事業者は、**常時50人以上又は常時女性30人以上の労働者**を使用するときは、労働者が<ruby>臥<rt>が</rt></ruby>床することのできる休養室又は休養所を、男性用と女性用に区別して設けなければならない。設問の場合、「常時50人（男性25人 + 女性25人）以上の労働者を使用するとき」に該当するため、男女別の休養室又は休養所を設けなければならない。

(3) 違反している。小便所の箇所数は、同時に就業する**労働者30人以内ごとに1個以上**でなければならない。

(4) 違反している。食堂の床面積は、食事の際の1人について、**1 m² 以上**としなければならない。

(5) **違反していない。**労働者を常時就業させる屋内作業場では、直接外気に向かって開放することができる部分の面積が、床面積の**20分の1以上**でなければならない。

> 「15分の1」でよく問われますが、15分の1（≒0.067）は20分の1（0.05）以上であるので、衛生基準に則っています。

(1) 誤り。設問の労使協定（36協定）を締結・届出を行った場合のほか、**災害等による臨時の必要がある場合、公務のため臨時の必要がある場合、変形労働時間制を導入した場合**も1日8時間を超えて労働させることができる。

(2) 誤り。事業場を異にする場合であっても、労働時間は**通算される。**

(3) 誤り。「45分」ではなく「**1時間**」である。

(4) **正しい。**労働時間、休憩、休日に関する規定は、次のいずれかに該当する労働者には適用しないものとされている。

①農業・水産業に従事する者

②事業の種類にかかわらず監督若しくは管理の地位にある者、又は**機密の事務を取り扱う者**

③監視又は断続的労働に従事する者で、使用者が行政官庁（所轄労働基準監督署長）の許可を受けた者

なお、①から③に該当するものであっても**深夜業及び年次有給休暇の規定は適用される。**

(5) 誤り。(4)の解説を参照のこと。

問27	正解（3）

年次有給休暇の比例付与日数の計算問題である。

原則として週所定労働時間が30時間未満かつ1週間の所定労働日数が4日以下の者は、以下の算式により年次有給休暇の付与日数が算定される（端数は切捨て）。

通常の労働者の有給休暇日数×（比例付与対象者の週所定労働日数÷5.2）

設問の労働者は、週所定労働時間が25時間で週所定労働日数が4日であるので比例付与対象者となる。入社後3年6か月継続勤務したとあるので、上記算式にあてはめると、14日 × 4/5.2≒10.77 ＝ **10（日）** となる。

📖 **通常の労働者の有給休暇付与日数**

継続勤務年数	6か月	1年6か月	2年6か月	3年6か月	4年6か月	5年6か月	6年6か月以上
付与日数	10日	11日	12日	14日	16日	18日	20日

労働衛生（有害業務に係るもの以外のもの）

問28	正解（1）

(1) **誤り**。生体から得られたある指標が正規分布である場合、そのばらつきの程度は**分散**や**標準偏差**によって表される。

(2) 正しい。集団を比較する際、平均値が明らかに異なっていれば、異なった特徴を有する集団と評価されるが、平均値が等しくても分散（値のばらつき）が異なっていれば、この場合も異なった特徴を有する集団と評価される。

(3) 正しい。設問に対して、一定期間に有所見等が発生した人の割合を**発生率**といい、このようなデータは動態データとも呼ばれる。

(4) 正しい。対象人数など個数を数えることができる要素のデータを「**計数データ**」、身長・体重や摂取カロリーのように各要素の何らかの量に関するデータを「**計量データ**」という。

(5) 正しい。二つの事象の間に相関関係がみられたとしても、因果関係がないこともある。因果関係が成立するための五つの条件として、①**時間的先行性**、②関係の普遍性、③関係の強さ、④関係の特異性、⑤関係の一致性が必要とされている。

(1) 誤り。腰部保護ベルトは、労働者全員に使用させるものではなく、労働者ごとに効果を確認してから使用の適否を判断して導入するものとされている。

(2) 誤り。「50％以下」ではなく「40％以下」である。

(3) 誤り。「1年以内ごとに1回」ではなく「6か月以内ごとに1回」である。重量物取扱い作業、介護・看護作業など腰部に著しい負担のかかる作業に常時従事する労働者に対しては、当該作業に配置する際及びその後6か月以内ごとに1回、定期に医師による腰痛の健康診断を実施しなければならないとされている。

(4) 誤り。床面が硬い場合には、立っているだけでも腰部への衝撃が大きいため、クッション性のある作業靴やマットを利用して、衝撃を緩和することとされている。

(5) 正しい。また、必要に応じて滑りにくい足台を使用することも労働者に留意させることとされている。

(1) 正しい。体内の全血液量は、体重の約8％（約13分の1）程度で、その約3分の1を短時間に失うと生命が危険な状態となる。出血性ショックは、急激な出血により血圧が保てなくなるために起こる。

(2) 正しい。傷口が泥で汚れているときは、泥が組織の中に入らないように水道水で洗い流す。

(3) 正しい。直接圧迫法は、出血部を直接圧迫する方法で最も簡単で効果が優れており、応急手当として推奨されている。

(4) 誤り。「静脈性出血」ではなく「毛細血管性出血」である。

(5) 正しい。止血帯を施した場合、救急隊が到着するまで緩めてはいけない（法改正前は30分に1回緩めるとしていたが、現在は緩めてはいけなくなった）。

(1) 誤り。虚血性心疾患は、冠動脈が動脈硬化などの原因で狭くなったり、閉塞したりして心筋に血液が行かなくなることで起こる疾患である。

(2) 正しい。危険因子には、高血圧、喫煙、脂質異常症などがある。

(3) 正しい。狭心症とは、胸が締め付けられるような痛み（狭心痛）を生じるが、一過性で比較的軽症のものをいう。心筋梗塞とは心筋の壊死が起きた状態で、死亡率は35％〜50％とされるほどの重症である。

(4)(5) 正しい。狭心症は、冠動脈の血液が一時的に滞るために起こる心臓発作であり、発作は長くても**15分以内**におさまる場合が多い。心筋梗塞は、冠動脈の動脈硬化により血管が詰まって起こる心臓発作であり、突然の激しい胸痛、呼吸困難、不整脈などの症状を起こし、突然死に至ることもある。

> 運動負荷心電図検査は、運動中及び運動直後の心電図を記録することで、狭心症や心筋梗塞などの虚血性心疾患の有無を調べることができます。

問32　正解（4）

　サルモネラ菌は、食物に付着した細菌そのものの感染によって起こる食中毒であるので誤り。また、ウェルシュ菌、カンピロバクターは感染型、セレウス菌は毒素型の細菌性食中毒の原因菌である。

📖 **細菌性食中毒の感染型と毒素型の分類**

タイプ	原因菌と特徴	主な食材
感染型 （細菌が原因）	サルモネラ菌（熱に弱い、急性胃腸炎型の症状）	排泄物で汚染された食肉や卵
	腸炎ビブリオ菌（熱に弱い、好塩性、腹痛、水様性下痢、潜伏期間はおおむね10〜24時間）	近海の海産魚介類（病原性好塩菌）
	カンピロバクター（ニワトリ、ウシ等の腸に住む。下痢、腹痛、発熱等他の感染型細菌性食中毒と酷似。潜伏期間は2〜7日）	食品や飲料水
	ベロ毒素産生性大腸菌（腸管出血性大腸菌）（ベロ毒素により腹痛や出血を伴う水様性の下痢などを起こす。潜伏期間は、3〜5日で、代表的なものに O-26、O-111、O-157がある）	汚染された食肉や野菜などから摂取されることがある
毒素型	ボツリヌス菌（熱に強い、神経症状を呈し、致死率が高い）	缶詰等
	黄色ブドウ球菌（熱に強い、嘔吐、腹痛、比較的症状は軽い）	弁当、あんこ等

問33　正解（3）　　　　　　　　　　　　　　　法改正

(1) 適切である。また、ガイドラインでは、ディスプレイ画面の明るさ、書類及びキーボード面における明るさと周辺の明るさの差はなるべく小さくすることとされている。

(2) 適切である。ディスプレイ画面の位置、前後の傾き、左右の向き等を調整することは、グレア（まぶしさ）を防止するための有効な措置である。

(3) 適切でない。ディスプレイは、おおむね40cm以上の視距離が確保できるようにし、ドライアイを防ぐために画面の上端が眼と同じ高さか、やや下になるようにする。

(4) 適切である。パソコン作業者の調査研究から、1日の情報機器作業の作業時間が4〜5時間を超えると中枢神経系の疲れを訴える作業者が増大し、筋骨格系の疲労が蓄積するという調査報告がある。そのため、1日の作業時間が4時間以上である者は、全ての者が情報機器作業に係る定期健康診断の対象としているが、作業時間が4時間未満である者は、自覚症状を訴える者のみを当該健康診断の対象としている。

(5) 適切である。情報機器作業従事者に係る定期健康診断には、眼精疲労を中心とする自覚症状の有無の検査、視力・調節機能などの眼科学的検査のほか、業務歴、既往歴、筋骨格系に関するものなどがあることも押さえておくこと。

問34　正解（5）

(1) 正しい。「労働安全衛生マネジメントシステムに関する指針」（以下「指針」という。以下同じ）によれば、当該システムは、労働安全衛生法の規定に基づき機械、設備、化学物質等による危険又は健康障害を防止するため事業者が講ずべき具体的な措置を定めるものではないと定めている。自主的な安全衛生活動を組織的に進めていくためのガイドとなるものである。

(2) 正しい。「指針」によれば、労働安全衛生マネジメントシステムは、生産管理等事業実施に係る管理と一体となって運用されるものであるとしている。当該マネジメントシステムは事業場の日常業務の中で運用するものとされている。

(3) 正しい。「指針」によれば、事業者は、安全衛生方針を表明し、労働者及び関係請負人その他の関係者に周知させるものとするとしている。労働安全衛生マネジメントシステムの運用上、事業者の強いリーダーシップの表明を求めるものである。

(4) 正しい。「指針」によれば、事業者は、安全衛生目標を達成するため、事業場における危険性又は有害性等の調査の結果等に基づき、一定の期間を限り、安全衛生計画を作成するものと定めている。

(5) 誤り。「指針」によれば、労働安全衛生マネジメントシステムに従って行う措置が適切に実施されているかどうかについて、安全衛生計画の期間を考

慮して事業者が行う調査及び評価をシステム監査と定めているが、外部の機関による監査を受けなければならないとは定めていない。

問35　正解（5）

(1) 正しい。神経系を構成する基本的単位は神経細胞でニューロンという。通常、核をもつ1個の細胞体と1本の軸索及び複数の樹状突起から成る。

(2) 正しい。体性神経には、感覚器官からの情報を中枢神経に伝える感覚神経と中枢神経からの命令を運動器官に伝える運動神経がある。また、自律神経は交感神経と副交感神経に分類される。

(3) 正しい。大脳の内側は白質で大脳辺縁系と呼ばれる部位があり、情動、意欲等や自律神経の活動に関わっていることも押さえておくこと。

(4) 正しい。自律神経は、交感神経（身体の機能をより活動的に調節する神経系）と副交感神経（身体の機能を回復に向けて働く神経系）から成る。どちらも同じ器官に分布するが、作用は正反対である。一般に交感神経は昼間に活発、副交感神経は夜間に活発となる（これを概日リズム＝サーカディアンリズムという）。

(5) 誤り。交感神経は、消化管の運動を「高める」のではなく「抑制する」よう働く。

問36　正解（1）

(1) 誤り。「自律神経の中枢で発生した刺激」ではなく「心臓の中にある洞結節（洞房結節）で発生した刺激」である。

(2) 正しい。この肺循環のことを小循環ともいう。

📖✍ 体循環と肺循環

循環名	循環順路
体循環（大循環）	左心室 → 大動脈（酸素多）…全身…大静脈（酸素少） → 右心房 → 右心室 ⇒ 肺循環へ
肺循環（小循環）	右心室 → 肺動脈（酸素少）…肺…肺静脈（酸素多） → 左心房 → 左心室 ⇒ 体循環へ

(3) 正しい。設問の通り。

(4) 正しい。心臓の拍動は、交感神経（心臓の働きを促進）と副交感神経（心

111

臓の働きを抑制）から成る自律神経の支配を受けていることも押さえておくこと。

(5) 正しい。設問の通り。

<hr>

問37 **正解（3）** 法改正

(1) 正しい。設問の三大栄養素にビタミン類、ミネラルを合わせて五大栄養素という。

(2) 正しい。ビタミン、無機塩は酵素により分解されず、そのまま吸収される。無機塩はミネラルともいい、亜鉛、カルシウム、ナトリウム、マグネシウムなどがある。

(3) 誤り。膵液は、蛋白質分解酵素のトリプシノーゲン、脂質分解酵素の膵リパーゼ、糖質（炭水化物）分解酵素の膵アミラーゼなど三大栄養素の消化酵素を全て含んでいる。

(4) 正しい。ペプシンやトリプシンは蛋白質、リパーゼは脂質、アミラーゼは糖質（炭水化物）の消化に関与する酵素である。

(5) 正しい。小腸は、腹部にあり、胃に続く器官で、十二指腸、空腸、回腸に分類される。小腸の表面は、ビロード状の絨毛という小突起で覆われており、栄養素の吸収の効率を上げるために役立っている。

<hr>

問38 **正解（1）**

(1) 誤り。呼吸運動は「気管と胸膜の協調運動」ではなく「横隔膜、肋間筋などの呼吸筋が収縮と弛緩をすること」によって胸郭内容積を周期的に増減させて行われる。

(2) 正しい。吸気とは、胸郭内容積が増して（＝胸腔が広がる）内圧が低くなるにつれ、鼻腔、気管などの気道を経て肺内に流れ込む空気のことをいう。呼気とは、胸腔が締め付けられることにより内圧が高くなり、肺の中から押し出される空気のことをいう。

(3)(4) 正しい。外呼吸とは、肺の内部で空気中の酸素と血液中の二酸化炭素を交換することをいう。内呼吸とは、全身の毛細血管と各組織細胞との間で行われる酸素と二酸化炭素を交換する組織呼吸のことをいう。

(5) 正しい。呼吸中枢は脳の延髄にあり、血液中の二酸化炭素濃度が増加すると刺激されて呼吸数が増加する。

<hr>

問39 **正解（5）**

(1) 正しい。血液中の蛋白質は分子が大きいためボウマン嚢を通過できず、毛

細血管へ戻されることにも注意しておく。

(2) 正しい。原尿中に濾し出された水分の大部分は、そのまま尿として放出されるのではなく、尿細管から血液中に**再吸収**される。

(3) 正しい。**1日の尿量は約1,500ml**で、清浄な尿には通常、糖や蛋白質は含まれていないことも押さえておくこと。

(4) 正しい。設問の通り。

(5) 誤り。尿素窒素検査とは、血液を採取して血液中の尿素窒素量を測定し、腎機能・肝機能の状態を調べる検査のことをいう。**尿を採取して行われるも**のではない。

問40　正解（5）

(1) 誤り。代謝において、細胞に取り入れられた体脂肪やグリコーゲンなどが分解されてエネルギーを発生し、ATPが合成されることを**異化**という。

(2) 誤り。代謝において、体内に摂取された栄養素が、種々の化学反応によってATPに蓄えられたエネルギーを用いて、細胞を構成する蛋白質などの生体に必要な物質に合成されることを**同化**という。

(3) 誤り。基礎代謝量は、**覚醒中**の測定値で表される。

(4) 誤り。エネルギー代謝率（RMR）は、作業（＝仕事）に要したエネルギー量が、基礎代謝量の何倍に当たるかを表す数値のことである。

$$RMR = \frac{（作業中の総消費エネルギー）－（その時間の安静時消費エネルギー）}{基礎代謝量}$$

(5) 正しい。エネルギー代謝率は、性別、年齢、体格等の差による影響を受けにくく、同じ作業ならほぼ同じ数値が得られるため**動的筋作業**の強度を表す指標として役立つが、エネルギーをあまり消費しない**精神的作業や静的筋作業**には適用できないとされている。

問41　正解（4）

(1)(3)　正しい。耳は**聴覚**と**平衡感覚**（＝前庭感覚）をつかさどる器官であり、外耳、中耳、内耳の三つの部位で構成されている。

外耳		音を集める
中耳		鼓室の耳小骨によって鼓膜の振動を内耳に伝える
内耳	前庭	体の傾きの方向や大きさを感じる
	半規管	体の回転方向や速度を感じる
	蝸牛（か）	聴覚を担当している

(2) 正しい。聴覚の経路は、外耳道→鼓膜→耳小骨→前庭→蝸牛（か）→蝸牛（か）神経→聴覚中枢となる。

(4) 誤り。上の表より、前庭と半規管の内容が逆である。

(5) 正しい。なお、飛行機に乗ったときに耳の感覚がおかしくなるのは、耳の内圧が外気圧と等しく保たれなくなる（耳の内圧が外界の環境圧より低くなる）ためである。

問42　正解（4）

「抗体とは、体内に入ってきた A 抗原 に対して B 体液性 免疫において作られる C 免疫グロブリン と呼ばれる蛋（たん）白質のことで、 A 抗原 に特異的に結合し、 A 抗原 の働きを抑える働きがある。」

以上により、(4)が正解となる。

免疫に関連する用語

生体防御	病原体等の体内への侵入を防いだり、体内に侵入した病原体等を排除したりするしくみ
体液性免疫	体内に侵入した病原体などの異物を、リンパ球が抗原と認識し、その抗原に対してだけ反応する抗体を血漿中に放出する。この抗体が抗原に特異的に結合し抗原の働きを抑制して体を防御するしくみ
細胞性免疫	リンパ球が直接、病原体などの異物を攻撃するしくみ
抗原	免疫に関係する細胞によって異物と認識される物質をいう
抗体	体内に入ってきた抗原に対し体液性免疫で作られる免疫グロブリンといわれる蛋（たん）白質のことをいい、抗原の働きを抑える働きをする

問43　正解（2）

(1) 正しい。寒冷にさらされ体温が正常以下になると、脳が皮膚の血管を収縮

させて体表面の血流を減らし、熱の放散を減らす。

(2) 誤り。暑熱な環境では、体表面の血流量が増加して体表からの放熱が促進され、また体内の代謝活動を抑制することで産熱量が減少する。

(3) 正しい。身体内部の状態を一定に保つ生体の仕組みを恒常性（ホメオスタシス）といい、自律神経系とホルモンにより調整されている。

(4) 正しい。皮膚の表面から水1gが蒸発すると、0.58kcalの気化熱が奪われるとされている。人体の比熱（体温を1℃上昇させるのに必要な熱量）は約0.83kcalなので、体重70kgの人の熱容量［単位質量（1kg）当たり1℃上げるのに必要な熱量］は58.1kcal（0.83×70）となり、58.1÷0.58≒100（g）となる。したがって、100gの水分が体表面から蒸発すると体温が約1℃下がる。

(5) 正しい。発汗していない状態でも皮膚及び呼吸器から若干（1日約850g）の水分の蒸発がある。これを不感蒸泄というが、この不感蒸泄に伴う放熱は全放熱量の約25％である。

問44　正解（4）

(1) 正しい。睡眠と覚醒のリズムのように約1日の周期で繰り返される生物学的リズムを概日リズム（サーカディアンリズム）という。不規則な生活が続くなどして体内時計の周期を適正に修正させることができなくなると睡眠障害を生じることがある。これを概日リズム睡眠障害という。

(2) 正しい。レム睡眠は大脳を活発化するための眠りであり、ノンレム睡眠は大脳を鎮静化するための眠りである。

(3) 正しい。コルチゾールは副腎皮質から分泌されるホルモンで血糖値の調節などの働きをする。正常な場合の分泌量は、朝方の起床前後が最も高く、夜にかけて低くなり、1日の活動のリズムを整えるとされている。

(4) 誤り。「レム睡眠」ではなく「ノンレム睡眠」である。

(5) 正しい。松果体から分泌されるメラトニンは、夜間に分泌が上昇して睡眠と覚醒のリズムに関与しているホルモンである。

解答一覧

問 1	① ② ③ **④** ⑤	問 23	① **②** ③ ④ ⑤
問 2	① ② ③ **④** ⑤	問 24	① ② **③** ④ ⑤
問 3	① ② ③ ④ **⑤**	問 25	① **②** ③ ④ ⑤
問 4	**①** ② ③ ④ ⑤	問 26	① ② ③ **④** ⑤
問 5	**①** ② ③ ④ ⑤	問 27	**①** ② ③ ④ ⑤
問 6	① ② **③** ④ ⑤	問 28	① **②** ③ ④ ⑤
問 7	**①** ② ③ ④ ⑤	問 29	① **②** ③ ④ ⑤
問 8	① ② ③ ④ **⑤**	問 30	① ② ③ **④** ⑤
問 9	① ② ③ **④** ⑤	問 31	① ② ③ **④** ⑤
問 10	① ② ③ ④ **⑤**	問 32	① ② **③** ④ ⑤
問 11	① ② ③ **④** ⑤	問 33	**①** ② ③ ④ ⑤
問 12	① ② **③** ④ ⑤	問 34	**①** ② ③ ④ ⑤
問 13	① **②** ③ ④ ⑤	問 35	① ② ③ ④ **⑤**
問 14	**①** ② ③ ④ ⑤	問 36	① ② **③** ④ ⑤
問 15	**①** ② ③ ④ ⑤	問 37	① **②** ③ ④ ⑤
問 16	① **②** ③ ④ ⑤	問 38	**①** ② ③ ④ ⑤
問 17	① ② ③ **④** ⑤	問 39	① ② ③ ④ **⑤**
問 18	① ② **③** ④ ⑤	問 40	**①** ② ③ ④ ⑤
問 19	**①** ② ③ ④ ⑤	問 41	① ② ③ **④** ⑤
問 20	① **②** ③ ④ ⑤	問 42	① ② ③ **④** ⑤
問 21	① ② ③ ④ **⑤**	問 43	① ② **③** ④ ⑤
問 22	① ② ③ **④** ⑤	問 44	① ② ③ ④ **⑤**

問1　正解（4）

(1) 法令上、正しい。運送業の事業場では、**常時使用する労働者数が100人以上**の場合、総括安全衛生管理者を選任しなければならない。設問の事業場は「常時250人の労働者を使用する運送業の事業場」とあるので総括安全衛生管理者を選任しなければならない。

(2) 法令上、正しい。常時使用する労働者数が250人であるので、2人以上衛生管理者を選任しなければならない。

📖 **衛生管理者の選任数**

事業場の規模（常時使用労働者数）	衛生管理者数
50人以上200人以下	1人以上
200人を超え500人以下	2人以上
500人を超え1,000人以下	3人以上
1,000人を超え2,000人以下	4人以上
2,000人を超え3,000人以下	5人以上
3,000人を超える場合	6人以上

(3) 法令上、正しい。運送業は第二種衛生管理者**以外**の者（第一種衛生管理者、医師、歯科医師、労働衛生コンサルタント等）から衛生管理者を選任しなければならない。

(4) **法令上、誤り。**衛生管理者の専任要件は、①常時1,000人を超える労働者を使用する事業場又は、②常時500人を超える労働者を使用する事業場で、坑内労働又は一定の健康上有害な業務に常時30人以上の労働者を従事させるものである。設問の場合、①、②のいずれにも該当していない。

(5) 法令上、正しい。衛生管理者は、その事業場に専属の者を選任しなければならない。ただし、衛生管理者を2人以上選任する場合において、その中に労働衛生コンサルタントがいるときは、その労働衛生コンサルタントのうち1人について、事業場に専属の者である必要はない。

問2　正解（4）

　譲渡等の制限の対象となる主な装置（労働安全衛生法別表2に掲げる器具等）は、①防じんマスク、②防毒マスク、③交流アーク溶接機用自動電撃防止装置、④絶縁用保護具、⑤絶縁用防具、⑥保護帽、⑦防じん又は防毒機能を有する電

動ファン付き呼吸用保護具、⑧再圧室、⑨潜水器、⑩特定エックス線装置、⑪工業用ガンマ線照射装置、⑫安全帯、⑬排気量40cm³以上の内燃機関を内蔵するチェーンソー等がある。よって、（4）の「放射性物質による汚染を防止するための防護服」は譲渡等の制限の対象となる機械等に該当しない。

問3　正解（5）

(1) 正しい。非密封の放射性物質を取り扱う作業室では、1か月以内ごとに1回定期に空気中の放射性物質の濃度を測定しなければならない。

(2) 正しい。チッパーによりチップする業務を行う屋内作業場は、「著しい騒音を発する屋内作業場」に該当するため、6か月以内ごとに1回定期に等価騒音レベルの測定を行わなければならない。

(3) 正しい。通気設備が設けられている坑内の作業場は、半月以内ごとに1回定期に通気量を測定しなければならない。

(4) 正しい。鉛ライニングの業務を行う屋内作業場では、1年以内ごとに1回定期に鉛の空気中濃度の測定を行わなければならない。

(5) 誤り。多量のドライアイスを取り扱う業務を行う屋内作業場は、「暑熱、寒冷、多湿屋内作業場」に該当するため、半月以内ごとに1回定期に気温、湿度、ふく射熱の測定を行わなければならない。

問4　正解（1）

(1)の硝酸は、特定化学物質であり、設問の作業（試験研究ではない）は作業主任者の選任が必要である。

作業主任者の選任が必要・不要な作業

必要な作業	不要な作業
①高圧室内作業 ②エックス線装置を使用する放射線業務（医療用を除く） ③ガンマ線照射装置を用いて行う透過写真撮影作業 ④特定化学物質を製造し、又は取り扱う作業（金属アーク溶接等作業） ⑤鉛業務に係る作業（換気が不十分な場所におけるはんだ付け作業、溶融した鉛を用いて行う金属の焼入れの業務に係る作業等を除く）	①特定粉じん作業 ②強烈な騒音を発する場所における作業 ③レーザー光線による金属加工作業 ④廃棄物焼却作業 ⑤立木の伐採（チェーンソーを用いる）作業 ⑥潜水作業 ⑦試験研究の目的で特定化学物質・有機溶剤等を取り扱う作業

⑥四アルキル鉛等業務 ⑦酸素欠乏危険場所（ドライアイスを使用している冷蔵庫の内部の作業、溶融した鉛を用いて行う金属の焼入れの業務に係る作業等）における作業 ⑧有機溶剤等を製造し又は取り扱う業務 ⑨石綿等を取り扱う作業（試験研究のため取り扱う作業を除く）又は試験研究のため石綿等を製造する作業	⑧自然換気が不十分な、はんだ付け作業等 ⑨セメント製造工程においてセメントを袋詰めする作業

問5　正解（1）

(1) **特別の教育を行わなければならない。** チェーンソーを用いて行う造材の業務に労働者を就かせるときは、特別教育が必要である。

(2) 特別の教育が必要でない。エックス線回折装置を用いて行う分析の業務は、特別教育が必要な業務に該当しない。

(3) 特別の教育が必要でない。特定化学物質を用いて行う分析の業務は、特別教育が必要な業務に該当しない。

(4) 特別の教育が必要でない。有機溶剤等を入れたことがあるタンクの内部における業務は、特別教育が必要な業務に該当しない。

(5) 特別の教育が必要でない。削岩機、チッピングハンマー等チェーンソー以外の振動工具を取り扱う業務は、特別教育が必要な業務に該当しない。

問6　正解（3）

(1) 義務付けられていない。作業主任者については、選任報告書の提出義務は課されていない。

(2) 義務付けられていない。定期自主検査を行ったときは、その結果を記録し、保存しなければならないが、結果についての報告義務は課されていない。

(3) **義務付けられている。** 常時50人以上の労働者（「特殊健康診断」を行ったときは、その使用する労働者数にかかわらず）を使用する事業場の事業者は、定期健康診断の結果を遅滞なく、所轄労働基準監督署長に提出（報告）しなければならない。

(4) 義務付けられていない。雇入時の健康診断の結果は、定期のものではないため、結果についての報告義務は課されていない。

(5) 義務付けられていない。作業環境測定を行ったときは、その結果について記録し、一定期間保存する義務は課されているが、報告義務は課されていない。

(1) 法令上、誤り。作業場所に設ける局所排気装置の制御風速に必要な能力は外付け式フードの場合、側方吸引型と下方吸引型では0.5m/sが、上方吸引型では1.0m/sが必要となり、設問の0.4m/sでは制御風速が不足している。

(2) 法令上、正しい。第二種有機溶剤等の区分による色分けは黄色である。なお、二硫化炭素等の第一種有機溶剤等は赤色、石油ベンジン等の第三種有機溶剤等は青色となる。

(3) 法令上、正しい。事業者は、第一種有機溶剤等及び第二種有機溶剤等に係る有機溶剤業務を行う屋内作業場では、6か月以内ごとに1回、定期に、当該有機溶剤の濃度を測定しなければならない。また、測定の都度、所定の事項を記録して3年間保存しなければならない。

(4) 法令上、正しい。事業者は、屋内作業場等における有機溶剤業務に常時従事する労働者に対し、雇入れの際、当該業務への配置替えの際及びその後6か月以内ごとに1回、定期に、一定の項目について医師による健康診断を行わなければならない。また、その結果に基づき作成した健康診断個人票を5年間保存しなければならない。

(5) 法令上、正しい。事業者は、局所排気装置及びプッシュプル型換気装置について、1年以内ごとに1回、定期に、所定の事項について自主検査を行わなければならない。また、その結果を記録し、3年間保存しなければならない。

　酸素欠乏とは、空気中の酸素濃度が18％未満の状態をいう。第一種酸素欠乏危険作業とは、酸素濃度が18％未満になるおそれのある酸素欠乏危険場所での作業をいい、第二種酸素欠乏危険作業とは、酸素欠乏危険場所のうち、硫化水素の濃度が10ppmを超えるおそれのある場所での作業をいう。

　下記表より、(5)「汚水その他腐敗しやすい物質を入れたことのある暗きょの内部における作業」が第二種酸素欠乏危険作業に該当する。

📖 **第一種・第二種酸素欠乏危険作業**

第一種酸素欠乏危険作業	第二種酸素欠乏危険作業
①果菜の熟成のために使用している倉庫の内部における作業 ②酒類を入れたことのある醸造槽の内部	①海水が滞留している（又は滞留したことのある）ピット（くぼみ）の内部における作業

| における作業
③ドライアイスを使用している冷蔵庫内部における作業
④第一鉄塩類を含有している地層に接するたて坑の内部における作業
⑤相当期間密閉されていた鋼製のタンクの内部における作業
⑥ヘリウム、アルゴン等の不活性の気体を入れたことのあるタンク内部における作業 | ※雨水が滞留している（又は滞留したことのある）ピットの内部における作業は第一種酸素欠乏危険作業であることに注意すること。
②汚水その他腐敗しやすい物質を入れたことのある暗きょの内部における作業 |

問9　正解（4）

特定粉じん作業とは、粉じん作業のうち、その粉じん発生源が一定の箇所（粉じん障害防止規則別表第2に掲げる15の**特定粉じん発生源**）であるものをいう。具体的には以下のような箇所における作業をいう。

・屋内において、セメント、フライアッシュ又は粉状の鉱石、炭素原料、炭素製品、アルミニウム若しくは酸化チタンを袋詰めする箇所
・屋内において、研磨材を用いて動力（手持式又は可搬式動力工具によるものを除く）により、岩石、鉱物若しくは金属を研磨し、若しくははり取りし、又は金属を裁断する箇所等

よって、（4）「粉状のアルミニウムを袋詰めする箇所」が特定粉じん発生源に該当する。

問10　正解（5）

時間外労働の協定を締結したときであっても、次の健康上特に有害な一定業務（就業制限業務）については、1日2時間を超えて延長することはできない。よって、C「多量の低温物体を取り扱う業務」、D「鉛の粉じんを発散する場所における業務」の組合せが該当することになり、（5）が正解となる。

①著しく暑熱、又は寒冷な場所における業務
②多量の高熱物体、又は低温物体を取り扱う業務
③強烈な騒音を発する場所における業務（ボイラー製造等）
④重量物の取扱い等重激な業務
⑤土石、獣毛等のじんあい又は粉末を著しく飛散する場所における業務
⑥ラジウム放射線、エックス線その他有害放射線にさらされる業務
⑦異常気圧下における業務
⑧削岩機等の使用により、身体に著しく振動を与える業務

⑨鉛、水銀、クロム、砒素その他有害物質の粉じん、蒸気又はガスを発散する場所における業務

湿潤な場所における業務、著しい精神的緊張を伴う業務、病原体によって汚染のおそれがある業務は、就業制限業務ではないことに注意しましょう。

労働衛生（有害業務に係るもの）

問11　正解（4）　法改正

(1) 正しい。リスクアセスメントは、①リスクアセスメント対象物を原材料等として新規に採用又は変更するとき、②リスクアセスメント対象物を製造又は取り扱う業務に係る作業方法や手順を新規に採用又は変更するとき、③リスクアセスメント対象物による危険性又は有害性等について変化が生じ又は生ずるおそれがあるときに実施する。

(2) 正しい。リスクアセスメント対象物による危険性又は有害性の特定は、リスクアセスメント等の対象となる業務を洗い出した上で、危険性又は有害性の分類等に即して行う。

(3) 正しい。リスクの見積りは、リスク低減の優先度を決定するため、危険性又は有害性により発生するおそれのある負傷又は疾病の重篤度とそれらの発生の可能性の度合の両者を考慮して行われる。

(4) 誤り。「管理濃度」ではなく「そのリスクアセスメント対象物のばく露限界」と比較するのが正しい。

(5) 正しい。リスクアセスメントの実施に当たっては、次の資料等を入手し、その情報を活用する必要がある。
・安全データシート（SDS）、仕様書
・リスクアセスメント等の対象となる作業を実施する状況に関する情報（作業標準、作業手順書等、機械設備等に関する情報等）
・リスクアセスメント対象物に係る機械設備のレイアウト、作業の周辺の環境に関する情報等
・作業環境測定結果等

問12　正解（3）

(1) 蒸気として存在しない。塩化ビニルは、ガスである。

(2) 蒸気として存在しない。ジクロロベンジジンは、粉じんである。

(3) 蒸気として存在する。トリクロロエチレンは、常温・常圧の空気中で蒸気として存在する。

(4) 蒸気として存在しない。二酸化硫黄は、ガスである。

(5) 蒸気として存在しない。ホルムアルデヒドは、ガスである。

　　別冊9ページ図表参照のこと。

問13　正解（2）

(1) 正しい。有機溶剤は、皮膚や呼吸器、粘膜から吸収されることがある。

(2) 誤り。メタノールによる健康障害として顕著なものは、「脳血管障害」ではなく「視神経障害」である。

(3) 正しい。キシレンのばく露の生物学的モニタリングの指標としての尿中代謝物は、メチル馬尿酸である。

(4) 正しい。有機溶剤は、皮膚や粘膜（眼、呼吸器、消化器）に付着し吸収され、皮膚の角化や結膜炎等の障害をきたすことがある。

(5) 正しい。低濃度の有機溶剤のばく露の繰り返しによる慢性中毒では、頭痛、めまい、記憶力減退、不眠などの不定愁訴（調子が悪い自覚症状はあるが、検査をしても原因が見つからない状態）がみられる。

問14　正解（1）

局所排気装置に取り付けるフードは、囲い式カバー型が最も排気効果が高い。囲い式カバー型＞囲い式建築ブース型＞外付け式ルーバ型の順で排気効果が大きいとされている。よって、（1）が正解となる。

問15　正解（1）

(1) 誤り。設問の場合、瞬時に失神し、呼吸が停止、死亡することがある。徐々に窒息状態になるのではない。

(2) 正しい。減圧症は、高圧の環境下において、大量に体内組織に吸収されていた窒素ガスが、減圧によって血中で気化し、気泡が血管を詰まらせることにより発生する症状である。

(3) 正しい。金属熱は、高温環境下により発生するものではなく、亜鉛や銅等の金属ヒューム吸入により発生する症状である。

(4) 正しい。低温の環境下では、震えなどにより熱を産生し体温の低下を防ごうとするが、やがて体熱の喪失が産生を上回ると、体の中心部の温度が35℃以下となり、低体温症になる。さらに体温が低下し、32℃以下になると熱産生が十分に行われなくなり、中枢神経機能や呼吸・循環機能不全により

死に至る。

(5) 正しい。振動による健康障害は、全身振動障害と局所振動障害に分類され、レイノー現象（白指症・白指発作）は、削岩機やチェーンソー等の振動工具の長時間使用による局所振動障害の1つであり、冬季に発生しやすい。他覚所見よりも、自覚症状の方が先行して発症する。

問16　正解（2）

(1) 誤り。じん肺とは、ある種の粉じんを吸入することによって肺の組織が線維化する疾患で、けい肺、石綿肺などがある。

(2) 正しい。じん肺の合併症は、続発性気管支炎や肺結核のほかに結核性胸膜炎、続発性気管支拡張症、続発性気胸、原発性肺がんがある。

(3) 誤り。遊離けい酸を含有している粉じんを吸入することにより生じるのがけい肺で、その症状は、咳、痰、呼吸困難、倦怠感があり、ひどくなると呼吸困難となる。また結核や気管支拡張症、気胸など合併症を引き起こすおそれもある。

(4) 誤り。じん肺の有効な治療方法は、まだ確立されていない。

(5) 誤り。じん肺がある程度進行すると、粉じんへのばく露を中止しても肺の線維化が進行するといわれている。

問17　正解（4）

(1) 正しい。末梢神経障害のほかには、頭痛、めまい、多発性神経炎などが症状としてみられる。ノルマルヘキサンは肺や皮膚から吸収されやすいことも押さえておくこと。

(2) 正しい。シアン化水素は気道や皮膚からも吸収され、細胞内の呼吸障害を起こす。シアン化水素による中毒では、呼吸困難、けいれんなどがみられる。

(3) 正しい。硫化水素による中毒では、目や気道の刺激、高濃度では意識消失、呼吸麻痺等がみられる。

(4) 誤り。塩化ビニルではなく、二酸化硫黄による中毒である。塩化ビニルは、がん（肝血管肉腫）が発症するおそれがあるといわれている。

(5) 正しい。弗化水素による中毒では、骨の硬化、斑状歯、肺炎、肺水腫等がみられる。

問18　正解（3）

(1) 正しい。次の表を参照のこと。

区分	吸収缶の色	区分	吸収缶の色
有機ガス用	黒	アンモニア用	緑
硫化水素用	黄	シアン化水素用	青
一酸化炭素用	赤	ハロゲンガス用	灰／黒

(2) 正しい。設問の作業場では、有害物質だけでなく粉じんが存在するため、粉じん機能付きの防毒マスクを使用しなければならない。

(3) 誤り。電動ファン付き呼吸用保護具は、酸素濃度18％未満の場所では使用できない。送気マスクか自給式呼吸器（空気呼吸器、酸素呼吸器）を使用しなければならない。

(4) 正しい。防じんマスクの選択に当たっては、面体、ろ過材等ごと（使い捨て式防じんマスクにあっては面体ごと）に付されている型式検定合格標章により、型式検定合格品であることを確認することとされている。

(5) 正しい。粉じん等が面体の接顔部から面体内へ漏れ込むおそれがあるため、面体と顔面との間にタオルなどを当てて防じんマスクを着用してはならない。

問19　正解（1）

(1) 正しい。管理濃度は、有害物質に関する作業環境の状態を単位作業場所の作業環境測定結果から評価するための指標として設定されたものである。ばく露限界を示すものではないことに注意すること。

(2) 誤り。設問はB測定についての内容である。A測定とは、単位作業場所全体の有害物質の濃度の平均的な分布を知るために行う測定のことである。

(3) 誤り。設問はA測定についての内容である。

(4) 誤り。A測定の「第一評価値」及びB測定の測定値がいずれも管理濃度に満たない単位作業場所が第一管理区分となる。設問はA測定の「第二評価値」とある。

(5) 誤り。A測定の結果に関係なく第三管理区分となるのは、B測定の結果が、管理濃度の1.5倍を超えている場合である。

📖 作業環境測定の結果評価

① A測定のみを実施した場合

第一評価値＜管理濃度	第二評価値≦管理濃度 ≦第一評価値	管理濃度＜第二評価値
第一管理区分	第二管理区分	第三管理区分

② A測定及びB測定を実施した場合

		A測定		
		第一評価値 ＜管理濃度	第二評価値≦管理 濃度≦第一評価値	管理濃度＜ 第二評価値
B測定	B測定値＜管理濃度	第一管理区分	第二管理区分	第三管理区分
	管理濃度≦B測定値 ≦管理濃度×1.5	第二管理区分		
	管理濃度×1.5＜ B測定値	第三管理区分		

問20　　正解（2）

「スチレン」ではなく「N,N‐ジメチルホルムアミド」であるので(2)が誤り。

📖 有害化学物質と尿中の代謝物等との主な組合せ

物質名	検査内容
トルエン	尿中の馬尿酸
キシレン	尿中のメチル馬尿酸
スチレン	尿中のマンデル酸
ノルマルヘキサン	尿中の2,5‐ヘキサンジオン
鉛	血液中鉛、尿中のデルタアミノレブリン酸
N,N‐ジメチルホルムアミド	尿中のN‐メチルホルムアミド
1,1,1‐トリクロロエタン	尿中のトリクロロ酢酸又は総三塩化物
トリクロロエチレン	尿中のトリクロロ酢酸又は総三塩化物

関係法令（有害業務に係るもの以外のもの）

問21　　正解（5）

(1)〜(4)　法令上、定められている。

(5) 法令上、定められていない。「労働者の健康を確保するため必要があると認めるとき、事業者に対し、労働者の健康管理等について必要な勧告をすること」は、産業医の権限である。

問22　正解（4）

(1) 法令上、正しい。産業医は、次に掲げる者（イ及びロにあっては、事業場の運営について利害関係を有しない者を除く）以外の者のうちから選任しなければならない。

　イ　事業者が法人の場合にあっては当該法人の代表者
　ロ　事業者が法人でない場合にあっては事業を営む個人
　ハ　事業場においてその事業の実施を統括管理する者

(2) 法令上、正しい。産業医は、少なくとも毎月1回（事業者から衛生管理者が行う巡視の結果等の情報提供を受けている場合で、事業者の同意を得ているときは、少なくとも2か月に1回）以上作業場等を巡視して、作業方法又は衛生状態に有害のおそれがあるときは、直ちに、労働者の健康障害を防止するため必要な措置を講じる必要がある。

(3) 法令上、正しい。事業者は、産業医が辞任又は産業医を解任したときは、遅滞なく、その旨及びその理由を衛生委員会等に報告しなければならない。産業医の独立性及び中立性を強化するために定められた規定である。

(4) 法令上、誤り。産業医は、一定の資格要件が衛生管理者等と異なるため、代理者の選任は義務付けられていない。

(5) 法令上、正しい。事業者が産業医に付与すべき権限として、①事業者又は総括安全衛生管理者に意見を述べること、②労働者から当該労働者の健康管理等の実施に必要な情報を収集すること、③労働者の健康確保のため緊急の必要がある場合、当該労働者に対して必要な措置を指示すること、の権限が含まれることが明確化されている。

問23　正解（2）

(1) 法令に違反していない。雇入時の健康診断については、入社前3か月以内に医師による健康診断を受け、当該健康診断の結果を証明する書面を提出したときは、健康診断の重複項目につき省略できる。

(2) 法令に違反している。雇入時の健康診断では、(1)の場合を除き、検査する項目を変更して実施することは認められていない。

(3) 法令に違反していない。事業者は、海外に6か月以上派遣した労働者を本邦の地域内における業務に就かせるときは、原則として当該労働者に対し、

一定の項目について医師による健康診断を行わなければならない。

(4)(5) 法令に違反していない。常時使用する労働者数が50人以上の事業場では、一般健康診断、特定業務従事者の健康診断（いずれも定期のものに限る）を実施したときは、その結果を所轄労働基準監督署長に提出しなければならない（特殊健康診断及び歯科医師による健康診断の場合は、事業規模に関わりなく提出義務がある）。雇入時の健康診断の結果は、所轄労働基準監督署長へ提出する必要はない。

問24　正解（3）

(1) 誤り。面接指導を行う医師は、事業場の産業医である必要はない。

(2) 誤り。事業者は、面接指導の結果に基づき、当該面接指導の結果を記録し5年間保存しなければならないが、健康診断個人票に記載する必要はない。

(3) 正しい。ストレスチェックの結果、面接指導の必要性を医師等が認めた労働者が面接指導を希望する旨を申し出たときは、当該労働者に対し、面接指導を行わなければならない。

(4) 誤り。「申出の日から3か月以内に」ではなく「遅滞なく」である。

(5) 誤り。「面接指導が行われた日から3か月以内に」ではなく「面接指導が行われた後、遅滞なく」である。

問25　正解（2）

事業者は、労働者を常時就業させる屋内作業場の気積（室の容積）を、設備の占める容積及び床面から4mを超える高さにある空間を除き、労働者1人について、$10m^3$以上としなければならない。設問の場合、4mを超える空間や設備の占める容積を除き、作業場の気積が$150m^3$あり、設備の占める容積が$55m^3$あるので、$(150m^3 - 55m^3) \div 10m^3 = 9.5$となる。よって、(2)の9人が正解となる。

問26　正解（4）

(1) 誤り。設問における労使協定（36協定）を締結・届出を行った場合のほか、災害等による臨時の必要がある場合、公務のため臨時の必要がある場合、変形労働時間制を導入した場合も1日8時間を超えて労働させることができる。

(2) 誤り。事業場を異にする場合であっても、労働時間は通算される。

(3) 誤り。1時間労働時間を延長するとその日の労働時間は8時間を超えるため、少なくとも1時間の休憩時間を与えなければならない。

(4) 正しい。労働時間、休憩、休日に関する規定は、次のいずれかに該当する

労働者には適用しないものとされている。

①農業・水産業に従事する者

②事業の種類にかかわらず監督若しくは管理の地位にある者、又は機密の事務を取り扱う者

③監視又は断続的労働に従事する者で、使用者が行政官庁（所轄労働基準監督署長）の許可を受けた者

(5) 誤り。「6か月以内」ではなく「3か月以内」である。

問27 **正解（1）**

育児時間についての問題である。「生後満1年を超え、満2年に達しない」ではなく「生後満1年に達しない」であるので、(1)が誤りとなる。

育児時間のポイントとして、①育児時間は有給としなくてもよい、②女性労働者は、1日2回、1回当たり少なくとも30分の時間を請求することができる、③会社は、女性労働者が請求する時間に育児時間を与えなければならないが、休憩時間と異なり労働時間の途中に与える必要はなく、また女性労働者から請求がない場合は与えなくてもよい等を押さえておくこと。

労働衛生（有害業務に係るもの以外のもの）

問28 **正解（2）**

(1) 適切である。設問に加えて、「労働者の心の健康の保持増進のための指針」（以下「指針」という）では、心の健康は、全ての労働者に関わることであり、全ての労働者が心の問題を抱える可能性があるにもかかわらず、心の健康問題を抱える労働者に対して、健康問題以外の観点から評価が行われる傾向が強いという問題や、心の健康問題自体についての誤解や偏見等解決すべき問題が存在しているとしている。

(2) 適切でない。指針では、心の健康づくり計画の実施に当たっては、ストレスチェック制度の活用や職場環境等の改善を通じて、メンタルヘルス不調を未然に防止する「一次予防」、メンタルヘルス不調を早期に発見し、適切な措置を行う「二次予防」及びメンタルヘルス不調となった労働者の職場復帰の支援等を行う「三次予防」が円滑に行われるようにする必要があるとされている。「一次予防」は、「メンタルヘルス不調を早期に発見する」のではなく、「メンタルヘルス不調を未然に防止する」である。

(3) 適切である。メンタルヘルスケアは、人事労務管理と連携しなければ適切に進まない場合が多い。そのため、「心の健康づくり計画」は、各事業場に

おける労働安全衛生に関する計画の中に位置付けることが望ましいとされている。

(4) 適切である。指針では、個人の要因等も心の健康問題に影響を与え、これらは複雑に関係し、相互に影響し合う場合が多いとしている。

(5) 適切である。指針では、労働者の個人情報の保護への配慮は、労働者が安心してメンタルヘルスケアに参加できること、ひいてはメンタルヘルスケアがより効果的に推進されるための条件であるとしている。

問29　正解（2）

次の表より、上体起こしは、筋力との組合せによる測定種目である。よって、(2)が正解である。

📖 運動機能検査項目と測定種目

検査項目	測定種目
筋力	握力、上体起こし
柔軟性	立位体前屈、座位体前屈
平衡性	閉眼（又は開眼）片足立ち
敏しょう性	全身反応時間
全身持久力	最大酸素摂取量

問30　正解（4）　　　　法改正

(1) 適切である。設問の通り。

(2) 適切である。書類上やキーボード上の照度は、**300ルクス以上**とされている。

(3) 適切である。ディスプレイ画面の位置、前後の傾き、左右の向き等を調整することは、**グレア（まぶしさ）を防止**するための有効な措置である。

(4) **適切でない。**ディスプレイは、おおむね**40cm以上の視距離**が確保できるようにし、ドライアイを防ぐために画面の上端が眼と同じ高さか、やや下になるようにする。

(5) 適切である。パソコン作業者の調査研究から、1日の情報機器作業の作業時間が4～5時間を超えると中枢神経系の疲れを訴える作業者が増大し、また、筋骨格系の疲労が蓄積するという調査報告がある。そのため、1日の作業時間が4時間以上である者は、全ての者が情報機器作業に係る定期健康診断の対象としているが、作業時間が4時間未満である者は、自覚症状を訴え

る者のみを当該健康診断の対象としている。

（1）正しい。体内の全血液量は、体重の約８％（約13分の１）程度で、その約３分の１を短時間に失うと生命が危険な状態となる。出血性ショックは、急激な出血により血圧が保てなくなるために生じる。

（2）正しい。傷口が泥で汚れているときは、泥が組織の中に入らないように水道水で洗い流す。

（3）正しい。直接圧迫法は、出血部を直接圧迫する方法で、最も簡単で効果が優れており、応急手当として推奨されている。

（4）誤り。「毛細血管性出血」ではなく「静脈性出血」である。

（5）正しい。止血帯を施した場合、救急隊が到着するまで緩めてはいけない（法改正前は30分に１回緩めるとしていたが、現在は緩めてはいけなくなった）。

（1）正しい。なお、救急隊を待っている間に呼吸が認められなくなったり、普段どおりでない呼吸に変化した場合には、心停止とみなしてただちに心肺蘇生を開始する。

（2）正しい。救助者が人工呼吸の訓練を受けており、技術と意思がある場合は、胸骨圧迫と人工呼吸を30：2の比で繰り返し行うことも押さえておくこと。

（3）誤り。「３秒以上かけて」ではなく「約１秒かけて」である。

（4）正しい。胸骨圧迫の深さは胸が約５cm沈むように圧迫するが、６cmを超えないようにするものとされている。

（5）正しい。一方、電気ショックを行った後は、AEDの音声メッセージに従い、直ちに胸骨圧迫から心肺蘇生を再開するものとされている。

次の表を参照のこと。サルモネラ菌は、食物に付着した細菌そのものの感染によって起こる食中毒であり、「毒素型」ではなく「感染型」である。なお、(5)のセレウス菌は毒素型に分類される原因菌である。

タイプ	原因菌と特徴	主な食材
感染型 （細菌が 原因）	サルモネラ菌（熱に弱い、急性胃腸炎型の症状）	排泄物で汚染された食肉や卵
	腸炎ビブリオ菌（熱に弱い、好塩性、腹痛、水様性下痢、潜伏期間はおおむね10～20時間）	近海の海産魚介類（病原性好塩菌）
	カンピロバクター（ニワトリ、ウシ等の腸に住む。下痢、腹痛、発熱等他の感染型細菌性食中毒と酷似。潜伏期間は2～7日）	食品や飲料水
	ベロ毒素産生性大腸菌（腸管出血性大腸菌）（ベロ毒素により腹痛や出血を伴う水様性の下痢などを起こす。潜伏期間は、3～5日で、代表的なものにO-26、O-111、O-157がある）	汚染された食肉や野菜などから採取されることがある
毒素型	ボツリヌス菌（熱に強い、神経症状を呈し、致死率が高い）	缶詰等
	黄色ブドウ球菌（熱に強い、嘔吐、腹痛、比較的症状は軽い）	弁当、あんこ等

問34　**正解（1）**

(1) 誤り。腰部保護ベルトは、一律に使用させるものではなく、労働者ごとに効果を確認してから使用の適否を判断して導入するものとされている。

(2)～(4)　正しい。設問の通り。

(5) 正しい。重量物取扱い作業、介護・看護作業など腰部に著しい負担のかかる作業に常時従事する労働者に対しては、当該作業に配置する際及びその後6か月以内ごとに1回、定期に、医師による腰痛の健康診断を実施することとされている。

労働生理

問35　**正解（5）**

(1) 正しい。神経系を構成する基本的単位は、神経細胞であり、ニューロンという。通常、核をもつ1個の細胞体と1本の軸索及び複数の樹状突起から成る。

(2) 正しい。**体性神経**には、感覚器官からの情報を中枢神経に伝える感覚神経と中枢神経からの命令を運動器官に伝える運動神経がある。また、**自律神経**は交感神経と副交感神経に分類される。

(3) 正しい。加えて、大脳の**内側は白質**で大脳辺縁系と呼ばれる部位があり、情動、意欲等や自律神経の活動に関わっていることも押さえておくこと。

(4) 正しい。自律神経は、交感神経（身体の機能をより活動的に調節する神経系）と副交感神経（身体の機能を回復に向けて働く神経系）から成る。どちらも同じ器官に分布するが、作用は正反対である。

(5) 誤り。**交感神経**は、**消化管の運動**を「亢進」するのではなく「抑制」するように働く。

肝臓の機能には、(1)コレステロールの合成、(2)尿素の合成、(4)胆汁の生成、(5)グリコーゲンの合成及び分解はあるが、(3)「ビリルビンの分解」はない。

(1) 正しい。**レム睡眠は大脳を活発化**するための眠りであり、**ノンレム睡眠は大脳を鎮静化**するための眠りである。

(2) 誤り。「甲状腺ホルモン」ではなく「**メラトニン**」である。メラトニンは**松果体**から分泌されるホルモンで、睡眠ホルモンともいわれている。

(3) 正しい。また、極度の空腹も不眠の原因となるため、非常に軽い食事をとるのも良い睡眠を得るための一つの方法だといわれている。

(4) 正しい。設問の内容以外に、昼間は音や明るさなど外因性リズムによる妨害も多く、夜間と同じような睡眠環境を整えることができないことも睡眠の量と質を下げる要因の一つだといわれている。

(5) 正しい。睡眠中は、副交感神経系の働きが活発となるため、**体温の低下**や**心拍数の減少**などがみられる。

(1) 誤り。設問中の「エチレングリコール」は「**モノグリセリド**」である。

(2) 正しい。無機塩、ビタミンは酵素により分解されず、そのまま吸収される。無機塩はミネラルともいい、亜鉛、カルシウム、ナトリウム、マグネシウムなどがある。

(3)(4) 正しい。設問の通り。

(5) 正しい。小腸は、腹部にあり、胃に続く器官で、十二指腸、空腸、回腸に分類される。小腸の表面は、ビロード状の絨毛という小突起で覆われており、栄養素の吸収の効率を上げるために役立っている。

A　正しい。尿を生成する単位構造をネフロン（腎単位）という。ネフロンは、1個の腎小体とそれに続く1本の尿細管から成り、1個の腎臓中に約100万個ある。

B　正しい。尿は全身の健康状態をよく反映し、検体の採取も簡単なため、健康診断などで尿検査が広く行われている。

C　誤り。血液中のグルコース（糖の一種）は、糸球体からボウマン囊に濾し出される。その後、原尿中に濾し出され、尿細管で再吸収される。

D　誤り。血液中の蛋白質は、分子が大きいためボウマン囊を通過できず、毛細血管へ戻される。

　以上により、CとDの組合せが正解となる。

（1）正しい。アルブミンは血漿中に最も多く含まれる蛋白質で、さまざまな物質を血液中で運搬するとともに浸透圧を維持する。

（2）誤り。血液の凝集反応とは、血清中の一方の赤血球中にある凝集原と他方の血清中にある凝集素とが反応することをいう。

（3）誤り。「赤血球」ではなく「血小板」である。

（4）誤り。ヘマトクリットとは、血液の容積に対する赤血球の相対的容積のことをいう。男性は45％、女性は40％と男女差がある。また、貧血になるとその数値は低くなる。

（5）誤り。「血小板」ではなく「白血球」である。

📖 有形成分の特徴

成分	割合	寿命	作用	男女差
赤血球	40％	120日	骨髄中で産生されるヘモグロビンが酸素や炭酸ガスを運搬	男性の方が多い
白血球	0.1％	3〜4日以内	体内への異物の侵入等を防御する	なし
血小板	4.9％	約10日	動脈血中に多く含まれ、止血作用を持つ	なし

（1）正しい。設問のほか、**近視とは眼軸が長過ぎる**ことなどで平行光線が網膜の前方で像を結ぶものをいい、乱視は角膜が歪んでいたり、表面に凹凸があるため網膜に正しく像が結ばれないものをいうことも押さえておくこと。

（2）正しい。設問の通り。また、嗅覚はわずかな臭いでも感じる反面、同一臭気に対しては**疲労**しやすい。

（3）正しい。冷覚点の密度は温覚点に比べて大きく、**冷覚の方が温覚よりも鋭敏**である。

（4）**誤り**。**深部感覚**は、筋肉や腱にある受容器から得られる身体各部位の位置や運動などの感覚（具体的には、目隠しをした状態でも手足の位置を認識することができる）である。

（5）正しい。飛行機に乗ったときに、耳の感覚がおかしくなるのは、耳の内圧が外気圧と等しく保たれなくなる（耳の内圧が外界の環境圧より低くなる）ためである。

「抗体とは、体内に入ってきた A 抗原 に対して B 体液性 免疫において作られる C 免疫グロブリン と呼ばれる蛋白質のことで、 A 抗原 に特異的に結合し、 A 抗原 の働きを抑える働きがある。」

以上により、(4)が正解となる。

📖 免疫に関連する用語

生体防御	病原体等の体内への侵入を防いだり、体内に侵入した病原体等を排除したりするしくみ
体液性免疫	体内に侵入した病原体などの異物を、リンパ球が抗原と認識し、その抗原に対してだけ反応する抗体を血漿中に放出する。この抗体が抗原に特異的に結合し抗原の働きを抑制して体を防御するしくみ
細胞性免疫	リンパ球が直接、病原体などの異物を攻撃するしくみ
抗原	免疫に関係する細胞によって異物と認識される物質をいう
抗体	体内に入ってきた抗原に対し体液性免疫で作られる免疫グロブリンといわれる蛋白質のことをいい、抗原の働きを抑える働きをする

(1)(2)　誤り。(1)は異化の説明であり、(2)は同化の説明である。「同化」と「異化」を入れ替えれば正しい説明となる。

(3)　正しい。基礎代謝量（BMR）は、①覚醒（目が覚めている）、②横臥（横になっている）、③安静時における心臓の拍動、呼吸、体温保持等、生命維持に必要なエネルギー代謝量をいう。年齢や性別によって基礎代謝は異なる（女性は男性より低い）が、同性同年齢であれば、ほぼ体表面積に正比例する。成年男性の 1 日当たりの基礎代謝量は約1,500kcal、女性は約1,150kcalである。

(4)　誤り。エネルギー代謝率（RMR）は、作業（仕事）に要したエネルギー量が、基礎代謝量の何倍に当たるかを表す数値のことである。

$$RMR = \frac{（作業中の総消費エネルギー）-（その時間の安静時消費エネルギー）}{基礎代謝量}$$

(5)　誤り。エネルギー代謝率は、性別、年齢、体格等の差による影響を受けにくく、同じ作業ならほぼ同じ数値が得られるため動的筋作業の強度を表す指標として役立つが、エネルギーをあまり消費しない精神的作業や静的筋作業には適用できないとされている。

(1)　誤り。心筋は、平滑筋ではなく横紋筋である。平滑筋に対応するものは、内臓筋である。

(2)　誤り。筋肉は、神経から送られてくる刺激で収縮するが、神経に比べて疲労しやすい。

(3)　誤り。荷物を持ち上げたり、屈伸運動を行うときは、筋肉の長さを変えて筋力を発生させる「等張性収縮」が生じている。「等尺性収縮」ではない。

(4)　誤り。強い力を必要とする運動を続けていることにより、筋肉を構成する個々の筋線維が太くなり筋力が増強する。これを筋肉の活動性肥大という。

(5)　正しい。設問の通り。

令和2年10月公表試験問題の解答・解説

解答一覧

問 1	① ② ③ ④ **⑤**
問 2	**①** ② ③ ④ ⑤
問 3	① **②** ③ ④ ⑤
問 4	**①** ② ③ ④ ⑤
問 5	① ② ③ ④ **⑤**
問 6	**①** ② ③ ④ ⑤
問 7	① **②** ③ ④ ⑤
問 8	① **②** ③ ④ ⑤
問 9	① ② **③** ④ ⑤
問 10	① ② **③** ④ ⑤
問 11	① ② ③ ④ **⑤**
問 12	**①** ② ③ ④ ⑤
問 13	① ② ③ **④** ⑤
問 14	① ② **③** ④ ⑤
問 15	① **②** ③ ④ ⑤
問 16	**①** ② ③ ④ ⑤
問 17	① ② ③ **④** ⑤
問 18	① ② ③ **④** ⑤
問 19	① ② ③ **④** ⑤
問 20	① ② ③ **④** ⑤
問 21	① **②** ③ ④ ⑤
問 22	① **②** ③ ④ ⑤

問 23	① ② ③ **④** ⑤
問 24	① ② **③** ④ ⑤
問 25	**①** ② ③ ④ ⑤
問 26	① ② ③ **④** ⑤
問 27	**①** ② ③ ④ ⑤
問 28	① **②** ③ ④ ⑤
問 29	**①** ② ③ ④ ⑤
問 30	① ② ③ ④ **⑤**
問 31	**①** ② ③ ④ ⑤
問 32	① ② ③ **④** ⑤
問 33	**①** ② ③ ④ ⑤
問 34	① **②** ③ ④ ⑤
問 35	① ② **③** ④ ⑤
問 36	① ② **③** ④ ⑤
問 37	① ② ③ ④ **⑤**
問 38	① ② **③** ④ ⑤
問 39	① ② ③ ④ **⑤**
問 40	① ② ③ ④ **⑤**
問 41	① ② ③ ④ **⑤**
問 42	① ② ③ **④** ⑤
問 43	① **②** ③ ④ ⑤
問 44	① ② **③** ④ ⑤

問1 **正解 (5)**

(1) 法令上、正しい。常時使用する労働者数が800人であるので、衛生管理者の選任数について3人以上は適法である。

(2) 法令上、正しい。衛生管理者は、その事業場に専属の者を選任しなければならない。ただし、2人以上選任する場合、その中に労働衛生コンサルタントがいるときは、当該労働衛生コンサルタントのうち1人については、事業場に専属の者である必要はない。

(3)(4) 法令上、正しい。衛生管理者の専任要件は次の①又は②である。

①常時1,000人を超える労働者を使用する事業場

②常時500人を超える労働者を使用する事業場で、坑内労働又は一定の健康上有害な業務に常時30人以上の労働者を従事させるもの

②の「一定の健康上有害な業務」には、「多量の高熱物体を取り扱う業務及び著しく暑熱な場所における業務等」といった所定の業務が定められており、設問の「鉛の粉じんを発散する場所における業務」は、所定の業務に該当する。したがって、衛生管理者のうち少なくとも1人を専任としなければならない。

また、上記②の事業場のうち坑内労働、多量の高熱物体を取り扱う業務及び著しく暑熱な場所における業務又は有害放射線にさらされる業務等一定の業務（設問の「鉛の粉じんを発散する場所における業務」も該当する）に常時30人以上の労働者を従事させるものにあっては、衛生管理者のうち1人を衛生工学衛生管理者免許を受けた者のうちから選任しなければならない。設問の場合、「鉛の粉じんを発散する場所における業務」に従事しているのは「30人」であるので、衛生工学衛生管理者免許を有する者が衛生管理者として選任されなければならない。

(5) 法令上、誤り。設問の場合、産業医は専属でなくてもよい。

産業医の専属要件は、次の①又は②である。

①常時1,000人以上の労働者を使用する事業場

②一定の有害な業務（坑内における業務、多量の高熱物体を取り扱う業務及び深夜業を含む業務等）に、常時500人以上の労働者を従事させる事業場

問2 **正解 (1)**

(1) 特別の教育が必要である。チェーンソーを用いて行う造材の業務に労働者を就かせる場合、特別教育を行わなければならない。

(2)～(5)　特別の教育は必要でない。いずれも特別教育を必要とする業務に該当しない。なお、特定化学物質を用いて行う分析の業務は、**第一類、第二類、第三類物質のいずれであっても特別教育の対象とならない。**

別冊5ページの図表参照のこと。

問3　正解（2）　法改正

硝酸は特定化学物質に該当するため、作業主任者の選任が必要である。よって、(2)が正解となる。

作業主任者の選任が必要・不要な作業

必要な作業	不要な作業
①高圧室内作業 ②エックス線装置を使用する放射線業務（医療用を除く） ③ガンマ線照射装置を用いて行う透過写真撮影作業 ④特定化学物質を製造し、又は取り扱う作業（金属アーク溶接等作業） ⑤鉛業務に係る作業（換気が不十分な場所におけるはんだ付け作業、溶融した鉛を用いて行う金属の焼入れの業務に係る作業等を除く） ⑥四アルキル鉛等業務 ⑦酸素欠乏危険場所（ドライアイスを使用している冷蔵庫の内部の作業等）における作業 ⑧有機溶剤等を製造し又は取り扱う業務 ⑨石綿等を取り扱う作業（試験研究のため取り扱う作業を除く）又は試験研究のため石綿等を製造する作業	①特定粉じん作業 ②強烈な騒音を発する場所における作業 ③レーザー光線による金属加工作業 ④廃棄物焼却作業 ⑤立木の伐採（チェーンソーを用いる）作業 ⑥潜水作業 ⑦試験研究の目的で特定化学物質・有機溶剤等を取り扱う作業 ⑧自然換気が不十分な、はんだ付け作業等 ⑨セメント製造工程においてセメントを袋詰めする作業

問4　正解（1）

設問は、製造許可物質に関する問題である。製造許可物質は、労働者に重度の健康障害を生ずるおそれのあるものであり、あらかじめ、厚生労働大臣の許可を受けなければならないとされている。次の表より、(1)のエチレンオキシドは製造許可物質に該当しない。

製造許可物質（特定化学物質第一類）

①ジクロロベンジジン及びその塩
②アルファ - ナフチルアミン及びその塩
③塩素化ビフェニル（PCB）
④オルト - トリジン及びその塩
⑤ジアニシジン及びその塩
⑥ベリリウム及びその化合物
⑦ベンゾトリクロリド
⑧①～⑥までに掲げる物質をその重量の1％を超えて含有し、又は⑦に掲げる物質をその重量の0.5％を超えて含有する製剤その他の物

問5　正解（5）

　設問は、機械等の譲渡等の制限の内容である。譲渡等制限の対象となる主な装置（労働安全衛生法別表2に掲げる器具等）は、①防じんマスク、②防毒マスク、③交流アーク溶接機用自動電撃防止装置、④絶縁用保護具、⑤絶縁用防具、⑥保護帽、⑦防じん又は防毒機能を有する電動ファン付き呼吸用保護具、⑧再圧室、⑨潜水器、⑩**特定エックス線装置**、⑪工業用ガンマ線照射装置、⑫安全帯、⑬排気量40cm³以上の内燃機関を内蔵するチェーンソー等がある。よって、(5)の特定エックス線装置が該当する。

問6　正解（1）　　　　　　　　　　　　　　　　法改正

(1) **定められていない。**「0.15％」ではなく、「1.5％」である。炭酸ガス（二酸化炭素）濃度が1.5％を超える場所には、関係者以外の者が立ち入ることを禁止し、かつ、その旨を見やすい箇所に表示等しなければならない。

(2) 定められている。設問の「ダイオキシン類」とは、ポリ塩化ジベンゾフラン、ポリ塩化ジベンゾ - パラ - ジオキシン及びコプラナ - ポリ塩化ビフェニルをいう。

(3) 定められている。ふく射熱から労働者を保護する措置とは、隔壁、保護眼鏡、頭巾類、防護衣などを使用させることをいう。

(4) 定められている。その他の立入禁止場所として、「多量の高熱物体を取り扱う場所」「病原体による汚染のおそれの著しい場所」「硫化水素濃度が100万分の10を超える場所」「炭酸ガス（二酸化炭素）濃度が1.5％を超える場所」等があることも押さえておくこと。

(5) 定められている。著しく暑熱、寒冷、多湿の作業場や有害ガス、蒸気、粉じんを発散する作業場等においては、坑内などの特殊な作業場でやむを得ない事由がある場合を除き、休憩の設備を作業場外に設けなければならない。

問7　正解（2）

(1) 正しい。設問の場合、硫化水素中毒の防止について必要な知識を有する者のうちから作業指揮者を選任しなければならない。

(2) 誤り。設問の場合、「第一種酸素欠乏危険作業」ではなく「第二種酸素欠乏危険作業」に係る特別の教育を行わなければならない。

(3)(4)　正しい。事業者は、酸素欠乏危険作業に労働者を従事させる場合は、当該作業を行う場所の空気中の酸素の濃度を**18％以上**（第二種酸素欠乏危険作業に係る場所にあっては、空気中の酸素の濃度を18％以上、かつ、硫化水素の濃度を**10ppm以下**）に保つように換気しなければならないが、爆発、酸化等を防止するため換気することができない場合又は作業の性質上換気することが著しく困難な場合は、この限りでないとされている。この場合、設問のように保護具（空気呼吸器等）を備え、労働者にこれを使用させなければならない。

(5) 正しい。作業環境測定についての問題である。事業者は、その日の作業を**開始する前**に、第一種酸素欠乏危険作業を行う作業場では空気中の酸素濃度を、第二種酸素欠乏危険作業を行う作業場では、空気中の酸素濃度及び硫化水素濃度を測定し、所定の事項を記録し、**3年間保存**しなければならない。

問8　正解（2）

(1) 正しい。放射性物質取扱作業室においては、空気中の放射性物質の濃度の測定を1か月以内ごとに1回、定期に行わなければならない。

(2) 誤り。多量のドライアイスを取り扱う業務を行う屋内作業場は、「寒冷の屋内作業場」に該当するため、気温及び湿度の測定は、**半月以内ごとに1回**、定期に行わなければならない。

(3) 正しい。通気設備が設けられている坑内の作業場においては、通気量の測定を半月以内ごとに1回、定期に行わなければならない。

(4) 正しい。特定粉じん作業を常時行う屋内作業場においては、空気中の粉じんの濃度の測定を6か月以内ごとに1回、定期に行わなければならない。

(5) 正しい。鉛ライニングの業務を行う屋内作業場においては、空気中の鉛の濃度の測定を1年以内ごとに1回、定期に行わなければならない。

（1）違反していない。空気清浄装置を設けていない屋内作業場の局所排気装置、プッシュプル型換気装置などの排気口は、屋根から **1.5m 以上**としなければならない。

（2）違反していない。事業者は、第一種有機溶剤等及び第二種有機溶剤等に係る有機溶剤業務を行う屋内作業場では、6か月以内ごとに1回、定期に、当該有機溶剤の濃度を測定（作業環境測定）しなければならないが、設問は「第三種有機溶剤等」とあるので作業環境測定を行わなくてもよい。

（3）**違反している。**事業者は、第一種有機溶剤等及び第二種有機溶剤等を取り扱う屋内作業場等（一部例外あり）では、**雇入れの際、当該業務への配置替えの際及びその後6か月以内ごとに1回**、定期に、有機溶剤等健康診断を行わなければならない。

（4）違反していない。事業者は、有機溶剤等を製造し、又は取り扱う業務については、有機溶剤作業主任者技能講習を修了した者のうちから、有機溶剤作業主任者を選任しなければならないが、「**試験の業務に労働者を従事**」させるときは、**選任しなくてもよい。**

（5）違反していない。事業者は、有機溶剤等を入れてあった空容器で有機溶剤の蒸気が発散するおそれのある容器については、当該容器を密閉するか、又は当該容器を屋外の一定の場所に集積しておかなければならない。

問10　正解（3）

（1）（2）（5）　禁止されていない。異常気圧下における業務、多量の高熱物体を取り扱う業務、病原体によって著しく汚染のおそれのある業務については、妊産婦及び産後1年を経過しない女性で申出があった場合に就業が禁止されているが、全ての女性労働者について就業が禁止されているわけではない。

（3）**禁止されている。**重量物を取り扱う業務は、継続作業で重量が**20kg以上**の場合は、全ての女性労働者について就業が禁止されている。

（4）禁止されていない。さく岩機、鋲打機等身体に著しい振動を与える機械器具を用いて行う業務は、妊産婦及び産後1年を経過しない女性については禁止されているが、一般の女性労働者については就業が禁止されていない。

問11　正解 (5)　　　法改正

(1)～(3)　適切である。リスクの見積りについて「発生可能性及び重篤度」を
　考慮する方法には、(1)のマトリクス法、(2)の数値化法（発生可能性と重篤
　度を一定の尺度で数値化し、それらを加算又は乗算などする）、(3)の枝分か
　れ図使用（発生可能性と重篤度を段階的に分岐）等がある。

(4)　適切である。リスクの見積りについて「ばく露の程度及び有害性の程度」
　を考慮する方法として(4)のあらかじめ尺度化した表を使用する方法のほか
　次のものがある。

・ 管理濃度と比較する方法（管理濃度が定められている物質について、作業
　環境測定により測定した当該物質の第一評価値を当該物質の管理濃度と比
　較）
・ 濃度基準値と比較する方法（濃度基準値が設定されている物質について、
　個人ばく露測定により測定した当該物質の濃度を当該物質の濃度基準値と
　比較）
・ 実測値による方法（作業環境測定などによって測定した気中濃度などを、
　その物質等のばく露限界と比較）
・ 使用量などから推定する方法（数理モデルを使用して気中濃度を推定し、
　濃度基準値又はばく露限界と比較）

(5)　適切でない。「当該物質の管理濃度と比較する」ではなく「当該物質のば
　く露限界と比較する」である。

問12　正解 (1)

(1)　正しい。管理濃度は、作業環境測定の結果評価時における空気中の濃度をい
　い、作業環境管理の目的に沿うように設定されたものである。許容濃度（個々
　の労働者のばく露濃度との対比を前提として設定されたもの）と異なることに
　注意すること。

(2)(3)　誤り。(2)は、B測定についての内容である。また、(3)はA測定につ
　いての内容である。A測定とB測定を入れ替えれば正しい内容となる。

(4)　誤り。A測定の第一評価値及びB測定の測定値がいずれも管理濃度に満たな
　い単位作業場所が第一管理区分となる。

(5)　誤り。A測定の結果に関係なく第三管理区分となるのは、B測定の結果が、
　管理濃度の1.5倍を超えている場合である。

　二酸化硫黄は、ガスであるので誤りとなる。その他は次の表の通り、正しい組合せである。

　📖✎　有害化学物質の存在様式（気体）

状態	分類	生成原因と物質例
気体	蒸　気	常温・常圧で液体又は固体の物質が蒸気圧に応じて気体となったもの 例）アクリロニトリル、水銀、アセトン、ニッケルカルボニル、ベンゾトリクロリド、トリクロロエチレン、二硫化炭素、硫酸ジメチル等
	ガ　ス	常温・常圧で気体のもの 例）塩素、一酸化炭素、ホルムアルデヒド、二酸化硫黄、塩化ビニル、アンモニア、硫化水素、エチレンオキシド等

問14　正解（3）

(1) 正しい。じん肺とは、ある種の粉じんを吸入することによって肺の組織が線維化する疾患で、けい肺、石綿肺などがある。

(2) 正しい。けい肺は、遊離けい酸の粉じんを吸入することによって起こるじん肺であり、肺の線維化を起こす作用が強い。自覚症状は、進行してから咳や痰が始まり、やがて呼吸困難に陥る。

(3) 誤り。じん肺の合併症として法令で認められているのは、肺結核、結核性胸膜炎、続発性気管支炎、続発性気管支拡張症、続発性気胸、原発性肺がんである。

(4) 正しい。石綿粉じんを吸入すると長い潜伏期間を経て、肺がん、中皮腫等の疾病が発症するおそれがあるといわれている。

(5) 正しい。米杉、ねずこ、ラワン、リョウブ、桑、ほう、白樺等の木材粉じんばく露によるアレルギー性呼吸器疾患（アレルギー性鼻炎、気管支ぜんそく、喉頭炎等）が業務上疾病とされている。

問15　正解（2）

「スチレン」ではなく「トルエン」に置き換えれば正しい組合せとなる。

物質名	検査内容
トルエン	尿中の馬尿酸
キシレン	尿中のメチル馬尿酸
スチレン	尿中のマンデル酸
ノルマルヘキサン	尿中の2,5 - ヘキサンジオン
鉛	血液中鉛、尿中のデルタ - アミノレブリン酸
N,N - ジメチルホルムアミド	尿中のN - メチルホルムアミド
1,1,1- トリクロロエタン	尿中のトリクロロ酢酸又は総三塩化物
トリクロロエチレン	尿中のトリクロロ酢酸又は総三塩化物

問16　正解（1）

(1) 誤り。ほとんど無酸素状態の空気を吸入すると「徐々に窒息の状態」になるのではなく、「即時に窒息状態」になる。また、その状態が1分程度継続するとチェーンストークス（呼吸が徐々に増大と減少を繰り返し、最も減弱したときにしばらく停止しているような周期的な異常呼吸）を起こし、その後呼吸停止する。

(2) 正しい。減圧症は、高圧の環境下において、大量に体内組織に吸収されていた窒素ガスが減圧によって血中で気化し、気泡が血管を詰まらせることにより発生する症状である。

(3) 正しい。金属熱は、高温環境下により発生するものではなく、亜鉛や銅等の金属ヒューム吸入により発生し、悪寒、発熱、関節痛などの症状がみられる。

(4) 正しい。電離放射線の被ばくによる影響には、身体的影響と遺伝的影響がある。身体的影響には被ばく線量が一定のしきい値以上で発現する確定的影響（脱毛、白内障、中枢神経障害等）と、しきい値がなく被ばく線量が多くなるほど発生率が高まる確率的影響（白血病、甲状腺がん等）がある。被ばく後数週間以内に起こるものを急性（早期）障害、それ以降数年又は数十年にわたる潜伏期間を経て発生する障害を晩発障害という。

(5) 正しい。振動による健康障害は、全身振動障害と局所振動障害に分類され、レイノー現象（白指症・白指発作）は、削岩機やチェーンソー等の振動工具の長時間使用による局所振動障害の1つであり、冬季に発生しやすい。他覚所見よりも、自覚症状が先行して発症する。

（1）正しい。硫化水素による中毒は、ほかに**目や気道の刺激**がある。

（2）正しい。ノルマルヘキサンでは、末梢神経障害のほかには、**頭痛、めまい、多発性神経炎**などが症状としてみられる。

> ノルマルヘキサンは肺や皮膚から吸収されやすいことも押さえておきましょう。

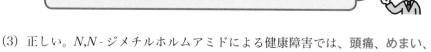

（3）正しい。*N,N*-ジメチルホルムアミドによる健康障害では、**頭痛、めまい、肝機能障害**がみられる。

（4）**誤り**。弗化水素による中毒は、骨の硬化、斑状歯、低カルシウム血症である。設問の内容は**アニリンによる中毒**についてである。

（5）正しい。ベンゼンは発がん性があるが、健康管理手帳の交付対象ではないことも押さえておくこと。

問18　正解（4）

（1）正しい。設問の通り。また、有機溶剤の中には水溶性と脂溶性を併せもつものがあり、これも**皮膚や脳**などに入りやすい。

（2）正しい。設問の通り。

（3）正しい。不定愁訴とは、調子が悪い自覚症状はあるが検査をしても原因が見つからない状態である。

（4）**誤り**。「黒皮症」「鼻中隔穿孔」ではなく「**皮膚粘膜刺激作用**」である。

（5）正しい。クロロホルム、*N,N*-ジメチルホルムアミド等の有機溶剤は**肝機能に障害**を起こす可能性があるといわれている。

問19　正解（4）

（1）**誤り**。空気の流れを阻害する要因を圧力損失という。断面積が細過ぎるとダクトの抵抗により**圧力損失**が増大する。断面積を**大きく**するほど**圧力損失は減少**するが、ダクト管内の風速が不足し、ダクト内の粉じんなどの堆積の原因となる。

（2）**誤り**。フード開口部の周囲にフランジを設けると吸引範囲は「狭く」なるが、所要の効果を得るために必要な排風量は「減少」する。

（3）**誤り**。ドラフトチェンバ型フードは、作業面を除き周りが覆われているもので、**囲い式フード**に分類される。

(4) 正しい。設問の通り。

> 囲い式フードには他にカバー型フード、グローブボックス型フード、ドラフトチェンバ型フードがあります。

(5) 誤り。圧力損失が大きくならないようにするために、ダクトはできるだけ短く、ベンド（曲がり）は少なくし、ダクトとダクトの合流角度は45°を超えないようにしなければならない。

問20 　正解（4）

(1) 正しい。カドミウム中毒では、急性：上気道炎、肺炎、慢性：肺気腫、腎機能障害、門歯犬歯の黄色環などがみられる。

(2) 正しい。鉛中毒の症状としては、貧血、腹痛（鉛疝痛）、末梢神経障害、伸筋麻痺、腎障害、生殖毒性等がみられる。

(3) 正しい。マンガン中毒の症状としては、筋のこわばり、ふるえ、歩行困難等がみられる。

(4) 誤り。ベリリウム中毒の症状としては、気管支ぜんそく、過敏性肺臓炎、接触皮膚炎等がみられる。

(5) 正しい。クロム中毒の症状としては、皮膚障害、がん（肺がん、上気道がん）、鼻中隔穿孔等がみられる。

関係法令（有害業務に係るもの以外のもの）

問21 　正解（2）

(1)(3)(4)(5) 法令上、正しい。「安全衛生に関する方針の表明に関すること」「安全衛生に関する計画の作成、実施、評価及び改善に関すること」「労働災害の原因の調査及び再発防止対策に関すること」「健康診断の実施その他健康の保持増進のための措置に関すること」は、事業者が衛生管理者に管理させる業務である。

(2) 法令上、誤り。「労働者の健康管理等について、事業者に対して行う必要な勧告に関すること」は、産業医の業務（権限）である。

問22 　正解（2）

(1) 法令に違反していない。設問の場合については、健康診断の重複項目につき省略できる。

(2) **法令に違反している。**雇入時の健康診断では、定期健康診断の場合のような「医師が必要でないと認める項目」について省略できるという規定はないため、「医師が適当と認めるその他の方法」により実施することはできない。

(3) 法令に違反していない。胸部エックス線検査及びかくたん検査は、**1年以内ごとに1回**、定期に行えば足りる。

(4) 法令に違反していない。健康診断実施後の措置として事業者は、一般健康診断及び特殊健康診断の結果、異常の所見があると診断された労働者については、その結果に基づき、健康を保持するために必要な措置について、健康診断が行われた日から**3か月以内**に、医師又は歯科医師の意見を聴かなければならないとされている。

(5) 法令に違反していない。雇入時の健康診断について、報告書の提出義務はない。

問23　正解（4）

(1) 法令上、誤り。衛生委員会の議長は、「衛生管理者である委員」のうちから事業者が指名するのではなく、「総括安全衛生管理者又は総括安全衛生管理者以外の者で当該事業場においてその事業の実施を統括管理するもの若しくはこれに**準ずる者**（副所長、副工場長等）」のうちから事業者が指名した者である。

(2) 法令上、誤り。議長を除く**半数の委員**については、当該事業場の労働者の過半数で組織する労働組合（労働組合がない場合は、労働者の過半数を代表する者）の推薦に基づいて事業者が指名しなければならない。

(3) 法令上、誤り。衛生委員会の委員として指名する衛生管理者や産業医は、事業場の規模にかかわらず、その事業場に専属の者でなくとも構わない。外部の労働衛生コンサルタントが衛生委員会の委員となっても問題はない。

(4) **法令上、正しい。**衛生委員会の委員になれるのは、次の者である。
①総括安全衛生管理者又は総括安全衛生管理者以外の者で当該事業場においてその事業の実施を統括管理するもの若しくはこれに準ずる者（副所長、副工場長等）のうちから事業者が指名した者（1人・議長）
②衛生管理者のうちから事業者が指名した者
③産業医のうちから事業者が指名した者
④当該事業場の労働者で、**衛生に関し経験を有する者**のうちから事業者が指名した者

(5) 法令上、誤り。事業者は、当該事業場の**労働者**で、作業環境測定士である

者を衛生委員会の委員として「指名しなければならない」ではなく「指名することができる」である。

（1）誤り。面接指導を行う医師は、**事業場の産業医である必要はない。**

（2）誤り。事業者は、面接指導の結果に基づき、当該面接指導の結果を記録し**5年間保存しなければならないが、健康診断個人票に記載する必要はない。**

（3）正しい。ストレスチェックは設問の「職場における当該労働者の心理的な負担の原因」「当該労働者の心理的な負担による心身の自覚症状」「職場における他の労働者による当該労働者への支援」の3領域に関する項目により検査を行う。ストレスチェックの結果は個人情報となるため、ストレスチェックを受けた労働者に直接通知されなければならない。

> 衛生管理者など本人以外の者に通知してはいけません。

（4）誤り。「申出の日から3か月以内」ではなく「当該申出をした労働者に対し、**遅滞なく**」である。

（5）誤り。**常時50人以上の労働者を使用する事業者は、**1年以内ごとに1回、定期に、心理的な負担の程度を把握するための検査結果等報告書を所轄労働基準監督署長に提出しなければならない。

（1）**違反している。**労働者を常時就業させる屋内作業場の気積は、設備の占める容積及び床面から4mを超える高さにある空間を除いて、労働者1人につき**10m³以上としなければならない。**設問では400m³÷50人＝8m³/人＜10m³/人となるため、労働安全衛生規則の衛生基準に違反している。

（2）違反していない。設問の通り。

（3）違反していない。**常時50人以上又は常時女性30人以上**の労働者を使用するときは、労働者が臥床することのできる休養室又は休養所を、男性用と女性用に区別して設けなければならない。設問の場合は、常時使用する労働者数が少ないため、労働安全衛生規則の衛生基準に違反していない。

（4）違反していない。食堂の床面積は、食事の際の1人について、1m²以上としなければならない。設問では、1.1m²＞1m²であるので労働安全衛生規則の衛生基準に違反していない。

(5) 違反していない。作業場の照度の最低基準は、一般的な事務作業については300ルクス以上（設問の場合750ルクス）、付随的な事務作業については150ルクス以上（設問の場合200ルクス）であるので、労働安全衛生規則の衛生基準に違反していない。

問26 　正解（4）

(1) 誤り。時間外労働が許容される場合は、設問の時間外労働の労使協定（36協定）を締結し、所轄労働基準監督署長に届け出た場合だけでなく、①災害等による臨時の必要がある場合（行政官庁の許可が必要）、②公務のために臨時の必要がある場合（行政官庁の許可は不要）、③変形労働時間制等を導入している場合がある。

(2) 誤り。労働時間は、事業場を異にする場合においても、労働時間に関する規定の適用については通算する。

(3) 誤り。設問の場合、労働時間が8時間を超える（8時間30分）ため、少なくとも1時間の休憩を労働時間の途中に与えなければならない。

(4) 正しい。設問以外に、①農業・水産業に従事する者及び②管理・監督者又は機密の事務を取り扱う者（いずれも所轄労働基準監督署長の許可は不要）も労働時間、休憩及び休日に関する規定は適用されない。

(5) 誤り。「6か月以内」ではなく「3か月以内」である。

問27 　正解（1）

(1) 誤り。「生後満1年を超え、満2年に達しない生児」ではなく「生後満1年に達しない生児」である。

(2) 正しい。設問の通り。

(3) 正しい。なお、育児時間は8時間労働を前提にしているため、1日の労働時間が4時間以内の場合には、1日1回の育児時間の付与をもって足りる。

(4) 正しい。育児時間は当該女性労働者の請求によって与えられるものであり、請求しない労働者を使用することは法律違反とならない。

(5) 正しい。育児時間は、女性労働者が生後満1年未満の生児を育てる場合に種々の世話に要する時間を一般の休憩時間とは別に確保し、作業から離脱できる余裕を与えるために設けられた規定であるため、育児時間を請求した女性労働者を使用してはならないのは当然である。

問28 正解（2）

(1) 適切である。加えて「労働者の心の健康の保持増進のための指針」（以下「指針」という）では、心の健康は、全ての労働者に関わることであり、全ての労働者が心の問題を抱える可能性があるにもかかわらず、心の健康問題を抱える労働者に対して、健康問題以外の観点から評価が行われる傾向が強いという問題や、心の健康問題自体についての誤解や偏見など解決すべき問題が存在しているとしている。

(2) **適切でない。「一次予防」は、「メンタルヘルス不調を早期に発見する」のではなく「メンタルヘルス不調を未然に防止する」である。**

(3) 適切である。メンタルヘルスケアは、人事労務管理と連携しなければ適切に進まない場合が多い。そうしたことから「心の健康づくり計画」は、各事業場における労働安全衛生に関する計画の中に位置付けることが望ましいとされている。

(4) 適切である。設問の通り。

> 職場の同僚がメンタルヘルス不調の労働者の早期発見、相談への対応を行うとともに管理監督者に情報提供を行う「同僚によるケア」は四つのケアに該当しないことにも注意しましょう。

(5) 適切である。指針では、労働者の個人情報の保護への配慮は、労働者が安心してメンタルヘルスケアに参加できること、ひいてはメンタルヘルスケアがより効果的に推進されるための条件であるとしている。

問29 正解（1）

「日本人のメタボリックシンドローム診断基準で、腹部肥満（ A 内臓 脂肪の蓄積）とされるのは、腹囲が男性では B 85 cm 以上、女性では C 90 cm 以上の場合である。」

📖 日本人のメタボリックシンドローム診断基準（日本内科学会等）

①腹部肥満（内臓脂肪量）
　ウエスト周囲径
　男性 ≧85cm、女性 ≧90cm（内臓脂肪面積 ≧100cm^{2}に相当）

②上記に加え以下のうち２項目以上
　　１）トリグリセライド ≧150mg/dl　かつ / 又は
　　　　HDL コレステロール ＜ 40mg/dl
　　２）収縮期血圧 ≧130mmHg　かつ / 又は　拡張期血圧 ≧85mmHg
　　３）空腹時血糖 ≧110mg/dl

問30　正解（5）

（1）誤り。腰部保護ベルトは、労働者全員に使用させるものではなく、労働者ごとに効果を確認してから使用の適否を判断して導入するものとされている。

（2）誤り。「50％以下」ではなく「40％以下」である。

（3）誤り。「１年以内ごとに１回」ではなく「６か月以内ごとに１回」である。重量物取扱い作業、介護・看護作業など腰部に著しい負担のかかる作業に常時従事する労働者に対しては、当該作業に配置する際及びその後６か月以内ごとに１回、定期に医師による腰痛の健康診断を実施しなければならないとされている。

（4）誤り。床面が硬い場合には、立っているだけでも腰部への衝撃が大きいため、クッション性のある作業靴やマットを利用して衝撃を緩和することとされている。

（5）正しい。設問の通り。また、必要に応じて滑りにくい足台を使用することも労働者に留意させることとされている。

問31　正解（1）

（1）誤り。虚血性心疾患は、冠動脈が動脈硬化などの原因で狭くなったり、閉塞したりして心筋に血液が供給されなくなることで起こる疾患である。

（2）正しい。虚血性心疾患発症の危険因子として、高血圧、喫煙、脂質異常症などがある。

（3）正しい。狭心症とは、胸が締め付けられるような痛み（狭心痛）を生じるが、一過性で比較的軽症のものをいう。心筋梗塞とは、心筋の壊死が起きた状態で、死亡率は35〜50％とされるほどの重症である。

（4）（5）正しい。狭心症は、冠動脈の血液が一時的に滞るために起こる心臓発作であり、発作は長くても15分以内におさまる場合が多い。心筋梗塞は、冠動脈の動脈硬化により血管が詰まって起こる心臓発作であり、突然の激しい胸痛、呼吸困難、不整脈などの症状を起こし、突然死に至ることもある。

問32　正解（4） 法改正

(1) 誤り。「1分近く観察」ではなく「10秒近く観察」である。

(2) 誤り。人工呼吸をする技術と意思があれば胸骨圧迫と人工呼吸を組み合わせて行うが、技術と意思がなければ胸骨圧迫のみで心肺蘇生を行う。

(3) 誤り。胸骨圧迫の部位は、胸骨の下半分とし、傷病者の胸が約5cm沈む強さで、1分間に100～120回のテンポで圧迫する。

(4) 正しい。気道を確保するには、仰向けにした傷病者のそばにしゃがみ、後頭部を軽く下げて下あごを引上げる。この方法を頭部後屈あご先挙上法という。

(5) 誤り。口対口人工呼吸は、傷病者の鼻をつまみ、1回の吹き込みに約1秒かけて傷病者の胸の上がりが確認できる程度まで吹き込む。「3秒以上かけて」が誤り。

問33　正解（1）

(1) 誤り。サルモネラ菌は、食物に付着した細菌そのものの感染によって起こる食中毒である。毒素型ではなく、感染型である。

(2) 正しい。ボツリヌス菌は毒素型であり、熱に強く、神経症状を呈し、致死率が高いのが特徴である。

(3) 正しい。黄色ブドウ球菌は毒素型であり、熱に強く、症状は嘔吐、腹痛など比較的軽いのが特徴である。

(4) 正しい。腸炎ビブリオ菌は、近海の海産魚介類に含まれ、病原性好塩菌ともいわれる。

(5) 正しい。ウェルシュ菌、セレウス菌及びカンピロバクターは、いずれも細菌性食中毒の原因菌とされる。

> 本問は頻出問題です。細菌性食中毒が感染型か毒素型かを問われるほか、原因菌の特徴などが問われます。

問34　正解（2）

(1) 正しい。体内の全血液量は、体重の約8％（約13分の1）程度で、その約3分の1を短時間に失うと生命が危険な状態となる。出血性ショックは、急激な出血により血圧が保てなくなるために起こる。

(2) 誤り。動脈からの出血については、直接圧迫法で止血できない場合に止血

帯法を用いる。設問の止血帯法は、出血部より心臓に近い部分の動脈を止血帯で縛って血流を遮断する方法で、最後の手段である。

(3) 正しい。静脈性出血は、傷口からゆっくり持続的に湧き出るような出血である。

(4) 正しい。身体の中で起きる出血を内出血という。

(5) 正しい。間接圧迫法は、出血部より心臓に近い部位の動脈を圧迫する方法である。各部位の止血点を指で骨に向けて強く圧迫し、動脈の血流を遮断する。

労働生理

問35　正解（3）

(1) 差がある。赤血球数は、女性の約450万/μL に対し、男性が約500万/μLとされている。

(2) 差がある。ヘモグロビン量は、**男性の方が多い**とされている。

(3) **差がない**。白血球数は、正常時に**男女差がない**とされている。

(4) 差がある。年齢、性別、身長、体重によって算出されるため、男女差がある。

(5) 差がある。ヘマトクリット値は、**女性の約40％**に対し、**男性が約45％**とされている。

問36　正解（3）

(1) 正しい。心臓は自律神経に支配され、**右心房にある洞房結節からの電気信号**により収縮と拡張を繰り返す。心臓は脳からの指令がなくても動くことができ、これを心臓の自律性という。

(2) 正しい。この体循環のことを**大循環**ともいう。身体の各細胞をめぐる循環である。

(3) 誤り。「肺静脈」を「肺動脈」、「肺動脈」を「肺静脈」と入れ替えると正しい選択肢となる。

📖 **体循環と肺循環**

循環名	循環順路
体循環（大循環）	左心室 → 大動脈（酸素多）…全身…大静脈（酸素少） → 右心房 → 右心室 ⇒ 肺循環へ
肺循環（小循環）	右心室 → 肺動脈（酸素少）…肺…肺静脈（酸素多） → 左心房 → 左心室 ⇒ 体循環へ

(4) 正しい。心臓の拍動は、**交感神経（心臓の働きを促進）**と**副交感神経（心臓の働きを抑制）**から成る自律神経の支配を受けている。

(5) 正しい。大動脈及び肺静脈には、**酸素を多く含んだ動脈血**が流れ、大静脈及び肺動脈には、二酸化炭素や老廃物を多く含んだ**静脈血**が流れる。

問37	正解（5）

(1) 正しい。呼吸運動は肺自体が動くのではなく、横隔膜、肋間筋などの呼吸筋が収縮と弛緩をすることで胸腔内の圧力を変化させ、肺を受動的に収縮させることによって行われる。

(2) 正しい。**吸気**とは、胸郭内容積が増して（胸腔が広がる）内圧が低くなるにつれ、鼻腔、気管などの気道を経て肺内に流れ込む空気のことをいう。また、**呼気**とは、胸腔が締め付けられることにより内圧が高くなり、肺の中から押し出される空気のことをいう。

> 吸気と呼気の違いを押さえておきましょう。

(3) 正しい。**外呼吸**とは、肺の内部で空気中の酸素と血液中の二酸化炭素を交換することをいう。**内呼吸**とは、全身の毛細血管と各細胞組織との間で行われる酸素と二酸化炭素を交換する組織呼吸のことをいう。

(4) 正しい。呼気には、**酸素が約16％、二酸化炭素が約4％**含まれる。

(5) 誤り。呼吸中枢は脳の延髄にあり、血液中の**二酸化炭素が増加**すると刺激されて呼吸数が増加する。窒素分圧の上昇により呼吸中枢が刺激され、呼吸数が増加するのではない。

問38	正解（3）	法改正

(1) 正しい。糖質（炭水化物）、蛋白質、脂肪（脂質）を三大栄養素といい、これにミネラル、ビタミン類を合わせて五大栄養素という。

(2) 正しい。ビタミン、無機塩は酵素により分解されず、そのまま吸収される。無機塩はミネラルともいい、亜鉛・カルシウム・ナトリウム・マグネシウムなどがある。

(3) 誤り。胆汁は、消化酵素を含まないが、食物中の脂肪を乳化させ、脂肪分解の働きを助ける。

(4) 正しい。水分、無機塩、ビタミンは、**小腸の下部**で吸収される。

(5) 正しい。設問の通り。

(1) 誤り。寒冷にさらされると皮膚の血管は収縮し、皮膚の血流量が減少する。これにより皮膚温は低下する。

(2) 誤り。暑熱な環境においては、「内臓の血流量が増加し体内の代謝活動が亢進することにより」ではなく**「体表面の血流量が増加して体内の代謝活動を抑制することにより」**、人体からの熱の放散が促進される。

(3) 誤り。体温調節のように、外部環境が変化しても身体内部の状態を一定に保つ生体の仕組みを**「恒常性（ホメオスタシス）」**といい、脳からの指示により調整されている。

(4) 誤り。体温調節のための中枢は間脳の**視床下部**にある。

(5) 正しい。発汗していない状態でも皮膚及び呼吸器から若干（１日約850ｇ）の水分の蒸発がある。これを**不感蒸泄**というが、この不感蒸泄に伴う放熱は全放熱量の約**25％**である。

問40 　**正解 (5)**

A 　正しい。尿を生成する単位構造をネフロン（腎単位）という。１個の腎小体とそれに続く１本の尿細管から成り、１個の腎臓中に約**100万個**存在する。

B 　正しい。尿は弱酸性で、成分の**95％**は水分、残り**5％**が固形物である。

C 　誤り。血液中のグルコース（糖の一種）は、糸球体からボウマン嚢に濾し出される。その後、原尿中に濾し出され、**尿細管で再吸収**される。

D 　誤り。血液中の**蛋白質は分子が大きいためボウマン嚢を通過できず**、毛細血管へ戻される。

　以上により、**CとDが誤っているもの**の組合せであり、**(5)が正解**となる。

問41 　**正解 (5)**

(1) 誤り。心筋は、平滑筋ではなく**横紋筋**である。平滑筋に対応するのは、内臓筋である。

(2) 誤り。筋肉は、神経から送られてくる刺激によって収縮するが、神経に比べて**疲労しやすい。**

(3) 誤り。荷物を持ち上げたり、屈伸運動を行うときは、筋肉の長さを変えて筋力を発生させる**「等張性収縮」**が生じている。「等尺性収縮」ではない。

(4) 誤り。強い力を必要とする運動を続けていることにより、筋肉を構成する個々の筋線維が太くなり筋力が増強する。これを筋肉の**活動性肥大**という。

(5) 正しい。筋肉が一番大きい力を出すのは、**収縮しようとする瞬間**である。

筋肉が太いほど収縮時に生じる力は大きくなる。

問42　正解（4）

(1)(3)　正しい。耳は聴覚と平衡感覚（＝前庭感覚）をつかさどる器官であり、外耳、中耳、内耳の三つの部位がある。また、内耳は前庭、半規管、蝸牛の三つの部位から構成され、前庭と半規管が平衡感覚、蝸牛が聴覚を分担している。

(2)　正しい。聴覚の経路は、外耳道→鼓膜→耳小骨→前庭→蝸牛→蝸牛神経→聴覚中枢となる。

(4)　誤り。前庭と半規管の内容が逆である。半規管は、体の回転の方向や速度を感じ、前庭は、体の傾きの方向や大きさを感じる。

(5)　正しい。鼓室の内圧は外気圧と等しく保たれているが、圧力が変化すると鼓膜の振動が制限され、一時的な難聴となる。航空機やエレベーターで感じる耳の違和感が、この作用に当たる。

問43　正解（2）

(1)　正しい。レム睡眠は大脳を活発化するための眠りであり、ノンレム睡眠は大脳を鎮静化するための眠りである。

(2)　誤り。「甲状腺ホルモン」ではなく「メラトニン」である。メラトニンは松果体から分泌されるホルモンであり、睡眠ホルモンともいわれている。

(3)　正しい。加えて、極度の空腹も不眠の原因となるため、非常に軽い食事を摂るのも良い睡眠を得るための一つの方法だといわれている。

(4)　正しい。設問の内容以外に昼間は、音や明るさ等外因性リズムによる妨害も多く、夜間と同じような睡眠環境を整えることができないことも睡眠の量と質を下げる要因の一つだといわれている。

(5)　正しい。睡眠中には、副交感神経系の働きが活発となり、体温の低下や心拍数の減少などがみられる。

問44　正解（3）

パラソルモンの内分泌器官は副甲状腺であり、そのはたらきは、血中カルシウムバランスの調整であるので、(3)が誤り。設問の内容はアドレナリンである。

📖✎ 主なホルモンの種類

分泌物質	内分泌器官		働き
メラトニン	松果体		睡眠の促進
ノルアドレナリン	副腎	副腎髄質	血圧上昇、血管収縮
アドレナリン			血糖量、心拍数の増加
コルチゾール		副腎皮質	グリコーゲン合成促進（血糖量の増加）
アルドステロン			血中の塩類バランスの調節
インスリン	膵臓		血糖量の減少
グルカゴン			血糖量の増加
甲状腺ホルモン	甲状腺		酸素消費促進、体温上昇
パラソルモン	副甲状腺		血中カルシウムバランスの調節
ガストリン	胃		胃酸分泌刺激
セクレチン	十二指腸		消化液分泌促進

解答を1つ選び、解答欄にマークしてください。

問1	① ② ③ ④ ⑤	問23	① ② ③ ④ ⑤
問2	① ② ③ ④ ⑤	問24	① ② ③ ④ ⑤
問3	① ② ③ ④ ⑤	問25	① ② ③ ④ ⑤
問4	① ② ③ ④ ⑤	問26	① ② ③ ④ ⑤
問5	① ② ③ ④ ⑤	問27	① ② ③ ④ ⑤
問6	① ② ③ ④ ⑤	問28	① ② ③ ④ ⑤
問7	① ② ③ ④ ⑤	問29	① ② ③ ④ ⑤
問8	① ② ③ ④ ⑤	問30	① ② ③ ④ ⑤
問9	① ② ③ ④ ⑤	問31	① ② ③ ④ ⑤
問10	① ② ③ ④ ⑤	問32	① ② ③ ④ ⑤
問11	① ② ③ ④ ⑤	問33	① ② ③ ④ ⑤
問12	① ② ③ ④ ⑤	問34	① ② ③ ④ ⑤
問13	① ② ③ ④ ⑤	問35	① ② ③ ④ ⑤
問14	① ② ③ ④ ⑤	問36	① ② ③ ④ ⑤
問15	① ② ③ ④ ⑤	問37	① ② ③ ④ ⑤
問16	① ② ③ ④ ⑤	問38	① ② ③ ④ ⑤
問17	① ② ③ ④ ⑤	問39	① ② ③ ④ ⑤
問18	① ② ③ ④ ⑤	問40	① ② ③ ④ ⑤
問19	① ② ③ ④ ⑤	問41	① ② ③ ④ ⑤
問20	① ② ③ ④ ⑤	問42	① ② ③ ④ ⑤
問21	① ② ③ ④ ⑤	問43	① ② ③ ④ ⑤
問22	① ② ③ ④ ⑤	問44	① ② ③ ④ ⑤

● 合格基準は、各科目40％以上の得点かつ合計60％以上の得点です。

問題	問1～問10	問11～問20	問21～問27	問28～問34	問35～問44	合計
科目	有害業務に係るもの		有害業務に係るもの以外のもの		労働生理	
	関係法令	労働衛生	関係法令	労働衛生		
配点	1問8点		1問10点			400点満点
合格ライン	32点（4問）	32点（4問）	30点（3問）	30点（3問）	40点（4問）	240点以上
得点	点	点	点	点	点	点